"Verstehen und Sprechen sind nur verschiedenartige Wirkungen der nämlichen Sprachkraft."

Wilhelm von Humboldt (1827)

Sprechen und Verstehen.
Schriften zur Sprechwissenschaft
und Sprecherziehung

Band 13

Herausgegeben von Hellmut Geißner
Universität Koblenz-Landau

Semira Soraya

Ethnohermeneutik des Sprechens: Vorarbeiten und Perspektiven zur Erforschung kultureller Kommunikation

1998

Röhrig Universitätsverlag
St. Ingbert

Die Deutsche Bibliothek - CIP-Einheitsaufnahme

Soraya, Semira:
Ethnohermeneutik des Sprechens:
Vorarbeiten und Perspektiven zur Erforschung
kultureller Kommunikation / Semira Soraya. -
St. Ingbert: Röhrig, 1998
(Sprechen und Verstehen; Bd. 13)
ISBN 3-86110-163-7

Postfach 1806, D-66368 St. Ingbert

Umschlag: Jürgen Kreher
Herstellung: Print Shop Pöhlmann, Frensdorf
Printed in Germany 1998

ISBN 3-86110-163-7

INHALT

VORWORT 9

0. PROBLEMSTELLUNG 11

1. ETHNOMETHODOLOGIE UND KONVERSATIONSANALYSE 19

1.1. Ethnomethodologie 19

1.1.1. Die methodische Konstruktion von Wirklichkeiten 23
1.1.1.1. Die 'dokumentarische Methode der Interpretation' 23
1.1.1.2. Indexikalität 30
1.1.1.3. Reflexivität 32

1.1.2. Fragilität sozialer Wirklichkeiten 35
1.1.2.1. Krisenexperiment 1 36
1.1.2.2. Krisenexperiment 2 38
1.1.2.3. Krisenexperiment 3 38
1.1.2.3. Interpretationen der Krisenexperimente 39

1.1.3. Garfinkels Interaktionsverständnis 40

1.2. Konversationsanalyse 41

1.2.1. Grundlagen ethnomethodologischer Konversationsanalyse 43
1.2.1.1. Gegenstand 43
1.2.1.2. Methode 43
1.2.1.3. Situiertheit 44
1.2.1.4. Analyse 45
1.2.1.5. 'Analytische Beschreibung' 47

1.2.2. Diskussion und Kritik 47
1.2.2.1. Kritische Anmerkungen zu den Abgrenzungsversuchen - oder - 'Wem gehört die Konversationsanalyse?' 48

1.2.3. Kritische Stellungnahmen zur Konversationsanalyse 50
1.2.3.1. Zum Anspruch der Methodologielosigkeit 50
1.2.3.2. Zum Formalismus 51
1.2.3.3. Geißners gesprächshermeneutische Position 52
1.2.3.4. Zur Situiertheit 55
1.2.3.5. Konsequenzen aus der Gegenstandsbestimmung 'Konversation' 55

1.2.4. Schlußfolgerungen 56

2. ETHNOGRAFIE DER KOMMUNIKATION 59

2.1. Dell Hymes' Ethnografie der Kommunikation 59

2.1.1. Geschichtliche Hintergründe 59

2.1.2. Hymes im Verhältnis zu Anthropologie, Linguistik, Soziolinguistik...... 60
2.1.2.1. Anthropologie und Linguistik 60
2.1.2.2. Soziolinguistik 62

2.1.3. Grundkonzepte der Ethnografie der Kommunikation 64
2.1.3.1. Strukturelle Analyse (1962) 64
2.1.3.2. Sinn und Pragmatik 65
2.1.3.3. Soziale Analyseeinheiten der Ethnografie der Kommunikation 66

2.1.4. Abschließende Bemerkungen 74

2.2. Interaktionale Soziolinguistik: John Gumperz' Diskurstrategien 77

2.2.1. John Gumperz und die Ethnografie der Kommunikation 77

2.2.2. Forschungsschwerpunkte 78

2.2.3. Kommunikationstheoretisches bei Gumperz 79

2.2.4. Gumperz' Auseinandersetzung mit der Ethnografie der Kommunikation, Diskursanalyse und Konversationanalyse 80
2.2.4.1. Die Ethnografie der Kommunikation 81
2.2.4.2. Diskursanalyse 81
2.2.4.3. Gumperz' 'interaktionale Soziolinguistik' 82

2.2.5. Schlüsselbegriffe bei Gumperz: 'Contextualization cues' und 'conversational inference' 86
2.2.5.1. Contextualization cues 86
2.2.5.2. Conversational inference 89

2.2.6. Abschließende Überlegungen 92
2.2.6.1. Gumperz' Beitrag zu einer Ethnohermeneutik des Sprechens 92
2.2.6.2. Zum Kulturbegriff bei Gumperz 92
2.2.6.3. Gumperz' Theorie der Diskursstrategien und Geißners Sprechwissenschaft 93

3. SPRECHWISSENSCHAFTLICHE PERSPEKTIVEN 95

3.1. Gerry Philipsens 'Cultural Communication Perspective' 95

3.1.1. 'An ethnographic approach to communication studies' 95
3.1.1.1. Zum Kommunikationsbegriff 96
3.1.1.2. Zum Kulturbegriff 99

3.1.2. Die 'communal' (Gemeinschafts-)Funktion von Kommunikation 100
3.1.2.1. 'Speaking like a man in Teamsterville' *101*

3.1.3. Die Rolle der Ethnografie für Kommunikationsforschung 103
3.1.3.1. Ethnografie und Kritik *105*

3.1.4. Ethnografie und Konversationsanalyse 105

3.1.5. Ethnografie der Kommunikation und Hermeneutik 106

3.1.6. Abschließende Bemerkungen 108

3.2. Hellmut Geißners sprechwissenschaftliche Hermeneutik 108

3.2.1. Sprechwissenschaft - Theorie der mündlichen Kommunikation 109

3.2.2. Hermeneutik ist ... Auslegungssache. 110

3.2.3. Hermeneutik und das 'interpretative Paradigma' 111

3.2.4. Rhetorik und Hermeneutik - 'a seen but unobserved relationship' 113

3.2.5. Zum Verhältnis von Gesprächsanalyse und Gesprächshermeneutik 116
3.2.5.1. (Gesprächs-)hermeneutische Zirkel *116*
3.2.5.2. Zum Verhältnis Analyse : Hermeneutik *119*

3.2.6. Sprechwissenschaftliche Hermeneutik und Sinn 119
3.2.6.1. Hermeneutik des Gesprochenen : Hermeneutik des Sprechens *121*

4. SOZIALWISSENSCHAFTLICHE HERMENEUTIKEN 124

4.1. Lorenzers Tiefenhermeneutik 125

4.1.1. Anmerkungen zu Lorenzers Sozialisationstheorie 127

4.1.2. Tiefenhermeneutik als szenisches Verstehen und praktisch-ändernde Teilhabe 129
4.1.2.1. Das szenische Verstehen *129*
4.1.2.2. Praktisch-ändernde Teilhabe *133*

4.1.3. Kritische Tiefenhermeneutik und die 'Idee einer psychoanalytischen Sozialforschung' 136
4.1.3.1. Zur Doppeldeutigkeit von Sinn *137*
4.1.3.2. Kritische Hermeneutik *139*

4.1.4. Abschließende Bemerkungen 140

4.2. Leithäuser und Volmergs 'empirische Hermeneutik' 141

4.3. Ethnopsychoanalyse 142

4.3.1. Allgemeine Grundzüge 142

4.3.1.1. Die Verknüpfung von Ethnologie und Psychoanalyse 143
4.3.1.2. Zur Unterscheidung 'persönlicher' und 'kultureller' Verhaltensweisen. 144
4.3.1.3. Zum Selbstverständnis der Ethnopsychoanalyse 145
4.3.1.4. Ethnozentrismen in der Psychoanalyse 146

4.3.2. Maya Nadigs 'Verborgene Kultur der Frau' 148
4.3.2.1. Die Subjektivität der Forscherin 149
4.3.2.3. Methodische Konsequenzen 150
4.3.2.4. Zur Methodik Maya Nadigs: Forschungstagebuch, selbstreflexive Gespräche und sozialer Tod 151
4.3.2.5. Kritikpunkte 153

4.3.3. Abschließende Bemerkungen 154

4.4. Ethnohermeneutik und Ethnoanalyse 156

4.4.1. Ethnohermeneutik im Verhältnis zur Ethnopsychoanalyse 157

4.4.2. Forschungsgebiete der Ethnohermeneutik 158

4.4.3. Gruppenanalyse 159

4.4.4. Von der Gruppenanalyse zur Ethnoanalyse 160
4.4.4.1. Selbstreflexion als Zugang zum Verstehen 161

4.4.5. Abschließende Überlegungen 163
4.4.5.1. Implikationen für eine Ethnohermeneutik des Sprechens 164

4.5. Fazit 165

4.5.1. Was kann kulturelle Kommunikationsforschung von den vorgestellten sozialwissenschaftlichen Hermeneutiken lernen? 165

5. SCHLUSS 167

5.1. Rückblick 167

5.1.1. Ergebnisse 168

5.2. Ausblick und offene Fragen 170

LITERATURVERZEICHNIS 173

VORWORT

Diese Arbeit wurde im Sommer 1993 als Diplomarbeit im Fach Psychologie an der Universität Koblenz-Landau, Abteilung Landau eingereicht. Zeitliche und finanzielle Gründe führten leider zu einer verzögerten Publikation. Das Literaturverzeichnis wurde aktualisiert, in der Zwischenzeit erschienene Literatur, die relevant schien, wurde in einer zweiten Literaturliste ergänzt.

Mein Dank geht an alle, die bei der Entstehung dieser Arbeit beteiligt waren, wie auch an die, die meine weitere Auseinandersetzung mit diesem Themenfeld unterstützen.

Mannheim, im August 1997 Semira Soraya

0. PROBLEMSTELLUNG

Warum kulturelle Kommunikationsforschung?

In Anbetracht der wachsenden soziokulturellen Vielfalt in Gemeinschaften überall in der Welt, insbesondere in städtischen Gebieten, wächst die Relevanz pädagogischer Ansätze zur kulturellen Verständigung und somit auch der kulturellen Forschung[1]. Aufgrund der sozialen Strukturen komplexer Gesellschaften stehen immer mehr Menschen in Arbeits- und Lebenszusammenhängen mit Menschen anderer sozialer oder kultureller Hintergründe. Das Miteinanderhandeln wird durch diese Verschiedenheiten nicht leichter. Diese gesellschaftliche Relevanz kultureller Kommunikationsforschung betonten auch Gumperz und Gumperz (1982): „unforeseen difficulties tend to arise when individuals of different cultural backgrounds communicate in public speech events such as committee meetings, interviews, employment situations and similar types of goal-directed verbal interaction" (S. 2). Die Gesprächsfähigkeit in diesen Situationen 'rhetorischer Kommunikation' (Geißner, 1979) ist ein unabdingbarer Überlebensfaktor für alle Gesellschaftsmitglieder, insbesondere für soziale und kulturelle Minderheiten. Mit Verweis auf Bourdieu schrieben Gumperz & Gumperz: „Communicative resources thus form an integral part of an individual's symbolic and social capital, and in our society this form of capital can be every bit as essential as real property resources were once considered to be" (1982, S. 5).

Zur Kulturgebundenheit kommunikativen Verstehens

Interkulturelle Prozesse werden von vielschichtigen Wahrnehmungen, Vorurteilen, Attributionen begleitet und durch diese gedeutet. Die Interpretation 'fremder' Kommunikationsweisen erfolgt tendentiell auf der Folie der eigenkulturellen Vorannahmen. Dieser Vorgang wird als Ethnozentrismus bezeichnet[2].

Europäer oder Nordamerikaner umschreiben z. B. die finnische Kommunikation häufig mit der Methapher des „silent Finn" (Lehtonen & Sajavaara, 1985). Lehtonen und Sajavaara argumentierten, daß dieses Stereotyp nicht ohne Basis sei. Die Wahrnehmung von Finnen als still oder schweigend hängt z. B. damit zusammen, daß in bestimmten Situationen oder zu bestimmten Zeitpunkten, wenn andere Europäer sprechen, Finnen häufig nichts sagen. Auf Konferenzen kommt es z. B. vor, daß andere Europäer denken, die finnischen Teilnehmer paßten nicht auf, seien gleichgültig, mürrisch oder sogar dem Diskussionsthema gegenüber negativ eingestellt.

---

[1] Kulturell impliziert auch kulturvergleichend, betont jedoch ein emisches Vorgehen (Pike, 1964).

[2] Vgl. z. B. Loenhoff (1992), Krewer (1992, Kap.1).

Lehtonen und Sajavaara (1985) zeigten, daß diese Fremdwahrnehmung unter anderem zusammenhing mit den längeren Pausen zwischen Äußerungen, anderen Zuhörsignalen (z. B. weniger Blickkontakt, weniger verbales 'feedback') und einer größeren Pausentoleranz zwischen Sprecherwechseln. Die finnischen Teilnehmer können somit ihre Wirkung auf andere nicht sofort nachvollziehen. Da für Finnen stille Menschen gute Zuhörer sind, als besonnen, ja weise eingeschätzt werden, werden auch sie geneigt sein, die Sprechweisen von Europäern oder Nordamerikanern entsprechend zu bewerten. Das kann dazu führen, daß Gesprächspartner, die auf Finnen 'schnell' wirken und für sie viel reden, unglaubwürdig wirken.

Ethnozentrismus in der Kommunikationsforschung

Die Gefahren ethnozentrischen Verstehens gelten nicht nur im Alltag, sondern auch in der Wissenschaft, in der Theoriebildung wie in der empirischen Forschung. Allgemeine Kommunikationstheorien haben sich i. d. R. mit diesem Problem wenig befaßt und kaum versucht, ihre theoretischen Grundannahmen auf ihren kulturellen Bias[3] hin zu überprüfen. Kommunikationstheorien wie auch rhetorische Theorien gehen häufig von allgmeinen Maximen aus, wie z. B. den Grice'schen, deren kulturelle Wurzeln in der römisch (-griechischen) Rhetoriktheorie Quintilians, unausgesprochen und unreflektiert bleiben.

Dieser Mangel allgemeiner Kommunikationstheorien setzte sich leider auch in der Forschung fort, die sich explizit dem Gegenstand kulturvergleichender oder interkultureller Kommunikationsforschung widmete. Die Theoriebildung auf dem Gebiet interkultureller Kommunikation orientierte sich z. B. vorwiegend an herkömmlichen Kommunikationstheorien, die z. T. aus der Soziologie, Sozialpsychologie oder auch rhetorischen Theorie kamen. Gudykunst kritisierte: „the vast majority of theories currently in use in communication are not designed to take into account the influence of culture, race, or ethnicity on communication" (1985, S. 25).

Das Klagen über den Mangel geeigneter Theorien für kulturelle Faktoren der Kommunikation impliziert jedoch nicht, daß eine ganz andere, eigene Theorie für interkulturelle Kommunikation entwickelt werden müßte. Denn, „by recognizing the similarity in the underlying process of all communication the need for a theory 'of' intercultural communication disappears ... (Rather there is a) need to develop general theories explaining all forms of communication" (Gudykunst, 1985, S. 24). Die Notwendigkeit einer allgemeinen Kommunikationstheorie, die soziokulturelle Variablen von Grund auf als integrale Faktoren aller Kommunikation einbezieht, ergibt sich somit in zweierlei Hinsicht: Zum einen für die allgemeine Theoriebildung, zum anderen als Grundlage und inte-

---

[3] Bias ist im Sinne von Geprägtheit, aber auch von einseitig Ausgerichtetsein gemeint.

grierender Rahmen für (inter-)kulturelle Kommunikationsforschung, die wiederum in die Theorieentwicklung einfließen sollte.

Mein kommunikationstheoretischer Hintergrund ist Hellmut Geißners sprechwissenschaftliche Theorie mündlicher Kommunikation (1981/1988). Mein Interesse an interkultureller Kommunikation und kulturvergleichender Kommunikationsforschung konnte ich während meines Studiums bei Gerry Philipsen (University of Washington in Seattle, USA) wissenschaftlich vertiefen. Diese bikulturelle Studiumserfahrung brachte mich dazu, sprechwissenschaftliche Ansätze hier und dort miteinander in den Dialog zu bringen und der Frage nachzugehen, wie sich Geißners Kommunikationstheorie sinnvoll ergänzen ließe mit Ansätzen kulturvergleichender Kommunikationsforschung.

In der amerikanischen Forschung nahm ich ein Suchen nach einer brauchbaren und integrierenden allgemeinen Theorie als Grundlage für kulturvergleichende Forschung wahr. Geißners Sprechwissenschaft schien mir ein reichhaltiger Ausgangspunkt dafür. In Deutschland gab es zwar Geißners Theorie der mündlichen Kommunikation, die die Berücksichtigung kultureller Verschiedenheit andachte (z. B. Geißner 1992a), entsprechende Forschungsrichtungen rezipierte (1981/1988), jedoch waren sie nicht unter kultureller oder kulturvergleichender Perspektive verfaßt oder weiterentwickelt worden. Auch die sprecherzieherischen Methoden basieren vorwiegend auf deutschsprachigen Kulturkreisen[4]. Eine Integration beider Perspektiven bot sich an und schien bereichernd für beide Seiten.

Mit dieser Aufgabe griff ich auch Geißners Vorschlag von „Ethnorhetorik und Ethnohermeneutik" als zukünftige zu entwickelnde interdisziplinäre Forschungsfelder (1988c) auf[5]. Die 'Ethnorhetorik' bei Philipsen (1972) und die 'Ethnohermeneutik' bei Bosse (1979) bilden denn auch wichtige Grundlagen der vorliegenden Arbeit.

Biografische Hintergründe

Wie bei vielen akademischen Interessen und Fragestellungen, ist auch meine Problemstellung eine biografisch geprägte. 'Persönlich'-biografische Einflüsse förderten mein Interesse an verschiedenen Kulturen. Dieses persönliche Interesse leitete mein wissenschaftliches und pädagogisches.

---

4 Eine Ausnahme bilden die Arbeiten von Slembek (1982, 1983, 1984, 1985, 1986a, b, 1988, 1991a, b, 1990, 1992, 1993), die sowohl Beiträge zur Grundlagenforschung wie auch zur interkulturellen Gesprächspädagogik darstellen.

5 Geißner reformulierte dies anläßlich einer Tagung des International Colloquium of Speech Communication, das sich auf seinen Vorschlag hin 'Ethnorhetorik' und 'Ethnohermeneutik' zum Thema machte (Alexandria, Virginia, August, 1992). Zu weiteren Fragestellungen dieses Colloquiums siehe z. B. Barthel, 1992; Conquergood, 1992b; Langellier & Peterson, 1992; Ruud & Sprague, 1992; Schwandt, 1992; Slembek, 1992; Soraya, 1992).

In meiner gesprächspädagogischen Praxis ergab sich für mich die Frage nach der Anwendbarkeit der in Deutschland entwickelten sprecherzieherischen Methoden auf andere Kulturkreise und auf gemischt-kulturelle Gruppen. Während meines Studiums in den USA ergaben sich für mich erhebliche Übersetzungs- und Übertragungsschwierigkeiten deutscher sprechwissenschaftlicher und sprecherzieherischer Konzepte und Methoden (Schwandt & Soraya, 1990).

Als Grundlage für solche 'sprecherzieherische' oder kommunikationspädagogische Methoden bedarf es zunächst einer Kommmunikationstheorie, die kulturelle Unterschiede als grundsätzlich gegebene Faktoren anerkennt. Es bedarf ebenso einer Forschungsperspektive für Grundlagenforschung (Anwendungs-), mit der entsprechende Prozesse und Phänomene untersucht werden können.

Aus meinem Studienaufenthalt und der damit verbundenen Auseinandersetzung mit dem US-amerikanischen Stand sprechwissenschaftlicher Forschung ergab sich auch eine intensive Auseinandersetzung mit den eigenen (!) Hintergründen (z. B. Fragen wie: Aus welchen Gründen entwickeln sich Anknüpfungspunkte mit bestimmten Traditionen in der amerikansichen Sprechwissenschaft, mit anderen überhaupt nicht? Was sind die theoretischen Wurzeln deutscher sprechwissenschaftlicher Theorie?) Diese Auseinandersetzung führte mich dazu, meine Erfahrungen mit diesen 'zwei Perspektiven' (USA, Bundesrepublik) miteinander in einen Dialog zu bringen.

Mein Interesse, Sprechwissenschaft (und Sprecherziehung) zu überdenken auf dem Hintergrund anthropologischer, kulturvergleichender Forschung und Theorie, traf sich mit den Interessen Gerry Philipsens. Seine an Dell Hymes' 'Ethnografie der Kommunikation' anlehnende Forschung war ebenfalls darauf gerichtet, anhand kulturvergleichender Forschung eine allgemeine Kommunikationstheorie zu entwickeln. Sein sprechwissenschaftlicher Hintergrund fügte dem Hymes'schen Ansatz ein Interesse an rhetorischer Theorie sowie an Hermeneutik hinzu.

Philipsens Ansatz war ein interessanter 'Anker', Hellmut Geißners Sprechwissenschaft und seinen Vorschlag einer zu entwickelnden „Ethnorhetorik und Ethnohermeneutik" (1988c) aufzugreifen und zu ergründen, was die Grundsteine für eine solche zu entwickelnde kulturelle Kommunikationsforschung sein könnten.

Der Ansatz Philipsens zur kulturellen Kommunikationsforschung und Geißners Theorie der mündlichen Kommunikation waren somit Ausgangspunkte für meine Forschungen. Von Philipsen aus ging ich den Ansätzen nach, die grundlegend für seine gegenwärtige Arbeit sind: die Ethnomethodologie und die Ethnografie der Kommunikation. Beide Forschungsrichtungen spielten auch für Geißners Kommunikationstheorie (1981/1988) eine nicht geringe Rolle.

Ausgehend von Geißners Verweis auf die Analogizität der Forschungsfelder Ethnorhetorik und Ethnohermeneutik untersuchte ich sowohl Bosses Ethnohermeneutik wie auch andere sozialwissenschaftliche Hermeneutiken, auf die sich

Geißner in seiner 'Sprechwissenschaft' (1981/1988) bezog (Lorenzer, Leithäuser & Vollmerg). Diese Aufgabe war bereits so umfangreich, daß sich eine parallele Ergründung ethnotheoretischer Vorarbeiten innerhalb der Rhetorik nicht in den Rahmen dieser Arbeit integrieren ließen. Außerdem standen die hier vorgestellten Ansätze, ausgenommen Hymes, Philipsen und Geißner[6], in keinem direkten Bezug zu rhetorischen Theorien, jedoch sehr wohl in einer verstehenden Tradition.

Gliederung der Arbeit

Die ersten beiden Kapitel widmen sich somit den Grundlagen der Ethnomethodologie und der Ethnografie der Kommunikation. Mit Philipsen und Geißner stelle ich im dritten Kapitel sprechwissenschaftliche Perspektiven dar. Spätestens hier dürfte deutlich werden, daß aus meiner Sicht die Fragen kultureller Forschung immer auch wissenschaftstheoretische Konsequenzen beinhalten bzw. Standpunktbeziehung fordern. Ethnotheoretische Perspektiven und ethnografische Methoden garantieren keine selbstverständliche Loslösung von ethnozentrischen Vorannahmen. Wenn Ethnozentrismus als Problem erkannt wird und 'überwunden' werden will, sind Methoden des 'Umgehens' mit ethnozentrischen Wertungen und Interpretationen in der Forschung von Nöten. Daraufhin werden im vierten Kapitel verschiedene sozialwissenschaftliche Hermeneutiken befragt und auf ihren Beitrag für eine Ethnohermeneutik des Sprechens hin untersucht[7].

Zur engeren Problemstellung

Zu den Grundannahmen der hier entwickelten Position gehört Geißners sozialpragmatischer Ansatz von Miteinandersprechen (1981/1988).

In Opposition zu den ideal/transzendental universalpragmatischen Ansätzen wie die von Searle, Apel, Habermas unterstellt Geißner keine idealen Sprecher und Hörer in idealen Sprechsituationen. Dieser kontrafaktischen Annahme hält Geißner die konkreten sozialen und politischen Barrieren von gegenseitigem Verstehen und Verständigung entgegen (vgl. Geißner, 1977, 1984). Demzufolge

---

6 Hymes bezog sich auf Burkes Arbeiten, jedoch nicht im Zusammenhang einer zu entwikkelnden Ethnorhetorik. Burkes Arbeiten müßten jedoch im Hinblick darauf untersucht werden. Philipsen publizierte einen Aufsatz zur Ethnorhetorik der Navajos, jedoch ebenfalls nicht in Hinblick auf eine allgemeine ethnorhetorische Theorie, sondern als eine 'native theory'. Dennoch hat Philipsen ähnliches im Auge, wenn er versucht, die Wurzeln seines eigenen akademischen Hintergrundes, Rhetorik und Ethnografie der Kommunikation, miteinander zu verknüpfen (1992a).

7 Dieses vierte Kapitel hätte auch weiterführen können in Richtung interpretative Ethnografie, (kritische Ethnografie). Doch vorrangiger war für die Begründung einer Ethnohermeneutik des Sprechens die Einbeziehung sozialwissenschaftlicher Hermeneutiken, nachdem Geißners Position sich vielfach an philosophischen Hermeneutiken orientierte.

verläuft Kommunikation, Miteinandersprechen nicht idealtypisch. In diesem Sinne versteht Geißner Sprechwissenschaft mit ihrem Gegenstand „Miteinandersprechen vergesellschafteter Menschen" als eine sozialpragmatische Sozialwissenschaft.

Der Kulturbegriff ist mindestens so vielfach definiert wie umstritten. Außerhalb der Anthropologie[8] wird dies leider nicht immer zur Kenntnis genommen, man unterstellt vielmehr einen gemeinsamen, wenn auch z. T. eklektischen Kulturbegriff[9]. Abgesehen von der prominenten Kontroverse zwischen kognitiver und symbolischer Anthropologie (Goodenough vs. Geertz, siehe Geertz, 1973; vgl. auch Loenhoff, 1992) gibt es einen anderen wichtigen Kritikpunkt an herkömmlichen Kulturbegriffen. In den Anfängen ihrer Forschung gingen Anthropologen eher von 'geschlossenen' Gesellschaften aus. Kultur war etwas, um das man einen Kreis ziehen konnte, was darinnen war, gehörte dazu, was draußen war, nicht (Agar, 1991a, 1994; Soraya, 1994). Rückblickend sahen Anthropologen diese frühen Kulturkonzepte als unzulässige Konstruktion von Kultur als begrenzte, einheitliche Gestalt. Allein ein Aspekt wie der der sozialen Geschlechtsdifferenzierung (gender issue) war in der anthropologischen Forschung weitgehend nicht berücksichtigt und ist auch heute noch wenig entwickelt. Ein monolithischer Kulturbegriff wird nicht nur der Binnendifferenzierung von Mitgliedern einer Kultur in 'Subkulturen' nicht gerecht. Er kann auch die Einflüsse von interkulturellen Beziehungen auf die sich im Prozeß befindliche 'Gestalt Kultur' nicht berücksichtigen und angemessen problematisieren.

Unsere Welt, insbesondere in industrialisierten Ländern, besteht zunehmend aus komplexen Gesellschaften. Ihre Mitglieder leben nicht mehr in eingegrenzten Rollen, sondern entwickeln aufgrund multipler Gruppenzugehörigkeiten (Familie, Beruf/Ausbildung, Freundeskreise, Freizeitgruppen) multiple soziale Identitäten. 'Ethnisch' verstehe ich als kulturellen Einfluß, der von verschiedenen Zugehörigkeiten ausgehen kann, wobei auch das 'cultural consciousness' bedeutend ist, das eine Zugehörigkeit erst relevant macht[10]. Da ich als Semira Soraya nicht nur Deutsche und Iranerin bin, sondern auch Frau, Studentin usw., bin ich selbst nicht 'monokulturell', sondern multikulturell (vgl. Soraya, 1994).

---

8 Der Begriff Anthropologie wird in der von mir bearbeiteten amerikanischen Literatur verwendet, obwohl die betreffenden Arbeiten eigentlich Kulturanthropologie, Sozialanthropologie und Ethnologie damit meinen, nicht jedoch die Gesamtheit der anthropologischen Disziplinen (vgl. auch Geertz, 1988 (Vorwort). Auch scheint sich die Begriffsverwendung im europäischem Sprachgebrauch von der amerikanischen dahingehend zu unterscheiden, daß hier mehr von Ethnologie die Rede ist als von 'social' oder 'cultural anthropology.'

9 Kroeber und Kluckhohn zählten bereits 1952 einhundertvierundsechzig (!) verschiedene Definitionen.

10 Zum Problemfeld der kulturellen Identität siehe Krewer, 1992.

In diesem Sinn liegt den hier vorgestellten Ethnoperspektiven kein monolithisches Kulturkonzept zugrunde[11].

Wie mit dem Beispiel des 'stillen' Finnen verdeutlicht verhindert Ethnozentrismus kulturadäquates Verstehen. Dies ist eine Gefahr, die Laien wie Forscher gleichermaßen betrifft. Ethnozentrismus scheint mir ein beinahe unumgehbarer Bestandteil interkultureller Begegnungen zu sein. Wenn Menschen 'Fremden' oder 'Fremdem' begegnen, schließen sie auf bestimmte Eigenschaften auf der Grundlage ihrer eigenen kulturellen Vorannahmen. Sie ignorieren oder erkennen nicht, daß die 'anderen' in ihrem Verhalten oder ihren Handlungen kulturelle Muster vollziehen. Meist attribuieren sie das Wahrgenommene auf persönliche Eigenschaften (vgl. Gudykunst & Kim, 1984), erkennen es nicht als kulturelle Muster und sind sich nicht bewußt, daß Mitglieder dieser 'fremden' Sprechgemeinschaft diesen Verhaltensweisen andere Interpretationen geben. Neben dieser 'Kulturblindheit' besteht auch die Gefahr der 'Kulturalisierung,' bei der ein Gesprächspartner nur noch als Vertreter einer Gruppe wahrgenommen wird, und man ihm nicht mehr als 'Person' eigener Biografie begegnet (Krewer, persönliche Mitteilung, 23. Juni 1993). Beide Fehler gilt es zu vermeiden.

Kulturvergleichende Forschung gibt hier Ansatzpunkte und weist Richtungen auf, andere Sprechweisen und ihre Bedeutungen „from the native's point of view“ (Geertz, 1976) zu verstehen und zu lernen, 'fremden' Sinn zu erfassen. Doch ist Ethnologie oder Ethnografie in gar keiner Weise gegen Ethnozentrismen gefeit[12]. Und wenn man sich bemüht, im Sinne einer Ethnohermeneutik des Sprechens 'fremden Sinn' zu verstehen, so ist dies nicht idealistisch gemeint im Sinne von „das Fremde auf das Eigene und Vertraute zurückführen“, wie es Loenhoff (1992, S. 163-187) zu recht kritisierte. Vielmehr lege ich Schleiermachers kritisch hermeneutisches Verständnis zugrunde: „die laxere Praxis ... geht davon aus, daß sich das Verstehen von selbst ergibt und drückt das Ziel negativ aus: Mißverstand soll vermieden werden ... Die strengere Praxis geht davon aus, daß sich das Mißverstehen von selbst ergibt und das Verstehen auf jedem Punkt muß gewollt und gesucht werden“ (1838/1990). Ethnozentrismus ist somit vielleicht keine zu 'überwindene' Verstehensbarriere, aber eine zu reflektierende.

Im Rahmen kultureller und kulturvergleichender Studien, insbesondere der Ethnografie, gibt es konkrete Forschung, erprobte Methoden und überprüfbare Ergebnisse über Sprechen in verschiedenen Kulturen. Sie zeigen, wie sich Spre-

---

11 Auf eine eingehende Darstellung dieses Kulturbegriffs, inklusive der verschiedenen Strömungen innerhalb der Anthropologie (postmoderne, kritische, feministische) mußte ich in diesem Rahmen leider verzichten.

12 Es gibt eine breite Diskussion und Literatur zum Ethnozentrismus in der Anthropologie (vgl. z. B. Krewer, 1992; Sperber, 1989).

chen unterscheidet in seinen äußeren Manifestationen, und wie es in seinen Sprechweisen, Formen, Funktionen und Bedeutungen sozial konstruiert ist.

Sie zeigen auch, daß Kommunikation selbst sozial konstruiert, „talk itself is constitutive of social reality. Where communicative conventions and symbols differ, the social reality itself becomes subject to question" (Gumperz & Gumperz, 1982, S. 3). Somit befaßt sich Kommunikationsforschung auch mit den Zusammenhängen von Ideologie und Kommunikation, insbesondere mit der Frage, wie Ideologie in Gesprächsprozesse einfließt. So erklärten Gumperz und Gumperz: „we are not separating meaning and actions into their abstract analytic form, but we are looking at how they are realized in practices and how this process of realization can influence seemingly value-free assessments" (S. 3). Somit sind diese Ethnoperspektiven wichtig für eine allgemeine Kommunikationsforschung, die soziokulturelle Variablen als integralen Bestandteil jeglicher Kommunikationsprozesse anerkennt.

Leider formulieren viele dieser Ethnoperspektiven keine expliziten Kommunikationstheorien, die als integrierender Rahmen auf verschiedene Bereiche sprechwissenschaftlicher Forschung anwendbar oder übertragbar wären. Geißners Theorie der mündlichen Kommunikation (insbesondere seine Hermeneutik des Sprechens, siehe Kap. 3.2.) stellt meiner Einschätzung nach einen solchen Rahmen bereit. In den folgenden Kapiteln widme ich mich größtenteils der Darstellung der jeweiligen Ansätze und weise im Anschluß auf Parallelen und Abgrenzungen zu Geißners Kommunikationsmodell hin.

Die jeweiligen Ethnoperspektiven möchte ich auf diesem theoretischen Hintergrund auf ihre impliziten Kommunikationstheorien untersuchen. Eine weitere Frage, der ich nachging, war die nach den jeweiligen Kulturbegriffen. Diese Frage war weitaus schwieriger zu beantworten. Nicht immer konnte ich den impliziten Kulturbegriff eindeutig herausarbeiten.

Neben den Fragen nach Kommunikationsbegriff und Kulturbegriff, interessierte mich auch das Wissenschaftsverständnis der jeweiligen Ansätze. Sprechwissenschaftliche Hermeneutik bei Geißner ist eine kritische Hermeneutik. Wenn es bei ihm heißt, daß es „keinen festen Punkt außerhalb seiner gesellschaftlichen und subjektiven Sozialisation" (Geißner, 1981/1988, S. 135, 1992b) gibt, so kann es auch keinen Punkt außerhalb der jeweiligen Kultur geben, in einem sogenannten 'kulturfreien Raum'. Hierin liegt unter anderem die Begründung der 'Unüberwindbarkeit' des Ethnozentrismus, auf deren Herausforderung ich mit der Idee einer Ethnohermeneutik des Sprechens antworten möchte.

1. ETHNOMETHODOLOGIE UND KONVERSATIONSANALYSE

1.1. Ethnomethodologie

In den USA entwickelten sich neben politischen Gegenbewegungen in den sechziger Jahren auch wissenschaftliche. In diesem Jahrzehnt der Bürgerrechtsbewegungen und politischer Proteste erfuhren die Sozialwissenschaften vermehrt Kritik bezüglich ihrer vorherrschenden methodischen Orientierung am naturwissenschaftlichen Paradigma und dem damit einhergehenden normativen Menschenbild.

Die Ethnomethodologie (EM) war in ihrer Entstehung stark geprägt vom akademischen Geist jener Zeit. Damals fand sie breitere Resonanz als zu ihrer Entstehungszeit, den fünfziger Jahren (vgl. Patzelt, 1987). Außer der Ethnomethodologie gehörten zu diesen Bewegungen z. B. auch der Symbolische Interaktionismus (George Herbert Mead, Irving Goffman) und die phänomenologischen Analysen von Berger und Luckmann (1966/1967). Sie werden heute unter dem Begriff der 'Alltagssoziologie' zusammengefaßt. Etwa zur gleichen Zeit entbrannte in Deutschland der Positivismusstreit zwischen Vertetern der Frankfurter Schule, insbesondere Adorno und Habermas, und Vertretern des kritischen Rationalismus, maßgeblich Popper und Albert.

Diesen Gegenbewegungen gemein ist die Hervorhebung des 'actor's point of view', der kognitiven Begründung von Handlung und der sozialen Konstruktion von Wirklichkeit. Ihre Kritik an den sozialwissenschaftlichen Methoden bezog sich auf die damit verbundene Sichtweise des Menschen als passivem Träger bestimmter psychologischer oder soziologischer Merkmale. Diese Kritik, die hier von verschiedenen Seiten laut wurde, war nicht so neu. Sie war auch Drehpunkt der Auseinandersetzung zwischen Garfinkel und Parsons in den vierziger Jahren. Garfinkel studierte bei Alfred Schütz an der New School of Social Research bevor er bei Talcott Parsons in Harvard seine Doktorarbeit schrieb. Die Entstehung der EM ist eng verknüpft mit dem Einfluß Alfred Schütz' auf Garfinkel und die sich daraus ergebende Auseinandersetzung Garfinkels mit Talcott Parsons. Parsons' 'voluntaristic theory of actions' war in den vierziger und fünfziger Jahren sehr einflußreich auf die 'post worldwar two generation of sociologists'. Garfinkel schuf in seiner von Parsons betreuten Dissertation eine Gegenperspektive zur Parsonschen Handlungstheorie. Mit dieser Arbeit war ein erster Schritt zur Begründung der EM getan.

Garfinkel suchte ein tiefergehendes Verständnis der Grundprobleme der Parsons'schen Handlungstheorie, die Parsons nach Garfinkels Ansicht nur unbefriedigend gelöst hatte. Insbesonders mißfiel ihm die oberflächliche Berücksichtigung des Wissens und Verstehens Handelnder: „Garfinkel was in search of a theoretical framework which would directly catch at the procedures by which actors analyse their circumstances and ... carry out their courses of action“ (Heritage, 1984, S. 9). Die hauptsächliche Streitfrage zwischen Parsons und Garfinkel war, ob „the actor’s point of view, and its role in the organization of action, should be analyzed and treated by means which were intrinsic to, or external to, the structur of the actor’s experience“ (S. 9-10).

Für Parsons waren Handlungen bestimmt von gesellschaftlichen Verhaltensnormen, die durch Sozialisation (vorwiegend mittels Belohnung und Bestrafung) als Bedürfnisdispositionen der Persönlichkeit internalisiert werden. Innerhalb dieses Erklärungsprinzips werden Akteure als weitgehend unreflektiert bezüglich ihrer internalisierten Normen angesehen. Die Analyse von Handlungen verläuft hier rückschauend, nach Ursachen suchend. Dieser Determinismus ermöglichte eine Art der Schlußfolgerung, wie sie in den Naturwissenschaften vorkommt. (Und genau dies schien den Ethnomethodologen von Parsons so gewollt zu sein; denn auch wenn er mit seiner voluntaristischen Perspektive die positivistische Analyse sozialen Handelns ablehnte, so lehnte er nicht die Methoden oder Ziele der positivistischen Wissenschaft ab.)

Parsons Systemtheorie ordnete den Menschen einer Umwelt funktionaler Anforderungen unter. Zwar beachtete Parsons auch den ‘actor’s point of view,’ doch zielte er auf ein kausales Modell subjektiver Handlungselemente ab, welche „although ‘in the minds’ of the actors, were all but inaccessable to them and, hence, uncontrollable by them“ (Heritage, 1984, S. 22). Demnach sind Akteure nicht imstande, eine distanzierte oder spielerische Haltung gegenüber Normen einzunehmen; auch fehlt ihnen die Reflexionsfähigkeit für moralische Entscheidungsfindungen.

Garfinkel erkannte die methodologischen Vorteile dieses Determinismus an, kritisierte jedoch, daß dies „at the cost of making out the person-in-society to be a judgemental dope“ geschah (Garfinkel, 1967, S. 68). Heritage bemerkte, daß die Unterdrückung alternativer Handlungsweisen im Parsons’schen Determinismus zu einem Verlust an Erklärungsvielfalt und Flexibilität führt. Abweichungen, auch wenn sie systematisch auftreten, können nur als totale Abweichungen bzw. „total failures“ behandelt werden; sie werden unter der „‘faulty socialization rubric“ (1984, S. 113) abgehandelt. Bezogen auf Grußverhalten heißt das dann z. B.: es gibt Menschen, die immer grüßen, und solche, die niemals grüßen; erstere sind die „properly socialized“, letztere die „improperly socialized“ (S. 113). Parsons’ Theorie kann so z. B. mit ‘gelegentlichen Grüßern’ nichts anfangen.

Parsons’ Theorie setzte eine gemeinsame Situation voraus, die Handelnde befähigt, gegebene Situationen als identisch zu erkennen; die auf diese Situationen zutreffenden Regeln sollten erschöpfend, spezifisch und unzweideutig sein. Heritage schloß, daß selbst dann, wenn wir diese Prämisse des ‘judgmental dopes’ annähmen, „the world which must necessarily be co-ordinated with such an actor is an impossible one" (1984, S. 114), sie bedürfe „limitless specification" (S. 114).

Den Begriff 'Ethnomethodologie' prägte Garfinkel Mitte der fünfziger Jahren in Anlehnung an anthropologische Begriffe wie 'Ethnobotanik' oder 'Ethnomedizin'. Die Ethnobotanik z. B. bezeichnet die „systematische Analyse des botanischen Wissens einer Gruppe von Menschen und die Erforschung der Benutzung dieses Wissens beim Umgang mit Pflanzen" (Patzelt, 1987, S. 13). Die EM hingegen beschränkt sich nicht auf einen bestimmten Wissensbereich. Sie bezieht sich auf die „Erforschung der Methoden, mit denen Gesellschaftsmitglieder soziale Wirklichkeit erzeugen und füreinander als geordnet, erklärbar, regelhaft darstellen" (Streeck, 1987, S. 672)[1]; oder wie Garfinkel (1967) es formulierte: „I use the term 'ethnomethodology' to refer to the investigation of the rational properties of indexical expressions and other practical actions as contingent ongoing accomplishments of organized artful practices of everyday life" (S. 11).

Die Anliegen der wissenschaftlichen Gegenströmungen gegenüber den 'mainstream' social sciences fanden theoretischen Ausdruck in mehreren (bereits erwähnten) Ansätzen, die sich auf unterschiedliche Weise mit Handlungstheorie(n), Intersubjektiviät und der sozialen Herstellung von Wissen und Erkenntnis beschäftigten. Will man den spezifischen Umgang der EM mit diesen Problemfeldern verstehen, stößt man auf einige Schwierigkeiten.

Aufgrund der unterschiedlichen intellektuellen Prägungen der sich allmählich zusammenfindenden Mitbegründer des ethnomethodologischen Forschungsansatzes fanden im Laufe der Jahre eine Vielzahl recht disparater Theorieströmungen unter dem Oberbegriff der EM zusammen. Neben Garfinkel (1967) hatten insbesondere Aaron Cicourel (1973; 1975) und Harvey Sacks (1972a; 1972b; 1974) großen Einfluß auf die Entwicklung des ethnomethodologischen Forschungsansatzes. Garfinkels recht komplexer Perspektive fügten Cicourel und Sacks noch weitere Aspekte hinzu, so daß der theoretische Horizont wie auch das Interesse an ethnomethodologisch zu untersuchenden Feldern expandierten[2]. Eine Folge war die Entstehung sehr unterschiedlicher Gegenstandsbereiche (Patzelt, 1987, S. 11-12) und eine „Vielfalt von nicht immer zu vereinenden Überzeugungen" (Streeck, 1987, S. 672). Dies und die Tatsache, daß überblickschaffende Monografien erst seit (etwa) 1975 erschienen, trugen zur 'Unübersichtlichkeit' der Ethnomethodologie (Streeck, 1987) bei.

Weiterhin erschwert wird der Zugriff auf die EM dadurch, daß sie, im Gegensatz zu anderen theoretischen Schulen und Traditionen innerhalb der Soziologie, lange Zeit keine systematischen Darstellungen aufzuweisen hatte[3]. Theo-

---

1 Zum Begriff 'Ethnomethodologie' vgl. Patzelt (1987, S. 13-14).

2 Es gab hier sehr unterschiedliche Gegenstandsbereiche (vgl. Patzelt, 1987, S. 11-12).

3 Soweit es überhaupt Darstellungsversuche gibt, sind sie meist nicht aus sich heraus verständlich, so wie auch die ethnomethodologischen Konsequenzen für die Konzeption von

retische Beiträge wurden untrennbar verknüpft mit den Darstellungen von spezifischen Studien oder Forschungsprojekten[4]. Weingarten und Sack (1976) meinten, die „Rückbezüge auf diese ... (Studien) ... reflektieren ... gerade den in der EM unlösbaren Zusammenhang zwischen theoretischem Räsonieren und praktischem soziologischen Forschen“ (S. 8). Das ‘Reden über EM’ läuft dem Selbstverständnis der meisten Ethnomethodologen zuwider; die EM erschließe sich „am Ende doch erst in der konkreten Durchführung ethnomethodologischer Forschung“ (S. 7)[5]. Zu den wenigen Ausnahmen zählen z. B. Weingarten, Sack und Schenkein (1976), Heritage (1984) und Patzelt (1987). Auf sie, wie auch auf Garfinkel (1967), stützt sich die folgende Darstellung und Interpretation ethnomethodologischer Forschung und ihrer Konzepte.

Aufgrund ihrer methodologischen ‘Radikalität’ (die im folgenden dargestellt ist) und der Ablehnung systematisch-programmtischer Äußerungen zur theoretischen Konzeption ihres Ansatzes konnten sich die Ethnomethodologen in der Soziologie nur teilweise etablieren (Streeck, 1987; Patzelt, 1987, S. 15)[6], zudem dort die Förderung normativer Ansätze zunahm.

Die durch die EM ausgesprochene Kritik an dem Menschenbild und wissenschaftstheoretischen Selbstverständnis der normativen Soziologie brachte ihr keine positive Akzeptanz innerhalb der ‘mainstream academic community’. Für Teile der Soziolinguistik jedoch, insbesonders bei Hymes (1972, 1974) und Gumperz (1982a) wurde sie zu einem bedeutenden theoretischen Bezugspunkt (Streeck, 1987). Daß die EM wissenschaftstheoretische Anregung, theoretischer und z. T. methodologischer Hintergrund für die Ethnografie der Kommunikation war, ist ein wesentlicher Grund für ihre ausführliche Darstellung in der gegenwärtigen Arbeit[7]. So dient die Befassung und Auseinandersetzung mit ihr auch weniger einer erneuten Zusammenfassung ethnomethodologischer Forschung; die folgenden Abschnitte dienen vielmehr dazu, Grundgedanken der EM herzuleiten und anhand von einigen Studien die Konsequenzen dieser Betrachtungsweise für die Interpretation von (Alltags-)Handeln, auch für die Interpretation von kommunikativem Handeln, zu demonstrieren.

Die vorgestellten Studien sollen zum einen die Forschungsmethodik der EM aufzeigen, zum anderen dienen sie zur Illustration einiger für die EM relevanter Phänomene der sozialen Konstruktion von Wirklichkeit.

Sozialwissenschaften im allgemeinen, oder im besonderen für die der Ethnografie der Kommununikation, nicht explizit herausgearbeitet wurden.

4 siehe Weingarten & Sack (1976, S. 21)

5 siehe auch Schenkein (1976)

6 Die aus der EM kommende Konversationsanalyse, begründet von Harvey Sacks, konnte sich jedoch, wohl durch ‘methodologische Rigorosität’ und teilweise stärkere Explikation ihrer Methoden, sehr gut etablieren (Streeck, 1984) und wurde von vielen als der fruchtbarste Forschungzweig der EM angesehen (siehe auch Patzelt, 1987, S. 290n77).

7 siehe auch Arbeitsgruppe Bielefelder Soziologen (1973)

1.1.1. Die methodische Konstruktion von Wirklichkeiten[8]

Wenn Ethnomethodologen aufgefordert wurden, ihre Arbeit zu beschreiben, griffen sie meist auf bestimmte Verfahrensweisen und Konzepte zurück. Zu den wichtigsten dieser Konzepte gehören: die 'dokumentarische Methode der Interpretation,' die Indexikalität und die Reflexivität. Die diversen Begriffe, mit denen die Ethnomethodologen (ihre) Realität darstellen und erklären, werden in unterschiedlichen Studien demonstriert und in den dazugehörigen ethnomethodologischen Interpretationen erklärt.

1.1.1.1. Die 'dokumentarische Methode der Interpretation'

Ethnomethodologen gehen davon aus, daß soziales Handeln hervorgebrachtes Handeln ist: man geht nicht nur, „man 'tut' gehen“ (Weingarten und Sack, 1976, S. 15). Das Hervorbringen sozialer Handlungen und die damit verbundene Konstruktion von sozialer Ordnung, von Wirklichkeit hat *Methode*. Zwar kann diese Methodik in unterschiedlichen Gemeinschaften unterschiedliche Formen annehmen, sie weist aber dennoch immer eine innere Ordnung auf.

Parallel zur Erzeugungsgrammatik von Noam Chomsky sehen die Ethnomethodologen auch den sozialen Handlungen eine grammatische Struktur zugrundeliegen. Diese aufzuzeigen und ihre Regeln und Kategorien aufzudecken, sieht Churchill (1971, zitiert nach Weingarten und Sack, 1976) als Aufgabe der EM an. Die von Garfinkel für diese Aufgabe vorgeschlagene, der EM „gemäße und für sie konstitutive“ (Weingarten und Sack, 1976, S. 15), methodische Grundregel war Karl Mannheims „Methode der dokumentarischen Interpretation“. Nach Mannheim beinhaltet sie „the search for an identical homologous pattern underlying a vast variety of totally different realizations of meaning“ (Garfinkel, 1967, S. 78). Somit ist „jede sprachliche Äußerung ... ein 'Dokument' eines zugrundeliegenden Musters“ (Weingarten und Sack, 1976, S. 16).

Zimmermann und Pollner (1976) verwiesen in diesem Zusammenhang darauf, daß Garfinkel das Problem des gemeinsamen Verstehens einer radikalen Revision unterzog. Eine unter Soziologen etablierte Erklärung gemeinsamen Verstehens ist Meads „Definition des signifikanten Symbols - als einer Geste[9], die in dem Hörer dieselbe Reaktion hervorruft, wie bei demjenigen, der diese Geste produziert“ (Zimmermann und Pollner, 1976, S. 91). Für Garfinkel waren die Symbole, die für Mead die Grundlagen für gemeinsames Verstehen bilden, jedoch weniger relevant. Unter Garfinkels Perspektive[10] verlagerte sich der

---

8 Dieser Titel ist an Weingarten & Sack (1976) angelehnt.

9 Mead sprach nicht von allgemeinen Zeichen oder Gesten, sondern von 'vocal gestures,' wohl eine Übersetzung der Wundt'schen 'Lautgebärde' (Mead studierte bei Wundt) (persönliche Mitteilung, Geißner, 1988).

10 siehe Garfinkel (1967, Kapitel 2)

problematische Charakter des gemeinsamen Verstehens auf das Problem, um die Methoden der Mitglieder zu analysieren, 'wie' (beispielsweise metaphorisch oder erzählend) ein Anderer gesprochen hat und auf die Methoden, mit denen die Mitglieder die Tatsache offenbaren und entdecken, daß sie sich gegenseitig verstehen. Während es Mead um die *Symbole* ging, interessierte sich Garfinkel für die *Methoden*.

Nach Garfinkel bezieht sich „common culture" auf die sozial sanktionierten Grundlagen des Schließens und Handelns, nach denen die Mitglieder dieser Kultur ihr Alltagshandeln ausrichten. Von diesen Grundlagen nehmen sie selbstverständlich an, daß andere sie ebenfalls so verwenden und dies wiederum auch von ihnen erwarten. Das Wissen über diese Grundlagen, aus Sicht der Mitglieder, nannte Garfinkel (mit Bezug auf Schütz) 'common sense knowledge of social structures.'

Garfinkel näherte sich (1967, Chap. 3) diesem 'common sense knowledge of social structures', indem er sich der Beschreibung einer Gesellschaft widmete, so wie ihre Mitglieder (professionelle Soziologen eingeschlossen) sie gebrauchen und mit diesem Wissen so umgehen, als hätten sie es selbstverständlich mit anderen Mitgliedern gemein[11]. Diese Einstellung ist für die Mitglieder „a condition of their enforcable rights to manage and communicate decisions of meaning, fact, method and causal texture without interference" (Garfinkel, 1967, S. 77)[12]. Auch wenn Sozialwissenschaftler dieses Wissen und die Verfahren es anzusammeln nur als Gegenstand theoretischen soziologischen Interesses behandeln, so entdecken sie selbst das Vorhandensein dieses Wissens ebenfalls nur als in-der-Gesellschaft-Stehende[13].

Von besonderem Interesse war für Garfinkel die Beschreibung der Tätigkeiten, durch welche Entscheidungen über Fakten, Sinn und Bedeutung sozialer Handlungen bewerkstelligt werden, und wie ein Korpus faktischen Wissens über soziale Struktur in alltäglichen Entscheidungssituationen angesammelt wird (Garfinkel, 1967, Chap. 3 & 4). Eine Gelegenheit dafür fand Garfinkel im Zusammenhang mit einer Studie über das Verhalten von Geschworenen.

Das Geschworenen Projekt

Das Geschworenen Projekt war eine der frühen ethnomethodologischen Studien. Garfinkel beteiligte sich an dem von Fred Strodtbeck 1954 durchgeführten Forschungsprojekt an der Chicago Law School. Die Geschworenen

---

[11] siehe auch Garfinkel (1967, S. 31-34)

[12] Fragen der politischen und sozialen Machtposition, z. B. der Definitionsmacht von Medien scheint die Ethnomethdologie hier nicht mitbedacht zu haben. Eine Untersuchung der ideologiekritischen Potentiale der EM wäre interessant (siehe Patzelt, 1987).

[13] Genau diese 'Radikalität' in bezug auf das herkömmliche Wissenschaftsverständnis scheint die Konversationsanalyse auf ihren eigenen 'Objektivitätsanspruch' nicht bezogen zu haben (siehe Kap. 1.2.).

wurden unwissend durch einen Einwegspiegel bei ihren Beratungen beobachtet. Diese wurden aufgezeichnet und später inhaltsanalytisch ausgewertet. Nach Beendigung ihrer Unterredungen wurden die Geschworenen interviewt und befragt, wie sie zu ihrer Entscheidung gekommen waren. Sie wußten nicht, daß man über ihr Gespräch schon Bescheid wußte.

Das vorrangige Ziel dieser Untersuchung war herauszufinden, was alltagsweltlich kompetente Personen zu 'Geschworenen'[14] machte, und was diese 'Geschworenen' als Kompetenz zum 'Handeln als Geschworene' (Patzelt, 1987, S. 223) erkannten und zu erkennen gaben. Von besonderem Interesse waren mögliche Unterschiede zwischen den tatsächlichen Praktiken, wie sie aus der Inhaltsanalyse sichtbar werden sollten, und den Darstellungen seitens der Geschworenen in den Interviews. Garfinkels Interesse hierbei war es, herauszufinden, nach welchen Regeln die Geschworenen ihre Entscheidungen (tatsächlich) treffen würden.

Die Geschworenen unterschieden zwei Typen von Regeln: Zum einen orientierten sie sich an dem, was sie aus ihrem Alltagswissen in den Gerichtsprozeß hineinbrachten. Dieses Alltagswissen trug maßgeblich dazu bei, welche Darstellungen die Geschworenen gegenseitig als 'den Fall' gelten ließen: „what depictions jurors permit each other to treat as 'the case'" (Garfinkel, 1967, S. 107). Zum anderen fühlten sie sich auch dem gegenüber verantwortlich, was sie als 'official juror line' zur Entscheidungsfindung ansahen. Ihre Informationen über die 'official juror line' ergab sich aus ganz unterschiedlichen Quellen: aus dem Geschworenenhandbuch, aus Äußerungen des Gerichtspersonals, vom Hörensagen, von ihren Kindern oder aus dem Fernsehen. Beide Typen von Regeln wurden von den Geschworenen selbst benannt (S. 107, 110).

Die Aufgabe der Geschworenen war es, zu entscheiden, was die tatsächliche Situation war, anders ausgedrückt: „who caused whom what troubles" (Garfinkel, 1967, S. 111), und welche Gegen- bzw. Rechtsmittel („reasonable causes and remedies" S. 105) angewandt werden sollten[15]. In den Worten der Geschworenen hieß das: zu unterscheiden zwischen 'fact and fancy,' also „between what actually happened and what 'merely appeared' to happen; ... between what is credible and, very frequently for jurors, the opposite of credible, what is calculated and said by design" (S. 105), oder „between what is mere personal opinion and what any right-thinking person would have to agree to" (S. 106).

---

14 Die Anführungszeichen sollen auf die Konstrukthaftigkeit des Phänomens 'Geschworene' verweisen.

15 Aus ethnomethodologischer Sicht bedeutet das Feststellen von Schuld für die Geschworenen, über eine sozial akzeptable Aufstellung von Tätern und Ergebnissen zu entscheiden.

Die Geschworenen berieten die Schlüssigkeit alternativer Behauptungen mit Hilfe von 'common sense models'[16]. Diese dienten den Geschworenen, hier am Beispiel eines Verkehrsdeliktes, darzustellen, „what culturally known types of persons drive in what culturally known types of ways at what typical speeds at what types of intersections for what typical motives" (Garfinkel, 1967, S. 106). Somit durfte das, was einleuchtend („meaningfully consistent") ist, korrekterweise als Tatsache behandelt werden. Die Geschworenen 'entscheiden die Fakten.'

Der Prozeß des 'Auslesens' korrekter und inkorrekter Entscheidungsgrundlagen schuf ein 'Wissenskorpus', das 'den Fall' teils in Form einer Erzählung, teils als allgemeine empirische Beziehung darstellte. Dieses Feststellen des „so war es" ließ die Geschworenen soziale Unterstützung für ihre Urteilsentscheidung erwarten (Garfinkel, 1967).

Garfinkels Antwort auf die Anfangsfrage, was Geschworene zu Geschworenen mache, war, daß „a person is 95% juror before he comes near the court" (Garfinkel, 1967, S. 110); denn die Entscheidungen der Geschworenen zwischen 'fact and fancy' unterschieden sich nicht wesentlich von denen, die sie diesbezüglich im Alltagsleben treffen. Das Spezifische ihrer Art der Entscheidungsfindung betrug somit lediglich 5 %; es bestand in dem Ansammeln des 'corpus', das ihnen als Entscheidungsgrundlage diente. Im Alltag dient die Klärung der Tatsachen nicht dem alleinigen Ziel der Definition einer Situation. Doch für die Geschworenen schuf die Klärung der Tatsachen die Grundlagen für das Urteil. Daß dieses Klären „active manipulation of the situations of the contenders" war, wußten die Geschworenen, doch sie „put aside its relevance to the choice of verdict" (S. 111).

Wie oben erwähnt, galt Garfinkels Hauptinteresse den Regeln, nach denen die Geschworenen ihre Handlungen richteten. Da von Geschworenen erwartet wurde, daß sie ihre gewohnheitsmäßigen, alltäglichen Regeln der sozialen Beurteilung ablegten, hätte man erwarten können, sie orientierten sich nun nach Regeln, die die 'official line' vorsah. Und in der Tat beschrieben die Geschworenen ihre Verhandlungsabläufe so wie sie auch idealerweise ablaufen sollten[17]. Jedoch zeigte sich, „daß in den Interviews eine ganz andere Verwendungsweise von szenischen Praktiken der Entscheidungsfindung dargestellt wurde, als sie anhand der Transkripte zu belegen waren... Bei ihren Darstellungen kam es ihnen vor allem auf den Nachweis an, daß sie nicht zu *irgendeiner*, sondern zu einer *richtigen* Entscheidung gelangt waren" (Patzelt, 1987, S. 223). Die Geschworenen betonten die integrativen Aspekte ihrer Beratungen, und vernachlässigten die „in ihrem Verlauf aufgetretenen Situationen der Orientierungslo-

---

[16] Garfinkel bezog sich hier auf Alfred Schütz' Verwendung von 'common sense models' als „culturally presupposed standards" (1967, S. 106n6).

[17] Bei der folgenden Darstellung der Ergebnisse beziehe ich mich neben Garfinkel (1967) auf die zusammenfassende Darstellung von Patzelt (1987).

sigkeit und das 'Wie' ihrer Bewältigung" (S. 224). Ebenso interessant war, daß die Geschworenen in ihren idealisierten Darstellungen so taten, als kennten sie die Entscheidungsregeln, nach denen sie tatsächlich handelten von vornherein, „und als hätten sie nicht erst im *Verlauf* ihrer Beratungen *gelernt*, wie in diesem Kollegenkreis überhaupt zu einer Entscheidung zu kommen war" (S. 223).

Ethnomethodologische Interpretation der Geschworenenstudie

In Studien zur Entscheidungsfindung wird üblicherweise betont, daß die Personen im vorhinein die Bedingungen kennen, unter denen sie Handlungsentscheidungen fällen und vorherige Entscheidungen korrigieren, sobald ihnen neue Informationen vorliegen. Garfinkel kam in dieser Studie jedoch zu dem Schluß, daß „perhaps for decisions made in common sense situations of choice whose features are largely taken for granted, i.e., in everyday situations, it does not actually happen that way" (Garfinkel, 1967, S. 113).

In der vorliegenden Studie entschieden die Geschworenen erst im nachhinein, was ihre Entscheidungen 'korrekt' machte; erst nach einem erzielten Ergebnis begannen sie, nach den Gründen für diese Entscheidung zu suchen. Daß Personen ihre getroffenen Entscheidungen retrospektiv definierten, nahm Garfinkel zum Anlaß eine Alternative zu der oben genannten Erklärung des Entscheidungsfindens vorzuschlagen, nämlich, daß das Ergebnis vor der Entscheidung fällt: „the outcome comes before the decision" (S. 114). Dieses Phänomen wurde in der EM auch als 'retrospective sense making' bezeichnet.

Für die Regeln der Entscheidungsfindung (in mehr oder weniger sozial routinierten Situationen) heißt das, daß sie sich möglicherweise viel mehr darauf ausrichten, wie sie Ergebnissen ihre legitime (Entstehungs-)Geschichte zuordnen können, als daß sie im vorhinein die Bedingungen ihrer Entscheidungmöglichkeiten festlegen. Ähnliches veranschaulicht auch die folgende Untersuchung:

Das Beratungsexperiment

Zehn 'undergraduates' wurden gebeten, sich an einem Experiment der psychiatrischen Fakultät zur Erprobung einer neuen Form der Beratung zu beteiligen. Hierbei waren die Beratungssuchenden mit ihren Beratern nur über eine Wechselsprechanlage in Kontakt. Sie wurden angewiesen, eine persönliche Problemsituation zu beschreiben und ihre Fragen an die Berater so zu stellen, daß diese mit 'ja' oder 'nein' antworten konnten. Nach jeder Antwort sollte der Funkkontakt unterbrochen werden, so daß die Berater die Kommentare zu den Antworten (welche auf Tonband aufgenommen wurden) nicht mithörten.

Ohne Wissen der Versuchspersonen waren die Antworten der Berater jedoch schon im vorhinein nach dem Zufallsprinzip festgelegt. Somit schienen viele Antworten etwas widersprüchlich. Dennoch waren die Versuchspersonen sehr bemüht, in diesen Antworten einen Sinn zu finden[18]. Die Antworten der Berater wurden von den Studenten als „answers-to-the-questions" gehört; sie hörten nicht auf das, was wörtlich gesagt wurde, sondern auf das, was (ihrem Verstehen nach) damit gemeint sei. Die meisten Studenten nahmen an, daß die Antworten als Ratschläge zu dem dargestellten Problem gegeben wurden und daß im Laufe der Beratung die Antworten eine Lösung ergeben würden. Das Verständnis der Studenten über ihre Probleme schien sich im Laufe der 'Beratung' zu erweitern und zu verändern: „the sense of the problem was progressively accommodated to each present answer, while the answer motivated fresh aspects of the underlying problem" (Garfinkel, 1967, S. 90). Auf diese Weise konnte der Fluß der Beratung aufrechterhalten werden.

Die Studenten gingen mit widersprüchlichen, unpassenden oder unvollständigen Antworten auf unterschiedliche Weise um: a) Sie warteten, ob nachfolgende Antworten eine Klärung lieferten. b) Sie schrieben den Beratern besondere Gründe oder Absichten zu. Oder c) die Studenten beschlossen, daß die Berater nun mehr über das Problem erfahren hatten, ihre Meinung geändert hatten oder mit den Kniffeligkeiten des Problems nicht vertraut waren. Wie auch immer geantwortet wurde, es gelang den Studenten, „die 'Ratschläge' der Berater als 'besonders klug,' 'weise' und 'einleuchtend' zu interpretieren" (Streeck, 1987, S. 674)[19].

Interpretation des Beratungsexperiments

Garfinkel schlußfolgerte, daß die Studenten ihre Interpretationen auf eine Weise bewerkstelligten, die ihnen den Ratschlag als kohärentes, vertrauenswürdiges Produkt eines korrekt motivierten Beraters erscheinen ließ. Diese Leistung war nicht bestimmt durch Regeln oder bestimmte Entscheidungsfindungsverfahren, sondern sie war, wie Heritage formulierte „responsive to whatever exigencies emerged and was accomplished so as to deal with each exigency by whatever means were available to maintain whatever overall sense could be salvaged from the interchange-in-process" (1984, S. 92)[20].

---

[18] Die Darstellung der Garfinkel'schen Diskussion des Experimentes lehnt sich an die von Heritage (1984, S. 92-93) an.

[19] Bemerkenswert ist auch, daß die Studenten, nachdem sie von der Täuschung erfahren hatten, das Ziel des Experiments immer noch in der Erforschung einer neuen Beratungsform sahen; sie konzeptualisierten also auch im nachhinein ihr Erlebnis immer noch als 'Beratung.' Dies ist somit auch ein gutes Beispiel für das Konzept der 'Reflexivität.'

[20] Aufgrund der höchst ungewöhnlichen experimentellen Situation dieser 'Beratung' könnte man die dort gezeigten Interpretationsprozesse als Artefakte dieses Umstandes betrachten. Heritage (1984) lehnte diesen Einwand jedoch ab mit dem Verweis auf eine weitere (komplementäre) Studie, die sich einer viel einfacheren Aufgabenstellung widmet: die Explikation impliziten Verstehens in alltäglichen Unterhaltungen.

In unzähligen Situationen können Menschen, ob Forscher oder Laien, „assign witnessed actual appearance to the status of an event of conduct only by imputing biography and prospects to the appearances“ (Garfinkel, 1967, S. 77). Sie betten Erscheinungsformen ein in ihr angenommenes Wissen über soziale Strukturen. Das heißt, daß sie mit der Entscheidung darüber, was das ist, was sie gerade betrachten, häufig auf darauf folgende Ereignisse warten müssen, „only to find that these futures in turn are informed by *their* history and future“ (S. 77).

Auf Forscher bezogen schloß Garfinkel, daß „he (or she) does not and even cannot know what he (or she) is doing *prior to or while he is doing it.* Field workers, most particularly those doing ethnographic and lingustic studies in settings where they cannot presuppose a knowledge of social structures, are perhaps best acquainted with such situations“ (1967, S. 78).

Aus ethnomethodologischer Sicht bedarf jede soziale Interaktion einer Sinnklärung, vollzieht sich somit „stets unter Anwendung der Interpretationsverfahren“ (Patzelt, 1987, S. 89). Folglich bezeichnet die 'dokumentarische Methode der Interpretation' nicht nur die Verstehensleistung von untersuchten Laien, sondern auch die *wissenschaftliche Verstehensleistung der Untersuchenden* (Hervorhebung v. Verf.): sie ist ein „integraler Bestandteil der methodischen Durchführung jeder Alltagspraxis - und darum auch soziologischer und ethnomethodologischer Forschung“ (Patzelt, 1987, S. 89)[21].

Das Wissen über zugrundeliegende Muster hilft, die Erscheinung zu verstehen und umgekehrt, Wissen und Verstehen erweitern sich gegenseitig[22]. An diesem Punkt treffen Dokumentarische Methode der Interpretation und die beiden im folgenden dargestellten Phänomene der Indexikalität und der Reflexivität zusammen: „The method consists of treating an actual appearance as 'the document of,' as 'pointing to,' as 'standing on behalf of' a presupposed underlying pattern (: Indexikalität). Not only is the underlying pattern derived from its individual documentary evidences (: Interpretation), but the individual documentary evidences, in their turn, are interpreted on the basis of 'what is known' about the underlying pattern (: Reflexivität). Each is used to elaborate the other (: Teil-Ganzes-Relation[23])“ (Garfinkel, 1967, S. 78).

---

21 EM sagt zwar, daß auch Forscher auf Interpretationen angewiesen sind. Dies muß jedoch nicht heißen, daß Alltagsverstehen und Wissenschaftsverstehen gleichgesetzt werden müssen (Patzelt könnte hier so verstanden werden). Dem kann z. B. Geißners Unterscheidung zwischen unkritischem Alltagsverstehen (was auch die Gefahr ethnozentrischer Interpretationen birgt) und Hermeneutik als 'wissenschaftlichem Verstehen' entgegengehalten werden. Auch Schleiermacher (1838/1990) formulierte ein prinzipielle Gleichheit des Verstehens im Alltag und in der Wissenschaft, jedoch nur was das Ziel belangt, nicht für die Methode !

22 Diese Beschreibung ist auch in dem Konzept der Teil-Ganzes-Relation der Hermeneutik gefaßt.

23 Ein Prozeß, den der Hermeneutische Zirkel beschreibt.

1.1.1.2. Indexikalität

Wie bereits angedeutet, hängen Verstehen und Indexikalität zusammen. 'Indexikalität', von Charles Sander Peirce als Begriff geprägt, bezeichnet in der Linguistik die hinweisende Eigenschaft solcher Ausdrücke wie 'ich', 'du,' 'hier,' 'dort,' kurz, „Ausdrücke, die für die Festlegung ihres Sinns von ihrem Kontext abhängig sind" (Filmer, 1972, zitiert nach Weingarten und Sack, 1976, S. 16)[24]. Dieser Hinweischarakter wird von vielen Wissenschaftlern als Makel gesehen. So gab es auch in der Soziologie Bestrebungen, indexikalische Ausdrücke durch 'objektive' Ausdrücke zu ersetzen, „welche die Phänomene in ihren allgemeinsten Eigenschaften abbilden, um dann, der Empfehlung Durkheims folgend, soziale Erscheinungen wie Sachen behandeln und diese konsequenterweise mit naturwissenschaftlichen Verfahren untersuchen zu können" (Weingarten und Sack, 1976, S. 16). Doch „wenn der Soziologe sich an diesem Ersetzungsprozeß von indexikalischen durch objektive Ausdrücke beteiligt, geht ihm die Subjektivität des jeweiligen Handelns in der konkreten Situation verloren" (S. 16-17).

Garfinkel übernahm den Begriff der Indexikalität aus der Linguistik[25], doch besagt er innerhalb der EM mehr als das herkömmliche Problem des Referenzcharakters deiktischer Begriffe. Garfinkel bezeichnete „die Beziehung zwischen Erscheinungen und den zugrundeliegenden Mustern ... als das Phänomen der *Indexikalität*. Die einzelne Erscheinung ist für Garfinkel ein indexikalischer Ausdruck" (Weingarten und Sack, 1976, S. 16).

Somit sind indexikalische Zeichen keineswegs nur auf sprachliches Material, Sprechakte oder auf Auslegung von 'Text' zu beziehen. Garfinkel sprach von 'indexical actions'; Indexikalität kann gesehen werden als „'an invariant feature of all activity. Ethnomethodology's concern is not limited to language; rather it deals with all types of organized activities'„ (Peyrot, 1982, zitiert nach Patzelt, 1987, S. 62). Garfinkel formulierte den 'Zusammenhang zwischen Zeichenverwendung und unter Mitgliedern dadurch in geordneter Weise indizierbaren Kontexten' folgendermaßen: „The properties of indexical expressions and indexical actions are ordered properties. These consist of organizationally demonstrable sense, or facticity, or methodic use, or agreement among 'cultural colleagues'" (1967, zitiert nach Patzelt, 1987, S. 65).

Die folgende Studie, die bei Garfinkel unter 'common understanding' lief, wurde in der Literatur zur Demonstration von Indexikalität verwendet.

---

24 Für eine ausführlichere Charakterisierung indexikalischer Ausdrücke siehe Garfinkel und Sacks (1976, S. 143-144).

25 Weingarten und Sack erwähnten zwar, daß Peirce diesen Begriff prägte, doch konnte ich in keiner der von mir konsultierten ethnomethodologischen Veröffentlichungen einen ausführlicheren Bezug auf dessen Zeichentheorie oder die anderer Autoren finden.

Explikationsstudie

Garfinkel (1967) berichtete von einem Projekt, bei dem er Studenten bat, eine gewöhnliche Unterhaltung zu protokollieren. Auf der linken Seite ihres Protokollbogens sollten sie den Wortlaut notieren, rechts davon, was dieser ihrem Verstehen nach besagte. Garfinkel bemängelte Genauigkeit, Klarheit und Deutlichkeit an ihren Ausführungen, die immer wieder alternative „Interpretationen" des Wortlautes zuließen. Er spezifizierte daraufhin die Instruktion: sie sollten annehmen, er „would know what they had actually talked about only from reading literally what they wrote literally" (S. 26)

Unter der Annahme, daß geteiltes Verstehen auf allgemeinen Übereinkünften basiere, wäre nach Garfinkel die gestellte Aufgabe gleichzusetzen mit einer, wie sie sich auch Berufssoziologen stellen und hätte dementsprechend folgendermaßen gelöst werden können: Die Studenten würden zunächst unterscheiden zwischen dem, 'Was' gesagt und dem 'Worüber' gesprochen wurde (Zeichen und Bezeichnetes). Um korrespondierende Inhalte und Grundlagen zur Begründung der Richtigkeit der Korrespondenz zu finden, müßten sie weitere Anhaltspunkte als den reinen Wortlaut heranziehen, z. B., was die Gesprächspartner 'dachten' oder 'beabsichtigten.' Desweiteren müßten sie beobachtete Handlungen zitieren, um Grundlagen zu schaffen, die den Anspruch rechtfertigten, daß das, was sie fanden, tatsächlich in den Köpfen der Sprechenden war. All dies bedeutet, daß die Studenten ihr Wissen über 'the community of understandings' und über 'shared agreements' heranziehen müßten, um die Angemessenheit ihrer Deutungen zu begründen (Garfinkel, 1967, S. 27).

Die Studenten hatten große Mühe, insbesondere mit dem zweiten Teil der Aufgabe und beklagten schließlich, die Aufgabe sei unmöglich lösbar. Die Unmöglichkeit der Aufgabe lag für sie nicht an äußeren Gegebenheiten, wie Zeit, Ausdauer oder mangelndem Wortschatz, sondern daran, daß sie den Eindruck hatten, immer mehr schreiben zu müssen, und daß dies die Komplexität der Aufgabe weiter steigerte: „the very *way* of accomplishing the task multiplied its features" (Garfinkel, 1967, S. 26).

Die oben beschriebene Sichtweise der Aufgabenstellung, so wie Soziologen sie gemeinhin lösen würden, erklärte Garfinkel zufolge zwar die Beschwerden der Studenten bzgl. Umfang und der Mühe um Klarheit der Interpretationen. Doch sie erklärte nicht, wieso die Studenten die Aufgabe schließlich als unlösbar betrachteten. Ebenso wenig erklärte sie die Beschwerde der Studenten, die Bewerkstelligung der Aufgabe selbst steigere die Komplexität der Aufgabe. Garfinkel schlug eine alternative Betrachtungsweise der von ihm gestellten Aufgabe[26] vor: Man solle die rechte Seite nicht als der linken Seite korrespon-

[26] Man kann nicht nur das WAS eines Gespräches betrachten, man muß auch auf das WIE („the method of his speaking", Garfinkel, 1967, S. 29) schauen: Das Beschreiben des HOW bedeutete für Garfinkel: „furnishing a method for saying whatever is to be said, like talking synonymously, talking ironically, talking metaphorically, talking cryptically, tal-

dierende Inhaltsangabe lesen. Die Aufgabe der Studenten, zu erklären, worüber die Gesprächspartner sprachen, beinhalte nicht, daß sie die Inhalte des Gesagten ausarbeiten sollten. Vielmehr ging es ihm darum, daß

> their written explanations consisted of their attempts to instruct me in how to use what the parties said as a method for seeing what the conversationalists said. I suggest that I had asked the students to furnish me with instructions for recognizing what the parties were actually and certainly saying. (S. 29)

Garfinkel konnte sie jedoch überzeugen, daß sie ihm lediglich gezeigt hatten, was die Gesprächspartner 'angeblich' sagten. Dies wiederum sahen die Studenten in der Unvollständigkeit der Anleitungen begründet; denn der Unterschied zwischen 'tatsächlich' und 'angeblich' lag für sie in der Vollständigkeit der Anleitungen. Deshalb schrieben sie 'mehr' und fanden die Aufgabe schließlich unmöglich. Für Garfinkel lag das Problem darin, daß

> ... ich von ihnen verlangt hatte, ... die durchaus notwendige Unvollständigkeit *jeder* Liste von Instruktionen, ganz gleich wie sorgfältig und ausführlich sie geschrieben sein mag, 'in-Ordnung-zu-bringen'(;) ... die Methoden zu formulieren, welche die Mitglieder beim Sprechen verwendet haben, und zwar als Verfahrensregeln, die befolgt werden müssen, um sagen zu können, was die Teilnehmer sagten, Regeln, die jeder Erfordernis der Situation, jeder Vorstellungskraft und jeder Entwicklung widerstehen könnten. (Garfinkel & Sacks, 1976, S. 153)

Wichtig für diese Verwendung von Indexikalität ist, daß der Sinn einer Äußerung oder Handlung nicht in dem Geäußerten, dem 'äußeren' liegt, sondern durch Mitberücksichtigung des Kontexts von den Kommunikations- bzw. Interaktionspartnern aktiv gesucht werden muß[27].

1.1.1.3. Reflexivität

Die Erklärung der Reflexivität ist etwas problematischer als die meisten Autoren vermuten lassen. Patzelt (1987) kritisierte die bislang meist unpräzise Darstellung des Reflexivitätskonzeptes[28]. Bei Mehan und Wood war Reflexivität sowohl 'Phänomen,' 'Theorie,' 'Methode' und 'Theologie.' Daneben gab es

---

king narratively, talking in a questioning or answering way, lying, glossing, double-talking, and the rest" (S. 29).

[27] Hier ist zu bemerken, daß auch dieses Konzept der EM phänomenologische Wurzeln hat: „vermittelt über Farber 1943 wurde zwar die ... Husserl'sche Unterscheidung zwischen 'okkasionellen' und 'objektiven' Ausdrücken für Garfinkel wichtig. Doch die dann folgende ethnomethodologische Diskussion ... überging diese auch phänomenologische Wurzel ...; allein der sprachphilosphische Kontext dieses Konzepts blieb bewußt" (Patzelt, 1987, S. 303-304n111). Dies spiegelte sich auch bei Heritage (1984, S. 143) wider.

[28] siehe Patzelt (1987, S. 305-306n128)

auch Erklärungsversuche in die Richtung: „Reflexivität als stete Reflexion, Reflexivität als Wider- und Rückspiegelung, Reflexivität als Anwendung von Mechanismen auf sich selbst; ... überlagert ... vom Begriff der 'reflexiven Soziologie,' die bisweilen gar mit der EM insgesamt gleichgesetzt wird" (Patzelt, 1987, S. 66). Mein Verständnis des ethnomethodologsichen Reflexivitätskonzepts deckt sich hier mit dem von Patzelt (1987). Für ihn bezeichnete das Reflexivitätskonzept „nichts anderes als das wirklichkeitskonstruktive 'Wie' situativer Sinnklärung indexikalischer Zeichen... (Es) ist somit das Zwillingskonzept zu jenem der Indexikalität" (S. 66).

Das folgende Beispiel zeigt einige Aspekte der Reflexivität sozialer Handlungen, insbesondere der Interpretation von Welt.

Azande-Orakel

Mehan und Wood (1976) berichteten von Evans-Pritchards Studien über die Orakelbefragung der Azande in Afrika[29]. Wenn die Azande mit bedeutenden Entscheidungen oder Problemen befaßt waren oder etwas über unbekannte Sachverhalte oder die Zukunft erfahren wollten, zogen sie ein Orakel zu Rate. Die an das Orakel zu richtende Frage wird so formuliert, daß ein Ja oder Nein des Orakels eine unzweideutige Antwort ergibt. In einem streng vorgegeben Ritual wird aus der Rinde eines bestimmten Baumes eine Substanz vorbereitet, genannt 'bende'. Die Befragung erfolgt, indem das 'bende' an ein Küken[30] verfüttert wird. Die Antwort des Orakels ermitteln die Azande aus dem Schicksal des Kükens. Sie entscheiden im vorhinein, ob der eventuelle Tod des Kükens ein Ja oder ein Nein auf die gestellte Frage bedeutet. Bei wichtigen Entscheidungen schalten die Azande eine zweite Stufe hinzu: Hierbei wird ein zweites Küken gefüttert. Wenn die Antwort des Orakels eindeutig sein soll, so muß im zweiten Fall das Küken am Leben bleiben, wenn es im ersten Fall starb, und umgekehrt.

Aus Sicht der westlichen Wissenschaft enthält die zur Herstellung des 'bende' verwendete Baumrinde einen Giftstoff, der bei einigen Küken zum Tod führen kann. Die Azande jedoch wußten nicht von den giftigen Eigenschaften. Für sie spielt der Baum keine Rolle in der Zeremonie der Orakelbefragung. Die Rinde war lediglich ein Vehikel für das Orakel, in die Substanz einzudringen. Wie Mehan und Wood schrieben, nimmt

> mit der Vollendung des Rituals ... das Orakel Besitz von der Substanz. Die Tatsache, daß sie einmal Teil eines Baumes war, wird irrelevant. Darum leben oder

---

29 Evans-Pritchards Studien wurden von Clifford Geertz (1988) kritisch reflektiert.

30 Bei Pollner (1976) hieß es Huhn; außerdem schrieb Pollner so, daß man meinen könne, die Azande seien sich des Giftcharakters bewußt: „Eine rituell vorbereitete giftige Substanz wird einem Huhn zu fressen gegeben, und das Gift, 'benge' genannt, wird befragt" (S. 304).

> sterben Küken nicht aufgrund der Eigenschaften des Baumes, sondern weil das Orakel '... wie ein Mensch hört und die Fälle wie ein König regelt' (Evans-Pritchard, 1937, zitiert nach Mehan & Wood, 1976, S. 30).

Für westlich geprägte Menschen scheint diese rituelle Form der Entscheidungsfindung unglaubwürdig, ja sogar abergläubisch. Was ist, wenn das Orakel in der zweiten Befragung seiner ersten Antwort widerspricht? Dies kam durchaus vor. Für wie zuverlässig halten die Azande das Orakel, wenn sie die Erfahrung machen, daß eine Entscheidung schlecht ausging, oder eine Antwort sich als falsch herausstellte? Unzählige Quellen von Widersprüchen birgt die Orakelbefragung für westlich Denkende. Doch, was sie Widersprüche nennen,

> sind für den Azande eben keine Widersprüche. (Es handelt sich nur dann um Widersprüche, wenn diese Ereignisse von den Prämissen der westlichen Wissenschaft aus gesehen werden.) Der westliche Mensch untersucht Praktiken der Orakelbefragung, um herauszufinden, ob es tatsächlich ein Orakel gibt. Der Azande weiß, daß es ein Orakel gibt. Das ist seine Prämisse. Alles, was nach einer Orakelbefragung passiert, sieht er auf dem Hintergrund dieser grundlegenden Annahme. Der Glaube des Azande an Orakel ähnelt in vielem dem Glauben des Mathematikers an bestimmte Axiome. (Mehan & Wood, 1976, S. 31)

Die Azande verwiesen bei den vermeintlichen Widersprüchen auf die Intervention von Göttern, Geistern, Zauberern oder Hexen oder auf das Brechen eines Tabus. Ein 'Versagen' des Orakels, in unserem Sinn, führte niemals zu Zweifeln an seiner Gültigkeit, sondern „ausgehend von dem unkorrigierbaren Glauben an Orakel werden alle Ereignisse *reflexiv* zum Beweis für diesen Glauben“ (Mehan & Wood, 1976, S. 32).

> ... (Die) mystischen Vorstellungen (der Azande) sind in hohem Maße kohärent; sie sind durch ein Netzwerk logischer Beziehungen untereinander verknüpft und so angeordnet, daß sie niemals allzu kraß der sinnlichen Erfahrung widersprechen. Vielmehr scheint diese die mystischen Vorstellungen zu rechtfertigen. Der Azande ist in ein Meer von mystischen Vorstellungen getaucht und wenn er über sein Giftorakel spricht, so kann er dies nur in mystischen Idiomen' (Evans-Pritchard, 1937, zitiert nach Mehan & Wood, 1976, S. 31)

Als Evans-Pritchard versuchte, den Azande zu erklären, was für ihn widersprüchlich war, so lachten sie nur oder begegneten seinen Argumenten

> ... manchmal mit unverblümten Behauptungen, manchmal mit einer der ausweichenden Hilfskonstruktionen des Glaubens ... manchmal mit höflichem Mitleid, immer jedoch mit verwickelten sprachlichen Hindernissen; denn man kann nicht gut Einwände in seiner Sprache formulieren, wenn sie nicht durch eine Kultur bereits vorformuliert sind. (Evans-Pritchard, 1937, zitiert nach Mehan & Wood, 1976, S. 31)

Mit diesem Beispiel einander widersprechender Denksysteme versuchten die Ethnomethodologen, das Konzept der Reflexivität von Wissen und Handeln, und in Zusammenhang damit auch die 'Dokumentarische Methode der Interpretation' zu demonstrieren.

Nicht nur die Azande haben 'Hilfskonstruktionen des Glaubens.' In ihrer Diskussion über 'Realität als reflexive Aktivität' beschrieben Mehan und Wood (1976), mit Verweis auf Gasking, die Axiome, die in einer Gemeinschaft nicht hinterfragt, ja nicht hinterfragbar sind als 'unkorrigierbare Aussagen.' Auch in den westlichen Kulturen gibt es derlei: die uns so vertraute und allzu selbstverständliche Objektkonstanz, der Glaube an Kausalität oder auch innerhalb der Wissenschaftsgeschichte die Paradigmen von der Sonne als Planet oder als Stern.

Es gibt noch weitere Konsequenzen dieses Konzepts für die Betrachtung und Deutung sozialer Interaktion. Auf diese verwies z. B. Heritage (1984), indem er auf das Beispiel des 'gelegentlichen Grüßers' (s. o.) zurückgreift[31]. Unabhängig davon ob der Gegrüßte zurückgrüßt oder nicht, die Szene, in der einer gegrüßt hat, definiert den Kontext derart, daß jedwedes Handeln des anderen innerhalb dieses Kontexts interpretiert wird: eine Antwort bestätigt die Normalität; alle Erklärungen, warum der oder die andere nicht antwortet sind reflexiv zur Grußsituation. Das heißt, „whatever the outcome of the 'choice,' the availability of the norm will provide a means by which the conduct and its context can be rendered sensible, describable and accountable" (Heritage, 1984, S. 108).

Eine Konsequenz dieser Beschreibung ist, daß im Gegensatz zur Parsons'schen Handlungstheorie, die Situation als eine durch die in ihr vollzogenen Handlungen veränderte verstanden wird. Das heißt, daß „common norms, rather than regulating conduct in pre-defined scenes of action, *are instead reflexively constitutive of the activities and unfolding circumstances to which they are applied*" (Heritage, 1984, S. 109).

Reflexivität ist somit unabdingbar in der Konstitution von Kohärenz und Sinn sozialen Handelns. Die Existenz dieses Phänomens ermöglicht (vielleicht sogar zwingt) uns, soziales Handeln als 'sinnvoll' zu erfahren. Es ist eine charakteristische Eigenschaft unserer Handlungen; im Zusammenhang mit der Indexikalität von Handlungen dient Reflexivität der 'dokumentarischen' Interpretation sozialer Interaktionen.

1.1.2. Fragilität sozialer Wirklichkeiten

Das Interesse der Ethnomethodologen lag, wie bereits gezeigt, in der Erforschung alltäglicher Methoden zur Wirklichkeits*konstruktion* und Wirklichkeits*verstehen*, aber auch zur Wirklichkeits*erhaltung*. Die Untersuchung dieser Me-

---

[31] Mit dem gelegentlichen Grüßer weiß die Parsons'sche Handlungstheorie nichts anzufangen.

thoden war eng verknüpft mit der Darstellung von ansonsten unhinterfragtem, implizitem Regelwissen. Üblicherweise würden Soziologen eine Gruppe stabiler Züge der Organisation von Handlungen auswählen und nach den Variablen ihrer Stabilität fragen. Die Schütz'sche Annahme, daß die „active maintenance of 'world in common' is sustained only in the absence of counter-evidence" (Heritage, 1984, S. 78), regte Garfinkel zu einer anderen, ihm ökonomischer scheinenden, Vorgehensweise an:

> to start with a system with stable features and ask what can be done to make for trouble. The operations that one would have to perform in order to produce and sustain anomic features of perceived environments and disorganized interaction should tell us something about how social structures are ordinarily and routinely being maintained. (Garfinkel, 1967, zitiert nach Heritage, 1984, S. 78)

Diese Form der Erforschung alltäglichen Regelwissens waren die zum Teil bekanntesten (und moralisch umstrittensten[32]) Experimente Garfinkels: die 'breaching experiments', zu deutsch, Krisen- oder Erschütterungsexperimente.

Die Versuchsleiter begaben sich (angeblich) ohne spezifische Theorieannahmen in eine Feldexperiment hinein[33]. Sie wollten durch abweichendes Verhalten testen, wie andere auf diese Abweichungen reagierten. Durch spezifische Abweichungen von ihrem sonst üblichen Alltagshandeln versuchten sie herauszufinden, was denn die *zugrundeliegenden Regeln* dieses Alltagshandelns seien.

1.1.2.1. Krisenexperiment 1

Eines dieser Experimente lief unter dem Namen 'tick-tack-toe'. Hierbei wurden 67 Studenten als Versuchsleiter eingesetzt, die mit 253 Versuchspersonen folgendes Spiel spielen sollten: in eine kreuzförmige Figur (3 x 3 Matrix) sind drei Kreuze in eine Linie einzuzeichnen, was der Gegenspieler durch Einzeichnen von Nullen zu verhindern versucht. Die Versuchspersonen begannen und machten ein Kreuz. Die Versuchsleiter radierten daraufhin das von der Versuchsperson gesetzte Kreuz aus, verschoben es und machten ihre eigenen Zeichen, und dies, ohne sich etwas besonderes anmerken zu lassen.

Auf dieses Verhalten der Versuchsleiter reagierten 95% der 253 Versuchspersonen. Über 75% erhoben Einspruch bzw. verlangten eine Erklärung. Sie zeigten große Verwirrung und Bestürzung. Diejenigen Versuchspersonen,

---

[32] Eine ethnomethodologische Antwort läge vielleicht darin, daß diese Empörung sich ebenfalls nicht auf die Verletzung heiliger Normen bezöge, sondern zeige, welche Bedeutung sozialem Vertrauen auf gegenseitig unterstellte 'Ordnungskonformitäten' gegeben wird. (Man denke daran, mit welchem Vertrauen wir uns alltäglich in den Straßenverkehr begeben.)

[33] So war zumindest die ethnomethodologische Konzeption induktiver Forschung (zur Kritik der angegeben Vorannahmslosigkeit siehe Kap. 1.2.).

die wenig verstört wurden durch das Versuchsleiterverhalten, hatten irgendeine Alternativverklärung für das Verhalten der Versuchsleiter, z. B., daß sie Spaß machten oder eine neue Spielmethode ausprobierten. Auf irgendeine Weise war die Situation für sie nicht mehr die Spielsituation wie sie ihnen vorgegeben war, sondern sie definierten die Situation so um, daß das Versuchsleiterverhalten irgendwie Sinn ergab.

Diejenigen, und das war die große Mehrheit, die das Versuchsleiterverhalten auf dem Hintergrund der urspünglichen Spielsituation verstanden und mit dieser unveränderten Annahme zu erklären versuchten, zeigten die größte Verwirrung.

Für sie wurde eine unausgesprochene und unterstellte Regel gebrochen, was ihre Situationserwartung und somit auch ihr soziales Vertrauen zerstörte. Nach Heritage (1984) wurden zwei bedeutende Schlüsse aus diesem Versuch gezogen: 1) Abweichendes Verhalten rief das Bedürfnis hervor, die Diskrepanz zu normalisieren und führte dazu, daß die Situation so umdefiniert wurde, daß dieses als mögliches Verhalten, 'an instance of a legally possible event,' verstanden werden konnte. 2) Sinnlosigkeit und Verwirrung waren verstärkt, wenn die Versuchspersonen versuchten, die Diskrepanz zu normalisieren, ohne jedoch eine unveränderte Sichtweise der Spielregeln vorzunehmen (und gleichzeitig eine unveränderte Sichtweise der Spielregeln beibehielten).

An dieser Stelle kam das zu Tage, was Ethnomethodologen als 'Zerbrechlichkeit' der Alltagswelt bezeichneten. Diese Zerbrechlichkeit wird dann umso offensichtlicher, wenn Regeln verletzt werden, die nicht zu einer eingegrenzten Spielsituation gehören, sondern zum Alltag. Denn auch hier gibt es Regeln, und auch hier sind sie nicht explizit, oft sogar noch weniger explizit als die oft unausgesprochenen Regeln eines Spiels. Garfinkel war aus verschiedenen Gründen, wie z. B. der spezifisch klaren Regelanordnung, vorsichtig, diese Schlußfolgerungen auf Alltagssituationen zu übertragen[34], die „durch wesentlich vagere und folglich viel leichter 'normalisierend zurechtinterpretierbare' Regeln strukturiert seien" (Patzelt, 1984, S. 187). Dennoch wurden in weiteren Studien ähnliche Fragilitätsverfahren angewandt mit dem Ziel, Hintergrundserwartungen, die auf die Verwendung bestimmter Alltagsregeln gerichtet sind, zu diskreditieren. Garfinkel fand es geradezu 'erschütternd',

> die scheinbar endlose Vielfalt von Szenen zu entdecken, die sich zur Durchführung im Grunde gemeiner Überraschungen eigneten. Diese Szenen reichen von der Möglichkeit, sich ganz nahe an eine Person zu stellen, gleichzeitig jedoch eine harmlose Unterhaltung zu führen, bis zu der Möglichkeit, 'Hallo' am Ende einer Unterhaltung zu sagen ... Alle Verfahren erregten Angst, Entrüstung, starke Gefühle der Erniedrigung und des Mitleids auf seiten des Versuchsleiters und der Versuchperson sowie ein Bedürfnis der Versuchsperson, eine Erklärung zu verlangen, ... (Garfinkel, 1963, zitiert nach Mehan & Wood, 1976, S. 50)

---

[34] siehe Heritage (1984, S. 79)

1.1.2.2. Krisenexperiment 2

Eine andere von Garfinkel entwickelte Form des Krisenexperiments waren die 'Verwechslungsexperimente'. Hierbei gingen Soziologiestudenten in Restaurants oder Kaufhäuser und behandelten mit größter Selbstverständlichkeit Kunden als Personal[35]. In einem Restaurant behandelten die Studenten einen Gast als Kellner; z. B. beschimpften sie ihn, warum er ihnen immer noch keine Speisekarte gebracht hätte, usw. Im allgemeinen reagierten die 'Opfer', indem sie versuchten, das 'Mißverständnis' aufzuklären. Wenn dies ohne Erfolg blieb, wurden sie verlegen, fassungslos, versuchten davonzulaufen oder sich Unterstützung bei anderen zu suchen. Die Krisenexperimente wurden zum Teil so verfeinert, daß

> ... die Person (Versuchsperson) die Situation nicht in ein Spiel, einen Scherz, ein Experiment, eine Täuschung und ähnliches umwandeln konnte ...; daß sie nicht ausreichend Zeit zur Verfügung hatte, um eine Neudefinition ihrer wirklichen Umstände zu entwickeln und daß ihr eine, auf gegenseitiger Zustimmung beruhende Unterstützung für eine alternative Definition der sozialen Realität verweigert wurde. (Garfinkel 1964, zitiert nach Mehan & Wood, 1979, S. 53)

Die Verhaltensweisen der Versuchspersonen wurden - so die Autoren - dem Verhalten desozialisierter Schizophrener immer ähnlicher.

1.1.2.3. Krisenexperiment 3

Bei einer weiteren Fragilitätsstudie wurde Studenten die Aufgabe gegeben, in Alltagsgesprächen für sie ansonsten 'normale' Äußerungen zu hinterfragen, (daß heißt, einen Teil ihres Verstehensbeitrags zu verweigern). Garfinkel (1967) gab hierzu sieben Beispiele[36], von denen ich hier drei wiedergebe:

> Fall 1:
>
> The subject was telling the experimenter, a member of the subject's car pool, about having had a flat tire while going to work the previous day.
> (S) I had a flat tire.
> (E) What do you mean, you had a flat tire?
> She appeared momentarily stunned. Then she answered in a hostile way „What do you mean, 'What do you mean?' A flat tire is flat tire. That is what I meant. Nothing special. What a crazy question!" (S. 42)

---

35 Mehan & Wood (1976) zitierten ein Beispiel ausführlicher (S. 50-53); Patzelt (1987) faßte die Ergebnisse dieser Studien zusammen.

36 Laut Heritage (1984) waren es acht in Garfinkels erster Veröffentlichung (1963); 1967 fiel der erfolglose achte Fall weg.

Fall 2:

(S) Hi, Ray. How is your girl friend feeling?
(E) What do you mean, „How is she feeling?" Do you mean physical or mental?
(S) I mean how is she feeling? What's the matter with you? (He looked peeved.)
(E) Nothing. Just explain a little clearer what do you mean?
(S) Skip it. How are your Med School applications coming?
(E) What do you mean, „How are they?"
(S) You know what I mean.
(E) I really don't.
(S) What's the matter with you? Are you sick? (S. 42-43)

Fall 6:

The victim waved his hand cheerily.
(S) How are you?
(E) How am I in regard to what? My health, my finances, my school work, my peace of mind, my ... ?
(S) (Red in the face and suddenly out of control.) Look! I was just trying to be polite. Frankly, I don't give a damn how you are. (S. 44)

In allen Formen der Krisenexperimente kriselte es. Im Tick-tack-toe-Experiment wurden Grundregeln verletzt, in den Verwechslungsexperimenten und dem zuletzt dargestellten Feldexperiment wurde die Annahme einer gegenseitigen (reziproken) Perspektive zerstört. Ihnen ist gemein, daß die ansonsten für selbstverständlich wahrgenommene Normalität der Ereignisse bezweifelt wurde. Was zusammenbrach war „a set of 'more fundamental' presuppositions in terms of which behavioural instances are attended by actors as instances of intended actions that a group member assumes 'anyone can see' (Garfinkel, 1963, zitiert nach Heritage, 1984, S. 83).

1.1.2.3. Interpretationen der Krisenexperimente

Die beschriebenen Krisenexperimente haben inszeniert (wenn auch in verstärktem Maße), was wir aus Alltagsituationen kennen, in denen wir 'daneben' liegen oder uns ein 'Ausrutscher' passiert. In diesen - peinlichen - Situationen hat man die Verhaltensweisen verloren, die ansonsten „wie selbstverständlich" den Alltag gelingen lassen. Wie Patzelt sagte: „Dann ist Normalität nicht mehr verfügbar, Selbstverständlichkeit zerfallen" (1987, S. 111). Das heißt, sobald die Aktivitäten, die die soziale Konstruktion von Wirklichkeit bewerkstelligen und stabilisieren[37], unterdrückt werden, zerbricht diese (methodisch konstruierte) Wirklichkeit. Diese Phänomen bezeichneten die Ethnomethodologen als Fragilität sozialer Wirklichkeiten.

[37] (der reflexive Gebrauch alltäglichen Wissens in indexikalischen Interaktionsprozessen)

Wichtig scheint in diesem Zusammenhang, daß, wenn Ethnomethodologen darauf hinweisen, daß wir im Alltag immer wieder soziale Wirklichkeit erschüttern, sie damit nicht das allgemeine Gezänk 'welcher Nachbar oder welche Kollegin gerade was für einen Mist verübt hat' meinen. Vielmehr meinen sie damit solche 'Brüche,' die einen als 'Selbst' im 'Selbstsein' betreffen und 'Selbstverständliches' in Frage stellen. Patzelt wies darauf hin, daß „je bedeutsamer eine diskreditierte Hintergrunderwartung für die Orientierung einer Person, für ihre Normalitätswahrnehmung ... ist, um so größer sollte das Ausmaß und um so dramatischer sollte die Art und Weise sein, in der diese Person ihre soziale Wirklichkeit dann zerbrechen fühlt" (1987, S. 112)[38].

1.1.3. Garfinkels Interaktionsverständnis

Die Tatsache, daß diejenigen, die sich auf das Krisenverhalten hin einen Sinn machten, am wenigsten Angst, Empörung oder ein Bedürfnis nach Erklärung zeigten, war für Garfinkel von besonderem Interesse. Ihm scheint nicht der respektierte, heilige oder moralische Status der Regel das kritische Phänomen bei der Regelbenutzung zu sein, sondern die wahrgenommene Normalität der umgebenden Ereignisse. Denn diese Normalität ist eine Funktion der Vorannahmen, die zur Definition von möglichen Ereignissen in einer Situationen dienen. Garfinkel schloß, daß

> all actions as perceived events may have a constitutive structure, and that perhaps it is the threat to the normative order of events as such that is the critical variable in invoking indignation and not the breach of the 'sacredness' of the rules. (Garfinkel, 1963, zitiert nach Heritage 1984, S. 83)

Somit rührte für Garfinkel die Kraft der Regeln nicht von einem moralischen Konsens über die 'Heiligkeit' von Regeln, sondern von der Tatsache, daß, wenn Verhalten nicht in Übereinstimmung mit den Regeln verstanden werden kann, „the social organization of a set of 'real circumstances' simply disintegrates" (Heritage, 1984, S. 83). Gemeinsam verwendete Regeln sind konstitutiv für das, was geschieht. Hierbei wird die konventionelle Sicht von Regel als regulativ für 'anständiges,' 'korrektes' Verhalten zweitrangig.

Aufbauend auf Schütz'schen Annahmen implizieren diese Experimente eine normativ organisierte Ordnung von Handlung und Interaktion, die den Annahmen Parsons widersprechen. Denn sie stellen die Parsons'sche 'top-down'-Version normativen Zwangs in Frage, die behauptet, Verhalten sei determiniert

---

[38] Interessant wäre, Kulturschockerlebnisse unter ethnomethodologischer Perspektive als Krisenexperimente zu interpretieren. Der ethnomethodologische Ansatz könnte teilweise auch Erklärungsansätze liefern für die Erfahrungen der Menschen in Ostdeutschland im Verlauf des 'Zusammenbruchs' ihrer 'alten Welt' und der Konfrontation mit einer neuen, fremden Welt, in der sie als ein Teil Westdeutschlands gelten.

durch konsenshaft definierte Werte, die dem Handlungssystem von 'oben her' Stabilität verleihen. Garfinkel deutete jedoch seine Experimente dahingehend, daß Stabilität 'from the bottom up' geschaffen wird, und daß in ihr

> 'structural phenomena ... are emergent products of a vast amount of *communicative* (Hervorhebung v. Verf.), perceptual, judgmental and other 'accommodative' work whereby persons, *in concert*, and encountering 'from within society' the environments that the society confronts them with, *establish, maintain, restore and alter the social structures that are the assembled products of the temporally extended courses of action* (Hervorhebung v. Verf.) directed to these environments as persons 'know' them. (Garfinkel, 1963, zitiert nach Heritage, 1984, S. 84)

Diese Ausführungen zeigen, daß sich Mitglieder gegenseitig zur Verantwortung ziehen für die Anpassungsarbeit ('accommodative work'), mit der sie aus ihren Umständen Sinn herstellen.

1.2. Konversationsanalyse

Wie bereits in den Ausführungen zur Ethnomethodologie erwähnt, hat sich aus dem allgemeinerem soziologischem Ansatz der Ethnomethodologie (EM) eine spezifische Anwendung gefunden: die Konversationsanalyse (KA). Die Anfänge machten Harvey Sacks und Emanuel Schegloff Mitte der sechziger Jahre. Mit ihre Forschungsgruppe bauten sie die KA zu einem international einflußreichen Forschungszweig aus, der z. T. in der Linguistik einflußreicher als in der Soziologie wurde.

Eine Entschuldigung oder (ent-)warnende Anmerkung für das nun Kommende vorweg:

> Der Versuch z.B. eines gutwilligen und an der Linguistik interessierten Studenten, zu erfahren, was Konversationsanalyse denn sei, wird höchstwahrscheinlich daran scheitern, daß auch der - gemäß Voraussetzung - gutwillige Student nur eine begrenzte Geduld im Kampf mit halbdunklen Absichtserklärungen und offenen Widersprüchen in Gegenstandsbestimmungen aufbringen dürfte. (Dittmann, 1982, S. 2)

Daß ich es hier dennoch versuche und mich hier dazu äußere, verstehe ich als Bemühen, die 'Indexikalität' wissenschaftlicher Auseinandersetzungen etwas zu 'enthüllen.' Dazu dient hoffentlich der ethnomethodologische Hintergrund und das Vokabular aus dem ersten Teil dieses Kapitels.

Wie Dittmann (1982) hervorhob, ist die „'disziplinäre Motivation', Konversationsanalyse zu betreiben, ... - zumindest ursprünglich - eine *soziologische*" (S. 3). Die KA befaßt sich wie die EM mit den Verfahren zur „'lokalen Herstellung von sozialer Ordnung'" (Garfinkel, 1967 zitiert nach Kallmeyer, 1987,

S. 1095), 'lokal' im Sinne von 'hier und jetzt,' rein aus den vorliegenden Situationsmerkmalen konstituiert. Sie spezialisiert sich hierbei auf den Bereich *alltäglicher* Gespräche. Kallmeyer wies auf die Bedeutung von Konversation, als Übersetzung des amerikanischen 'conversation', hin. Dort bezeichnet Konversation „das nicht vorstrukturierte Gespräch, bei dem insbesondere keine Festlegungen vorab hinsichtlich der Reihenfolge der Sprecher, der Themen, der Länge der Redebeiträge vorliegen und keine formelle Verteilung des Rederechts." (1987, S. 1095)[39].

Nach Kallmeyer ist das Ziel der KA, „zu klären, mit welchen Verfahren die Teilnehmer die Geordnetheit der Interaktion herstellen, ihr eigenes Verhalten und das des Partners auf diese Ordnung hin interpretieren und diese Interpretation wiederum zum Audruck bringen" (Kallmeyer, 1987, S. 1097). Die KA untersucht somit die 'Herstellung von Ordnung' in Gesprächen[40]. Diese Herstellung birgt für die Interagierenden unterschiedliche 'Probleme'. Mit Hilfe der KA sollen die allereinfachsten Mechanismen („simplest systematics", Sacks, Schegloff & Jefferson, 1974) für die Bewältigung dieser Aufgaben erfaßt werden. Struktur wird von den Interagierenden im Verlauf der Konversation hervorgebracht und auch wieder verändert. Der zeitliche und strukturelle Verlauf

---

39 So scheinen zumindest Sacks und Schegloff es verstanden zu haben. Eine mögliche Konsequenz dieses Konversationsbegriffs ist das Ausklammern institutionalisierter Gespräche. Gespräche, in denen soziale Hierarchien in z. B. turn-taking Prozesse mithineinwirken, erfordern ja auch Methoden wissenschaftlichen Verstehens. Darüberhinaus bezweifelte Dittmann (1982) die Haltbarkeit des vorliegenden Verständnisses von 'Konversation': denn wer garantiert z. B., daß sich in Gruppengesprächen bestimmte Personen nicht selbst zu 'Leitern' erklären. Sollte der Konversationsbegriff im engen Sinn verstanden werden und sich nur auf spontane Gespräche beziehen, bleibt eine Menge an interessantem Untersuchungsmaterial unberücksichtigt. Es stellte sich längerfristig dann auch die Frage der sozialen Relevanz dieser Forschung. Die Begriffsproblematik wird weiterhin dadurch erschwert, daß es im deutschen Sprachgebrauch mehrere verwandte Bezeichnungen gibt, die z. T. in Abgrenzung zur, z. T. aber auch in Überschneidung mit der KA verwendet werden: Dialoganalyse, DA oder Gesprächsanalyse. Somit versucht man zumindest begrifflich zu unterscheiden zwischen KA allgemein, ethnomethodologischer KA und DA (wobei diese Unterscheidung in den USA und in GB Unterschiedliches bedeutet, sowie auch der französische 'discours' andere Bedeutungsfelder hat) (vgl. auch Dittmann, 1982).

In Anbetracht des amerikanischen Verständnisses von 'conversation' scheint es schwierig, einen passenden deutschen Begriff unter den Gebotenen zu finden. Unterhaltung ist meinem Sprachempfinden nach die am ehesten zutreffende Übersetzung, das Fremdwort dazu (im Deutschen) ist Konversation, wenn auch mit möglicherweise unerwünschten, weil etwas anderen als amerikanischen, Konnotationen ('Konversation machen', 'Konversation führen' etc.). Dialog (immer wieder als Gegenstück zum Monolog mißverstanden) ist ebenso allgemein, wenn auch weniger deskriptiv als qualitativ besetzt. Vielleicht könnte man 'Gesprächsanalyse' als allgmeinen Oberbegriff nehmen.

40 Auffallend ist, daß die Konversationsanalytiker meistens nicht zwischen Interaktion und Kommunikation unterschieden.

('sequenciality') der sozialen Interaktion hat eine zentrale Bedeutung für die Analyse der sozialen Interaktion. Darum ist die Verlaufsanalyse mit ihrem Fokus auf die sequenzielle Organisation von Gesprächen zentral für die konversationsanalytische Untersuchung. Ein in diesem Zusammenhang von Sacks, Schegloff und Jefferson (1974) untersuchtes und berühmt gewordenes Beispiel ist die Verteilung der Redezüge, bzw. -'gelegenheiten', in konversationsanalytischer Terminologie, in Gesprächen. (Andere Begriffe in diesem Zusammenhang sind 'turn-taking system' oder 'machinery'.) Aufgrund dieser Untersuchungen wurden die Verfahren des Sprecherwechsels zu einem wichtigen Gegenstand der KA. Daneben wurden auch das Durchführen von 'Reparaturen' sowie das Eröffnen und Beenden von Gesprächen (z. B. Schegloff, 1972; Turner, 1972) untersucht und als 'Regeln im Interaktionssystem' dargestellt (vgl. auch Heritage, 1984).

1.2.1. Grundlagen ethnomethodologischer Konversationsanalyse

Überschrift und Darstellung lehnen sich an Bergmanns Aufsatz von 1981 über ethnomethodologische KA an, der in der Folge auf z. T. vehemente Kritik stieß, auf die ich im Anschluß noch näher eingehe.

1.2.1.1. Gegenstand

Als wesentliches Merkmal konversationsanalytischer Untersuchungen gilt, daß das Untersuchungsmaterial aus 'natürlichen' Situationen 'gewonnen' wird, d. h. die Gesprächspartner führen spontane, nicht vorgeplante Alltagsgespräche, die auch nicht eigens zum Zweck der Untersuchung geführt werden. (Zur Problematik des Konversationsbegriffs siehe unten und Anmerkung 39.)

1.2.1.2. Methode

Eine Verfahrenskonsequenz aus der ethnomethodologischen Gegenstandsbestimmung ist das Aufzeichnungspostulat[41]. Eine ethnomethodologische Grundannahme lautet, daß „im Vollzug der sozialen Interaktion die dann als vorgegeben erfahrenen Strukturen der gesellschaftlichen Wirklichkeit hervorgebracht und reproduziert werden" (Bergmann, 1981, S. 18); somit „muß dieser in der Zeit ablaufende 'Vollzug' der genauen Beobachtung zugänglich gemacht,

---

[41] Nicht zu unterschätzen bei der Entstehung solcher Forschungs"gegenstände" ist die technische Vorrausetzung des Aufzeichnens (das Material Tonband) als Bedingung für 'Entwerfung' solcher Forschungsmethoden und der entsprechenden Theorie (siehe Geißner, 1968). Der Einfluß von 'Aufnahmen' auf die Teilnehmer wurde im allgemeinen ebenfalls nicht problematisiert (Eine mir bekannte Ausnahme ist Kallmeyer, 1987, S. 1102).

d. h. in wiederholbarer Form dokumentiert werden“ (S. 18). Die soziologische Verwendung von Ton- oder Videoaufzeichnungen natürlicher Interaktionsvorgänge impliziert zweierlei: Zum einen ermöglicht sie die Generierung von Daten, „die einem prinzipiell anderen Typ zuzurechnen sind als jene Daten, mit welchen die Soziologie bisher zu arbeiten gewohnt ist“ (S. 19). Zum anderen dürfte „die Hörbarkeit und Sichtbarkeit ... nicht als selbstverständlich hingenommen werden, vielmehr müßte der Analytiker auch zeigen können, inwiefern die audiovisuelle Wahrnehmbarkeit ein Produkt der spezifischen sozialen Organisation eines interaktiven Objekts bildet. Die Abbildbarkeit wird somit als ein Strukturmerkmal ... in der Analyse selbst thematisch“ (S. 19).

Notwendig für die Analyse von Gesprächen ist ihre Transkription. Das Nacheinander (das ‘Transitorische’) des *Pro-zesses*, festgehalten in der Aufzeichnung, wird nun umgewandelt in ein „Nebeneinander eines fixierten Beschreibungstextes“ (Bergmann, 1981, S. 19). Auf diese Weise ist das Material bearbeitbar, gliederbar und vergleichbar. Auch sollen Transkriptionsausschnitte den Lesern den Nachvollzug des Geschehenen und der Analyse ermöglichen. Anfänglich waren Transkriptionen orthographisch normierte, standardsprachlich verschriftete Transkriptionstexte. Später wurden Äußerungen wie ‘Lachen’ mitnotiert, dann sogar systematisch in ihren ‘Ordnungen’ untersucht. Bergmann konstatierte: „Da diese Texte für Soziologen lesbar bleiben sollen, ... verbietet sich eine phonetische Transkription“ (S. 20). Kallmeyer jedoch wies auf die Arbeit Jeffersons (1983, zitiert nach Kallmeyer, 1987) hin, die phonetische Eigenschaften der Aussprache und Sprachvariation miteinbezog und eine eigene Notationsweise entwickelte[42].

1.2.1.3. Situiertheit

Das Konzept der Indexikalität sozialen Handelns ist, wie in der EM allgemein, auch in der KA von grundlegender Bedeutung. Die Indexikalität von Äußerungen besagt nicht nur, daß Äußerungen innerhalb ihrer Kontexte zu verstehen sind, sondern auch, daß sie diese selbst mitschaffen: „Alle Äußerungen sind kontextproduktiv in dem Sinne, daß sie den Kontext, in welchem die Äußerung zu verstehen ist, definieren und zugleich Kontextbedingungen für Folgeäußerungen schaffen“ (Kallmeyer, 1987, S. 1100). Kontextualisierung ist somit sowohl retrospektiv wie prospektiv zu verstehen[43]. Kallmeyer bemerkte, daß es jedoch problematisch sei, wie sich aus ethnomethodologischer Sicht die *lokale*

---

42 Bergmann schien bei seinem Postulat die damit verbundenen Konsequenzen für Gegenstandsverständnis und Untersuchungsmethoden nicht zu erwägen. Denn linguistische (inklusive paralinguistischer Merkmale) Notationen (Ehlich & Rehbein, 1976, 1979) oder sprechwissenschaftliche Notationen (Winkler, 1979; Gutenberg, 1984a, 1984b) ermöglichen z. T. ganz andere Analyseeinheiten und somit auch andere Fragestellungen.

43 Diese Sichtweise findet sich z. B. auch bei Gumperz (1982a) wieder (siehe Kap. 2.2.).

Herstellung sozialer Ordnung auf der *Mikro*ebene zu der *Makrostruktur der Gesellschaft* verhält. Kallmeyer verwies dabei auf die „Diskursanalyse,“ die sich mit der Analyse von Kommunikation in Institutionen befaßt (Rehbein, 1977 und Ehlich & Rehbein, 1986, beide zitiert nach Kallmeyer, 1987). Die Arbeiten nach dem Ansatz von Gumperz (1982a, 1982b; siehe unten Kap. 2) werden hier auch dazugezählt, da sie z. T. institutionelle Rahmen sowie sozio-kulturelle Bedingungen unter ethnografischer Perspektive miteinbeziehen in die Feinanalysen von Gesprächen[44].

1.2.1.4. Analyse

Den Ausgangspunkt für eine Analyse beschrieb Bergmann (1981) mit einer immer wieder gestellten Frage Harvey Sacks: „Can we find order? Can we provide for that order?“ (S. 21). So sucht man im ersten Schritt der Analyse nach Gleichförmigkeiten oder Regelhaftigkeiten. Erst dann werden die gefundenen Ordnungsmerkmale genauer untersucht. Ordnungsmerkmale werden als „systematisch produzierte Erzeugnisse ... der methodischen Lösung struktureller Probleme der Interaktionsorganisation“ (S. 22) gesehen.

Der zweite Schritt der Analyse besteht nun darin, das hinter der Ordnung vermutete ‘Problem’ zu rekonstruieren. Dabei ist zu beachten: „Probleme und Fragen, die bei der Arbeit am Untersuchungsmaterial auftauchen, sind für den Analytiker nur dann relevant, wenn es ihm gelingt, sie in Probleme und Fragen zu transformieren, die *strukturelle* Sachverhalte der Interaktion betreffen und von den Interagierenden selbst auf methodische Weise zu lösen sind“ (Bergmann, 1981, S. 22). Das heißt, inhaltliche Meinungsverschiedenheiten oder persönliche Konflikte (die ja auch von der Interakation herrühren können) fallen hier unter den Tisch. Sie interessieren KA nur insofern, als daß sie den ‘Interagierenden’ auch strukturelle Probleme stellen, die, so die Annahme der KA, auf ‘methodische’ Weise bewältigt werden (Bilmes, 1992; Schegloff, 1987).

---

[44] Die von Kallmeyer angedeutete Trennung von klassischer KA und DA als Analyse von Kommunikation in Institutionen mag z. T. nur für die Entwicklungen in der BRD gegolten haben. Moerman (1991) unterschied KA von DA darin, daß KA sich ausschließlich auf soziale Interaktionsstrukturen bezöge. DA käme aus der linguistischen Tradition und untersuche ‘language beyond the sentence’ (S. 31). Auf den ersten Blick scheint diese Trennung korrekt. Doch wenn man einzelne ‘diskursanalytische’ Ansätze näher betrachtet, bleibt zu prüfen, ob nicht einige diskursanalytische Ansätze über ‘language beyond the sentence’ hinausgehen (und wenn, dann z. T. unter konversationsanalytischem Einfluß, wie z. B. Gumperz 1982a, siehe unten Kap. 2). So ist auch bei dem Begriff ‘DA’ Vorsicht geboten, da sehr unterschiedliche Traditionen darunten verstanden oder damit verknüpft werden.

Der dritte analytische Schritt versucht den „methodischen Apparat zu beschreiben, ... der dafür sorgt, daß die strukturellen Probleme der Gesprächsorganisation für die Interagierenden 'unproblematisch Probleme' bleiben" (Bergmann, 1981, S. 22). „Apparat" steht an dieser Stelle für die Annahme, daß es einen 'Mechanismus' gäbe, der „unabhängig von den jeweils besonderen Umständen und Gegebenheiten ... immer wieder die Geordnetheit und Strukturiertheit dieser Interaktion hervorbringt" (S. 22)[45]. KA zielt nicht nur darauf ab, „für beobachtbare Strukturmerkmale der sprachlichen Interaktion die jeweiligen formalen, methodischen Erzeugungsprinzipien zu rekonstruieren" (S. 22). Die „Gesprächsmaschine"[46] (S. 23) unterwirft die Interaktionspartner zwar bestimmten Zwängen, doch nehmen sie auf diese auch Einfluß, indem sie sich zwischen (formal beschreibbaren) 'Handlungs'alternativen[47] entscheiden können. Bergmann schloß: „KA ist ... beides: Strukturanalyse und Interaktionsanalyse, wenngleich nicht immer beides zugleich" (S. 23).

Dieser 'Doppelcharakter von strukturellen Zwängen und jeweiligem Teilnehmerverhalten' führte in der KA zur Unterscheidung zwischen „structural provision" und „participants' work" (Jefferson, 1972, zitiert nach Kallmeyer, 1987. S. 1098)[48]. Für Kallmeyer liegt diesen 'Ordnungsmechanismen' keine 'Signalsteuerung' zugrunde. Er verstand sie als interpretative Prozesse, als „Gelegenheiten unter Bezug auf den Kontext" (S. 1098) und verwies hier auf den Begriff der „inference making machinery" bei Sacks (1985, zitiert nach Kallmeyer, 1987, S. 1098).

---

45 Steht dieses Ziel der KA nicht im Widerspruch zu ihrer oben formulierten Ablehnung eines Methodenkanons und der Vorgabe, das Gespräch aus sich heraus zu verstehen?

46 Kallmeyer distanzierte sich von der Idee eines Automatismus und verwies auf den Konstituierungscharakter der Gesprächsarbeit (1987, S. 1104; 1981).

47 Genau diese unterscheiden sich von speech community zu speech commuinity und darum geht es der EdK und auch der Sprechwissenschaft. Philipsen (Kap. 3.1.) z. B. geht es nicht darum, die Ordnung und deren Herstellungsmechanismen oder -methoden zu untersuchen. Vielmehr benutzt er die Vorgehensweise der KA, um mehr über die Interaktionsformen und -muster, ways of speaking innerhalb einer community zu erfahren, um nach und nach 'Kategorien', 'Faktoren', zu finden, anhand deren sich Kulturen in ihrer Kommunikation unterscheiden. Wenn hier Ordnung von Interesse ist, dann unter den Gesichtspunkten, welche lokalen Funktionen und lokalen Bedeutungen bestimmte Ordnungen oder bestimmte Herstellungsweisen haben.

48 Strukturelle Zwänge kommen ja nicht aus dem 'hier und jetzt' allein, sondern wurden wiederholt sozial, kulturell 'hergestellt'.

1.2.1.5. 'Analytische Beschreibung'[49]

Konversationsanalytische Studien unterscheiden sich von anderen Untersuchungsansätzen insbesondere auch darin, daß sie sich dem Material nicht mit im vorhinein festgelegten bekannten Kategorien nähern, sondern mit einer 'analytischen Beschreibung'. Jegliche theoretische Begrifflichkeit ist nur „an und aus dem Untersuchungsmaterial selbst" (Bergmann, 1981, S. 23) zu bilden. Das heißt zum einen, daß der Konversationsanalytiker immer wieder auf „das intuitive Verständnis zurück(greifen muß), das er als kompetentes Mitglied einer Sprachgemeinschaft" (S. 23) mit sich bringt[50]. Dabei sollte er sich davon auch distanzieren können, um „zu explizieren, welche (ethno-)analytischen Mittel und Techniken ihm zu seinem Verständnis verholfen haben" (S. 24). Zum anderen soll sich der Konversationsanalytiker mit den Äußerungen der Interagierenden beschäftigen und nicht mit den eigenen, dazu produzierten Interpretationen und Umschreibungen. Wie diese Trennung bewerkstelligt werden soll, ließ Bergmann hier offen.

Hier scheint (aus hermeneutischer Perspektive) einer der Hauptschwachpunkte der KA zu liegen. Mit Bezug auf Devereux (1967/1992) wies Erdheim (1982/1990) auf die Gefahr hin, „daß die verfremdete Haltung in eine objektivistische Distanzierung umschlagen könnte" (S. 19) und meinte, die Polemik zugebend: „Alle Menschen sind Wissenschaftler, aber die Ethnomethodologen sind Marsianer ..." (S. 19).

1.2.2. Diskussion und Kritik

Wie schon erwähnt, hatte die KA auch großen Einfluß außerhalb der Soziologie, insbesondere in der Linguistik. Kallmeyer verwies darauf, daß die Untersuchung von Gesprächen ihre Wurzeln in anderen, traditionellen (zum Teil sehr viel älteren) Ansätzen und Disziplinen als der Soziologie hat. Zwar haben sich Linguisten beeinflussen lassen von der konversationsanalytischen Perspektive und Herangehensweise, aber sie haben mit unterschiedlichen Forschungsinteressen andere Schwerpunkte gesetzt. Diese verschiedenen Einflüsse auf die linguistische Rezeption der KA führten nach Kallmeyer (1987) zu einer „ständigen Umformung und Redefinition ..., die das ursprüngliche Profil und z. T. auch die methodischen Grundlagen verschwimmen lassen" (S. 1096). Kallmeyer sah „die

---

[49] Unklar bleibt bei der Verwendung dieser Methodenbezeichnung (hier und auch bei Hymes, 1962) was eine 'analytische Beschreibung' ist, im Unterschied zur Analyse oder zur Beschreibung. Das (vielleicht) implizierte Verhältnis von Beschreibung und Analyse wurde nicht besprochen.

[50] In Anbetracht der Tatsache, daß Bergmann später einen *sprach*orientierten Ansatz abweist, ist es verwunderlich, daß er mit seinem Fokus auf *Interaktion* jetzt auf die *Sprach*gemeinschaft verweist und nicht auf eine Interaktions-, Handlungs- oder *Sprechgemeinschaft*.

Abgrenzungs- und Klärungsversuche gegenüber der Rezeption der KA in der Linguistik, speziell in der BRD," (S. 1096), z. B. von Bergmann (1981) und Streeck (1983), als Reaktion auf diese Entwicklung[51].

1.2.2.1. Kritische Anmerkungen zu den Abgrenzungsversuchen - oder - 'Wem gehört die Konversationsanalyse?'

Die Rezeption der KA im anglo-amerikanischem Sprachraum fand hauptsächlich innerhalb soziologischer und anthropologischer Fachkreise statt (Dies zeigt sich insbesondere in der Ethnografie der Kommunikation bei Hymes und der Interaktionalen Soziolinguistik bei Gumperz (beides linguistische Anthropologen) siehe unten Kap. 2. In der BRD jedoch waren es hauptsächlich die Sprachwissenschaftler, die sich für die KA interessierten und Forschungen in diese Richtung unternahmen. Bergmann sah dies für die Soziologie darin begründet, daß „es innerhalb der deutschen Nachkriegssoziologie zu keiner Tradition einer qualitativen, ethnographisch-beobachtenden empirischen Forschung kam" (S. 32). Für die Linguistik vermutete er, das Interesse an empirischen Untersuchungen sei mit der „(Wieder-)entdeckung der pragmatischen Dimension der Sprache etwa in Gestalt der Sprechakttheorie" (S. 32) gekommen.

Bergmann kam zu dem Schluß, es sei „(p)rinzipiell ... ziemlich gleichgültig, ob sich nun Sprachwissenschaftler oder Soziologen mit der Analyse der lokalen Produktion von sozialer Ordnung und sozialer Wirklichkeit in der (sprachlichen) Interaktion beschäftigen" (S. 33). Dennoch, so meinte Bergmann, bewegen sich Sprachwissenschaftler und Soziologen „aufgrund der genuin soziologischen Tradition dieser Fragestellung ... von recht unterschiedlichen Ausgangssituationen her auf dieses Thema (zu) ..." (S. 33). Problematische Folgen dieser linguistischen Rezeption der KA sieht Bergmann vor allem darin, daß viele Linguisten sich zwar „vorrangig mit Problemen und Aspekten einer Theorie des sozialen Handelns" (S. 33) befassen; „(a)ber als Außenstehender wird man hier zumindest zweierlei feststellen: erstens, 'daß hier im Grunde Soziologie betrieben wird' (C. Seyfarth), und zweitens, daß dabei eine auf den Gegenstand Sprache' bezogene Perspektive immer wieder durchschlägt, was vor allem darin begründet ist, daß sich eingeübte Beobachtungsweisen und Denkmuster nicht so einfach abschütteln lassen, und daß ganz offensichtlich

---

51 Die von mir hier aufgenommene Streitpunkte sind vielleicht wirklich eher BRD-spezifisch als repräsentativ für den Diskussionsstand in den USA. Auch Wissenschaft ist von kulturspezifischen Einflüssen in ihrer Entwicklung nie frei.

auch die einschlägigen soziologischen Ansätze nicht entsprechend aufgearbeitet wurden" (S. 33)[52].

Bergmann sah die primär sprachwissenschaftliche Rezeption der KA in der BRD somit kritisch. Zumal es „für einen Linguisten mit konversationsanalytischen Interessen schwer werden (wird), immer im Kopf zu behalten, daß sich seine Analyse nicht in erster Linie mit Sprache sondern mit Interaktion zu beschäftigen hat" (1981, S. 33). 'Welch eine Schere !', könnten die klagen, die sich mit *Sprechen*, mit *Kommunikation* befassen. Hier ist genau das angesprochen, was eine grundsätzliche Verschiedenheit auszumachen scheint zwischen klassischer, soziologischer, KA und sogenannten Diskursanalysen (DA). Für die KA zählt die soziale Interaktion, unberücksichtigt von 'Sprache': DA „is usually understood in the linguist's sense of 'language beyond the sentence,' a sense that is not appropriate for 'conversation analysis,' ..."„ (Moerman, 1991, S. 31). Moerman sah hier 'language' als Abstraktum im Unterschied zu „the living embodied, contexted things" (S. 31) mit denen sich KA beschäftigen. 'Sprache' als ein Moment in der sprecherischen Vollzugform wird nicht als eine 'dritte' Möglichkeit wahrgenommen. Gerade dies scheinen jedoch einige Diskursanalytiker wahrzunehmen, die sich z.T. eben aufgrund ihre Interesses an 'Sprache' im Vollzug, von der KA absetzten (z. B. Gumperz, 1982a). Ob Moerman These von DA als Untersuchungen von 'language beyond the sentence,' auf alle Ansätze zutreffen mag, die sich unter dem Begriff DA versammeln, bleibt zu bezweifeln.

Es gibt Formen der Interaktion, die ohne sprachliche Mittel auskommen, vollständig sind und so im sozialen Handeln aufgehen. Miteinandersprechen jedoch ist die „kommunikative Reziprokhandlung, die situativ gesteuert, persongebunden, sprachbezogen, formbestimmt (und) leibhaft vollzogen Sinn konstituiert und Handlungen auslöst" (Geißner, 1981/1988, S. 61). Und so bedarf Miteinandersprechen fast immer sprachlicher Mittel, zumindest eines dergestalten Kontexts; es geht nie allein in Interaktion auf. Kommunikation ist zwar immer auch Interaktion; Interaktion ist aber nicht notwendig Kommunikation[53].

Bergmann sah den soziologischen 'Vorrang' darin, daß „... die einzelne sprachliche Äußerung nur der 'Gast' (Sacks) in einem Redezug" (S. 33) sei. Die einzelne Äußerung, wenn man sie denn einzeln sehen kann, ist nicht per se 'sprachlich,' sowie sie auch nicht per se interaktional ist. Sie ist kommunikativ, d. h. sie ist mit Mitteln einer Sprache 'veräußert', aber *dies im sozialen Vollzug des Miteinandersprechens*, in dem situative, formale, personale, leibhafte und

---

52 Der Autor scheint zu vergessen, daß die amerikanischen Wissenschaftler viel interdisziplinärer orientiert und auch ausgebildet sind, und z. B. einen Lehrstuhl in Anthropologie haben, jedoch 'Linguistik betreiben'.

53 Es sei denn, man wählte einen derart weiten Kommunikationsbegriff, daß alles Verhalten darunterfällt, wie bei Watzlawick, Beavin & Jackson (1967; zur Kritik vgl. z. B. Geißner, (1981/1988, S. 20-26).

sprachliche Faktoren einander bedingen (Geißner, 1981/1988). 'Konversation' oder Gespräch zu fokussieren auf rein Sprachliches wäre freilich verkürzt; jedoch dies gilt auch für die Reduzierung auf die Interaktion, bei der unspezifisch bleibt, was sie ausmacht, was sie als „sprachliche" (wie Bergmann in Klammern jeweils dazusetzte) von *nicht-sprachlicher* absetzt.

Bergmann formulierte als Gegenstand der KA-Untersuchungen die lokale Herstellung sozialer Ordnung und sozialer Wirklichkeit. Ob und wie diese Prozesse rein soziologisch zu verstehen sind, d. h. ohne die Berücksichtigung kommunikativer Prozesse (einschließlich sprachlicher Faktoren), ist zu hinterfragen. Wenn erkannt wird, daß kommunikative Prozesse sich in der Schnittstelle von „Handlungstheorie und Sprachtheorie" bewegen (Geißner, 1979/1986), dann wird die Frage eine 'genuin' sprechwissenschaftliche (wenn dies denn dann zur relevanten Frage werden sollte).

1.2.3. Kritische Stellungnahmen zur Konversationsanalyse

Wie oben bereits angesprochen, löste Bergmanns Aufsatz Kritik aus unterschiedlichen Richtungen aus. Dittmann (1982) formulierte seine Kritik aus der KA selbst heraus, Geißner (1982) aus Sicht der Sprechwissenschaft und einer gesprächshermeneutischen Position heraus.

1.2.3.1. Zum Anspruch der Methodologielosigkeit

Wesentlich ist an dieser Stelle Dittmanns' Kritik am wissenschaftlichen Stand der KA. Verwirrend scheint zunächst, daß die KA einerseits Methodologielosigkeit (trotz eindeutiger Wurzeln in der Tradition der verstehenden Soziologie, z. B. bei Schütz) propagierte, andererseits eine sehr formalistische, fast mechanistische Analyse betrieb. Wie die Ethnomethodologen, so haben auch die Konversationsanalytiker keine ausformulierte Methodologie; sie „widersetzen sich prinzipiell einer Kanonisierung allgemeiner methodischer Regeln" (Bergmann, 1981, S. 16). Hiermit protestierten Ethnomethodologen und Konversationsanalytiker „gegen die gängige Wissenschaftpraxis, einen Katalog methodischer Regeln unabhängig von den zu untersuchenden Objekten aufzustellen und ... das reiche und vielschichtige Untersuchungsmaterial ... dadurch seiner Eigenheiten zu berauben" (S. 16). Es bleibt unklar, warum dem induktiven Vorgehen, für das hier plädiert wird, eine Formulierung seiner Methodik unangemessen oder gar kontra-konzeptionell sei.

Gleichzeitig betonte Bergmann, daß KA denn auch nicht „willkürlich" sei; Sensibilität, Beobachtungsvermögen, ein Gehör und Ausdauer charakterisierten den kompetenten Analytiker und eine generelle „analytische Mentalität" (1981, S. 17). (Abgesehen davon, daß diese Merkmale nicht gefeit sind vor Willkür, gelten sie für jeden analytischen Ansatz, zeichnen somit keineswegs die Methodik der Konversationsanalytiker aus; auch erklären oder begründen sie nicht die Ablehnung einer solchen.)

Dittmann (1982) bezweifelte *schlechthin* die Methodologielosigkeit der KA; geht es ihr doch „zumindest in den 'klassischen' Arbeiten, immer wieder um die Rechtferigung von Phänomenen wie Indexikalität, Systematizität, Regelhaftigkeit" (S. 6), wie auch um die Formulierung von Verallgemeinerbarem. Den Widerspruch zwischen Formalismus auf der einen Seite und Methodologielosigkeit auf der anderen versuchte Dittmann aufzulösen, indem er den jeweiligen Polen ihre Extremität nahm: KA, verstanden als eine Anwendung ethnomethodologischer Sozialforschung, ist weder so formalistisch oder so naturwissenschaftlich orientiert, daß sie den Bezug zur EM aufgeben müßte; noch ist KA so ohne Methoden, daß sie sich in ihrem wissenschaftlichen Anspruch unglaubwürdig machte[54]. Diese Disziplin als „'verrückt'„ oder „anti-akademisch" (Bergmann, 1981, S. 38) darzustellen, hielt Dittmann für einen „Selbstbetrug", wenn auch für einen „sympathischen" (1982, S. 7).

1.2.3.2. Zum Formalismus

Die KA entwickelte eine rigorose Formalisierung in der Beschreibung ihrer 'Mechanismus'-Studien, die, wie Schegloff und Sacks selbst formulierten, darauf abzielten, „die Möglichkeit für die Begründung einer naturalistisch beobachtenden Disziplin zu erforschen, die in rigoroser, empirischer und formaler Weise mit den Einzelheiten und Feinheiten von sozialen Handlungen umgehen konnte" (Schegloff & Sacks, 1973 zitiert nach Bergmann, 1981, S. 15).

Das ging soweit, daß einer ihrer Hauptvertreter, Jim Schenkein, „den schon fast gewaltsam anmutenden Versuch unternimmt, EM und KA als zwei getrennte 'Betätigungsfelder' zu etablieren" (Dittmann, 1982, S. 6) (Bergmann, 1981, nahm eine ähnliche Position ein). Nach Schenkein (1976) unterschieden sich konversationanalytische Studien „sowohl methodisch als auch grundsätzlich" von ethnomethodologischen Untersuchungen (S. 421, Anm. 1). Die Gegenstände, die Behandlungsweise von Daten und die Argumentationsstile von Konversationsanalytikern seien ebenfalls andere als die der Ethnomethodologen.

Dittmann (1982) führte an, daß allein der Hinweis auf Unterschiede oder die Tatsache, daß Konversationsanalytiker (wie z. B. Sacks, Schegloff, Jefferson und Schenkein) „zu rigoroserer Formalisierung ihrer 'Mechanismus'-Formulierungen gelangen als die Ethnomethodologen um Garfinkel" (S. 6) nicht als Begründungen ausreichen, die KA von der EM abzunabeln und als un-

---

54 Es scheint, daß der Widerspruch zwischen den Polen Formalismus und Methodologielosigkeit zum Teil darin gründet, daß sie sich auf unterschiedlichen Ebenen befinden: Formalismus bezieht sich hauptsächlich auf die Anwendung, die Untersuchungen, Methodologielosigkeit (als Anspruch) kommt vorwiegend auf der Ebene der Theorieformulierung vor.

abhängiges Betätigungsfeld hinzustellen. Schließlich „stimmen beide Richtungen in entscheidenden soziologisch-grundlagentheoretischen Prämissen überein, darunter auch in der unterstellten Systematizität im alltäglichen Handeln" (S. 6; vgl. Garfinkel & Sacks, 1976; Garfinkel, 1992[55]). Dittmann warnte davor, die eindeutig vorhandene ethnomethodologische Basis zu untergraben.

Darüberhinaus ist „die Möglichkeit der Formulierung „derart *formaler* Mechanismen (wie des ... Sprecherwechsels ...) im wesentlichen erschöpft. Schon im derzeit besonders interessierenden Bereich der *thematischen* Struktur von Gesprächen (Themeneinführung, Themenwechsel) dürften die allgemein konzedierten Beschreibungsprobleme *in der Sache* begründet sein, nicht in der momentanen Unfähigtkeit der Forscher" (Dittman, 1982, S. 6). Dittmann schloß: „Generalistische Formalisierungen ... sind ... bezüglich der *Organisation* von Gesprächen, unter formal-strukturellem Aspekt, zwar möglich, hinsichtlich der Analyse von Grundlagen und Prinzipien der *Interpretation* des Sinns der gesprächsrelevanten Handlungen der Beteiligten durch die Beteiligten (inhaltlich-struktureller Aspekt ...) aber nicht mehr erreichbar" (S. 6) Aus diesen Gründen brauche die Konversationsanalyse, wenn sie eine „Zukunft haben soll ... die ethnomethodologische Orientierung" (S. 6).

Dittmanns Kritik an der Abtrennung der KA von ihren ethnomethodologischen Wurzeln scheint berechtigt. Dies zeigte auch Garfinkel (1992), der sich eigens der Aufgabe widmete, herauszuarbeiten, was an Harvey Sacks' Arbeiten 'ethnomethodologisch' war (S. 16-17).

Doch auch, wenn die KA an die Ethnomethodologie angebunden wird, werden die Widersprüche zwischen ethnomethodologischer Kontextorientierung und konversationsanalytischer Kontextignor(/-neg-)ierung in ihren formalistischen Ausprägungen nicht aufgehoben. Und so bleiben, auch nach der von Dittmann geforderten Rückbesinnung auf die ethnomethodologische Basis der KA, einige grundsätzliche Aspekte der KA weiterhin problematisch.

1.2.3.3. Geißners gesprächshermeneutische Position

Einige dieser Grundprobleme benannte Hellmut Geißner (1982): „Aber was nützt ... die Auflösung der Daten (...), wenn der Analytiker, zu dem der Beobachter ex post geworden ist, nicht ex ante die Fakten verstanden hätte" (S. 37). In Bezug auf die KA hieße dies: was nützt die Beschreibung einer „'anonymen Maschine' (Sacks)" (Bergmann, 1981, S. 22), „unabhängig von den jeweils besonderen Umständen und Gegebenheiten" (S. 22), wenn nicht auch *verstanden* wird,

[55] Hier arbeitete Garfinkel heraus, was an den Arbeiten Harvey Sacks' ethnomethodologisch war (1992, S. 16-17).

> wozu dieser 'Apparat' konstruiert worden ist, warum er zu diesem Zeitpunkt in Bewegung gesetzt wird, in welchem Zusammenhang das Betätigen des Apparats 'hier und jetzt' mit dem Leben der Interagierenden steht (ihren Nöten, ihren Zielen, ihren Sitten, ihrem Glauben, ihren Hoffnungen), welche Kooperationsapparate sie sonst betätigen, welches Verhältnis zwischen diesen Apparaten und diesen Tätigkeiten und diesen Menschen besteht ... (Geißner, 1982, S. 37-38)?

Ganz gleich, wie Analytiker ihre Analyse bewältigen, ob die Analytiker diese Hintergründe als Mitglied der jeweiligen Gruppe nun einfach mit sich bringen, oder sie aufgrund ihres „'tacit knowledge' (Polanyi) auch mehr oder weniger intuitiv erschließen" (Geißner, 1982, S. 38). Ein/e Analytiker/in „kann nur analysieren, wenn und soweit er(/sie) versteht, versteht was geschieht und wie es geschieht, vor allem versteht, daß 'die Daten nicht die durch sie repräsentierten Fakten sind' (Soeffner, 1979b) und die Fakten nicht die gesellschaftlich Handelnden in ihrem Lebensverband und ihrem Sinnzusammenhang" (S. 38).

Geißner kritisierte an der Zielsetzung ethnomethodologischer Konversationsanalytiker, daß sie bei ihrer (Re-)konstruktion des 'Apparates', aus ihren Überlegungen ausklammern, „aufgrund welcher Strukturen sie (die Interagierenden) versuchen (oder es ihnen gelingt), mit Hilfe des Apparates ihre Ziele zu erreichen" (1982, S. 38).

Bergmann nannte die KA eine „beobachtende Disziplin" (1981, S. 21). Gleichzeitig verwahrte er sich jedoch gegen die von Kallmeyer und Schütze verwendete Bezeichnung „'empiristische' Konversationsanalyse im Stile von Harvey Sacks" (1976, zitiert nach Bergmann, 1981, S. 37), da die Autoren nicht erläuterten, „was es mit diesem 'Empirismus' auf sich hat" (S. 37).

Wenn nach Bergmann (1981) die KA wohl eine beobachtende Disziplin ist, jedoch keine empiristische, dann bleibt er leider die Erklärung schuldig, worin für ihn der Unterschied liegt. Geißner (1982) schlußfolgerte, daß 'beobachtend' dann wohl keine „zureichende Methodenbestimmung" (S. 38) gewesen sein kann.

Bergmann (1981) versuchte, die KA von anderen gesprächsanalytischen Ansätzen abzugrenzen. Er bezog sich dabei insbesondere auf den Unterschied zwischen deduktivem und induktivem Vorgehen:

> Entscheidend ist hier also, mögliche Untersuchungsphänomene nicht einfach über eine Liste von im vorhinein feststehenden Frage zu lokalisieren, sondern sich vom Untersuchungsmaterial selbst vorgeben zu lassen und durch genaue Beobachtung einzuholen. Die KA ist in diesem Punkt wesentlich eine beobachtende Disziplin. (S. 21)

Deduktives Vorgehen kontrastierte Bergmann hier mit Induktion und Beobachtung. Induktives Vorgehen war für Bergmann somit eng verknüpft mit dem Beobachtungsparadigma, er setzt sie beinahe gleich (eine eher ungewöhnliche Kombination). An anderer Stelle setzte er dem deduktiven Ansatz jedoch nicht nur eine „analytische Beschreibung" (S. 23) entgegen, sondern auch 'Anschauung'. Für Bergmann hieß dies: Einerseits müssen sich die Analytiker immer wieder „zwangsläufig" (S. 23) der Intuition bedienen. Andererseits, so Bergmanns „analytische Maxime", sollten sich die Analytiker mit den Äußerungen der 'Interagierenden' beschäftigen, nicht mit den eigenen Interpretationen derer. Auch wenn beide Anforderungen an die Analytiker nicht unbedingt im Widerspruch zueinander stehen, so bleibt dennoch offen, welche Funktion eine beobachtende Wissenschaft der Intuition zuschreibt.

Nannte Bergmann seine zweite Anforderung eine 'analytische Maxime', so nannte Geißner die vorangehende eine 'prähermeneutische' (1982, S. 38). Die Spannung zwischen Intuition und Analyse blieb bei Bergmann „unvermittelt" (S. 39). Wiederum wird deutlich, daß 'beobachtend' als Methodenbestimmung ungenügend bleibt.

Eine mögliche 'Vermittlung' sah Geißner in der folgenden Bemerkung Bergmanns: „Die Konversationsanalyse stellt sich also die Aufgabe, zu untersuchen, wie und wo die Interagierenden ihre Analyse und ihr Verstehen des Kontexts in ihren Äußerungen zum Ausdruck bringen und damit - reflexiv - den Kontext (re-)produzieren" (1981, S. 30). Dabei müssen die Interagierenden ihre jeweiligen Konversationspartner in der Vermittlung ihres Verstehens mitberücksichtigen, in der konversationsanalytischen Terminologie das 'recipient design'; d. h. sie müssen im vorhinein „bestimmte Annahmen über das Vorwissen des Rezipienten machen" (S. 30). Geißner meinte nun, daß, wenn die Gesprächspartner, um zu analysieren und zu verstehen bzw. diesem Ausdruck zu geben, Annahmen machen über das Vorwissen ihres Gegenüber, dann müssen dies auch die „'Analytiker' über das Vorwissen beider oder aller participants" (1982, S. 39). Somit „muß auch der 'Analytiker' ein 'Verstehender' sein" (S. 39). Und wenn „er sich in seinem Verstehen nicht auf sein - möglicherweise sozio- und psychostrukturell beschädigtes - „intuitives Vorverständnis" verlassen will, sondern sein Verstehen (wie auch immer) kritisch überprüft, (so ist er auch) ein 'Hermeneutiker'" (S. 39).

Aber das Verhältnis von Analyse und Hermeneutik leitet sich nicht nur aus der konversationsanalytischen Spannung zwischen 'Intuition' und 'Analyse', 'Anschauung' und 'Beobachtung' ab, sondern gilt allgemeiner. Denn man sollte nicht übersehen, daß „'auch der 'Analytiker', da er ja nicht alles und jedes analysiert und nicht alles mit jeder Methode, *immer schon ein Hermeneutiker gewesen sein muß* (Hervorhebung v. Verf.) ehe er ein Analytiker sein kann,' bzw. ... ein Hermeneutiker werden muß, *wenn er seine Analysen verstehen will* (Hervorhebung v. Verf.)" (Geißner, 1980 zitiert nach Geißner, 1982, S. 39).

Das Verhältnis von Gespächsanalyse zu Gesprächshermeneutik bleibt also von seiten der Konversationsanalytiker ungeklärt.

1.2.3.4. Zur Situiertheit

Wenn Konversationsanalytiker den Kontext bei ihrer Analyse berücksichtigen, dann deswegen, weil, wie sie zeigen, die lokale Herstellung von Ordnung sich an dem Gesagten orientiert, und dies abhängig davon, an welcher Stelle und wie es gesagt ist. Kontextualität von Gespräch ist somit sowohl prospektiv wie auch retrospektiv. Kallmeyer (1987) wies darauf hin, daß Ereignisse bereits oft „in Form von ersten Vorbereitungsschritten“ beginnen, die bei der Dokumentation unberücksichtigt bleiben. Auch etwas anderes bleibt von der KA unberücksichtigt: nämlich die Tatsache, daß lokale Gespräche nicht nur einen Kontext haben und schaffen, sondern daß sie selbst aus anderen Kontexten heraus entstehen bzw. in wiederum andere Kontexte münden: die jeweiligen Prä- und Postsituationen der Sprecher (vgl. Geißner, 1981/1988). Genauso, wie eine einzelne Äußerung nicht isoliert analysiert werden kann, so kann auch das Gespräch nicht ohne Berücksichtigung dessen analysiert werden, was sich vorher begab bzw. (in der Erwartung) nachher ergibt. Wenn auch die Prä- bzw- Postsituationen weniger zwingend in ihrem Einfluß auf die Organisation der Gespräche sind als z. B. die Eröffnung eines Gespräches, so gilt dennoch eine ähnliche Argumentation für die Makrokontextualität wie für die von den Konversationsanalytikern bedachte Mikrokontextualität ... Dieser eingeengte ‘Kontext’-begriff zeigt sich auch problematisch für die Gegenstandsbestimmung der KA.

1.2.3.5. Konsequenzen aus der Gegenstandsbestimmung ‘Konversation’

Ein weiteres Problem des konversationsanalytischen Ansatzes liegt in seinem Verständnis von ‘conversation’. Als „nicht vorstrukturiertes Gespräch“ kommt für die Analyse lediglich „das ganz alltägliche Gespräch“ in Frage (Kallmeyer, 1987, S. 1095). Somit fallen die durch institutionelle Regelungen gesteuerten sozialen Ereignisse raus. Durch diese Eingrenzung wurde beabsichtigt, jeweils nur das herausarbeiten zu können, was „den Teilnehmern für ihre Beteiligung ‘hier und jetzt’ im Prozeß der realzeitlich-linear ablaufenden Interaktion zur Verfügung steht“ (S. 1097). Dittmann (1982) bemerkte, daß z. B. bei der Untersuchung von Sprecherwechseln, die Forderung nach nicht vorstrukturierten Gesprächen die Möglichkeit außer acht läßt, daß sich bestimmte Personen selbst zu ‘Leitern’ erklären, außerdem gibt es die Möglichkeit, unerklärt als Leitung zu fungieren.

Grundsätzlich problematisch ist an dieser Auswahl jedoch, daß ihr die Annahme zugrunde liegt, es gäbe eine Herstellung von Ordnung aus dem ‘hier und jetzt’, ‘Konversation’ sei ein „nicht von außen vorstrukturierte(r) und durch instiutionelle Regelungen gesteuerter Typ sozialer Ereignisse“ (Kallmeyer, 1987, S. 1097).

Wenn dies Bedingung für konversationsanalytische Forschung sein soll, müßte es wenig Untersuchungsmaterial geben. Und für jenes, was diese Bedingungen erfüllte, stellte sich die Frage der sozialen Relevanz. Denn, wie könnte auch bei noch so belanglosen Alltagsgesprächen (oder gerade da) der Einfluß von soziokulturellen, historisch und gesellschaftlichen (also auch über spezifisch institutionelle Bedingungen hinaus) Mustern auf Interaktion und Kommunikation (allein schon: wer kommt mit wem ins Gespräch) ausgeschlossen werden?

Einerseits soll sich die KA auf alltägliche, eher phatische, Gespräche beschränken. Andererseits aber wurde diese Einschränkung von vielen Wissenschaftlern so gar nicht nachvollzogen. So untersuchten viele KA-Studien gar nicht derartige Konversationen, sondern befaßten sich z. B. mit Therapiegesprächen, Notrufkommunikation u. ä., also durchaus institutionell eingebetteten 'Konversationen'.

An dieser Stelle möchte ich nochmal kurz auf die Idee von 'nicht-vorstrukturierten' Gesprächen zurückkommen. Es geht um Alltagsgespräche; in ihnen ist nicht festgelegt, daß jemand Chef ist, daß es sich um eine Teambesprechung handelt oder ähnliches. Ein 'zufälliges' Gespräch auf der Straße, an der Bushaltestelle oder im Cafe, wäre geeignet. Aber die Unterstellung, daß genau dieses Setting von everyday-Gespräch nicht vorstrukturiert sei, ist problematisch. Es ist keine Vorstrukturierung in dem Sinn, daß es weniger formal ist, also der Grad der Formalisierung unterschiedlich ist. Aber man kann nicht davon ausgehen, daß es überhaupt keine Vorstruktur hat. Ein geringer Grad an Formalisierung kann weniger 'Vorstruktur' bedeuten, z. B. bezogen auf Rederecht. Aber das heißt nicht, daß gar keine Muster existierten, daß es keine kulturell-sozial geprägten Muster für everyday conversations in einem Cafe, in einem Bistro oder an einer Bushaltestelle gäbe. KA widmet sich nicht den Mustern, die kulturell-sozial für diese Situationen gelten.

Es geht der KA nicht um die Muster für die jeweiligen Situationstypen, sondern um die, die allgemein sind, die zur 'Machinery' gehören. Wer sich für andere Muster interessiert, braucht andere Untersuchungmethoden als die der klassischen KA.

1.2.4. Schlußfolgerungen

Wichtig an der KA ist in dem gegebenen Zusammenhang ihr methodisches Vorgehen: nicht a priori, sondern induktiv; sie ist am 'WIE' interessiert, also an sozialen Gesprächsstrukturen[56] und 'methodischem' Reproduzieren. Problematisch bleibt an der KA, neben den oben ausführlich dargestellten allgemeinen Kritikpunkten, der Fokus auf Interaktion in homogenen Gruppen (meist weiße Mittelklassenamerikaner) und ihr beinahe ausschließliches Interesse an dem

---

56 Dies mag aus soziologischer Perspektive gelten, nicht aus sprech- oder kommunikationswissenschaftlicher.

'Gelingenden' in der Interaktion. Zum Beschreiben 'lokaler' Herstellungsprozesse wird vorausgesetzt, daß der 'Analytiker' sein Wissen als 'Mitglied' der Gesellschaft einsetzt (s. o.). Für 'Alltagsgespräche' mag dies noch gelten, doch sobald spezifische institutionelle Kontexte miteinfließen, oder man diese in der Analyse berücksichtigen will, wird das 'Mitgliedswissen' problematisch, da das 'Mitgliedsein' nicht gegeben ist.

Diese Bedenken teilte auch Kallmeyer, wenn er schrieb:

> Der Zugang zum Feld ist in allen Fällen, in denen nicht die eigene Lebenswelt des Beobachters zum Erhebungsfeld gemacht wird, mit ethnografischen Vorabeiten verbunden ... In dieser Hinsicht setzt auch die Erhebung der Daten von 'conversation' zumindest eine informelle Ethnografie der Kommunikation voraus. (1987, S. 1102)

Um als eine 'Ethno'theorie nutzbar zu werden für die Erforschung kultureller (kulturspezifischer) Kommunikationsprozesse, fehlt der ethnomethodologischen Konversationsanalyse die konzeptuelle und methodische Integration dieser 'ethnografischen Vorabeiten.' Ein Modell für eine solche ethnotheoretische Untersuchung von Kommuniktionsprozessen bildet die Ethnografie der Kommunikation (EdK).

2. ETHNOGRAFIE DER KOMMUNIKATION

2.1. Dell Hymes' Ethnografie der Kommunikation

2.1.1. Geschichtliche Hintergründe

Etwa zeitgleich mit der Entstehung der EM und KA entwickelte sich innerhalb der linguistischen Anthropologie eine neue Forschungsrichtung, die das traditionelle Augenmerk dieser Fachrichtung, die Betrachtung der Sprache als Abstraktum, durch eine Hinwendung zum sich in Situationen vollziehenden Sprechen ersetzte.

Dell Hymes publizierte seinen Aufsatz über die „Ethnografie des Sprechens" vor gut 30 Jahren (Hymes, 1962). Die Wirkung dieses ersten Aufsatzes war beachtlich, berücksichtigt man die auf über 200 angewachsene Anzahl der in der Tradition dieses Ansatzes entstandenen Studien (Philipsen & Carbaugh, 1986)[1].[2] Grundlegend für den Hymes'schen Ansatz ist neben seinem 1962ger Aufsatz insbesondere auch seine 1972ger Publikation[3], „the ethnography of communication"[4]. Hier entwickelte Hymes seinen theoretischen Rahmen für die vergleichende Beschreibung *unterschiedlicher Sprechgemeinschaften*[5]. Wichtige Studien zur Ethnografie der Kommunikation (EdK) finden sich in Gumperz

---

1 Leeds-Hurwitz (1990) schlug die im Anschluß an 1962 entstandenen Arbeiten verschiedener Forschergruppen als Modell für interkulturelle Kommunikationsforschung vor.

2 Im Sommer 1992 fand zu Ehren des dreißigsten „Geburtstages" von Dell Hymes Publikation „Ethnography of speaking" eine interdisziplinäre Konferenz an der Portland State University (Oregon, USA) statt. Die Teilnehmer waren vorwiegend Volkskundler, linguistische Anthropologen und Sprechwissenschaftler. Daß eine Sprechwissenschaftlerin (Susan Poulsen, Schülerin von Gerry Philipsen) diese Konferenz organisierte, zeigt z. T. die wachsende Bedeutung dieses Forschungszweiges für die US-amerikanische Sprechwissenschaft.

3 Eine etwas revidierte Version erschien in Hymes (1974a), auf die jedoch weniger Bezug genommen wird.

4 Auf die Publikationen von 1962 und 1972 beziehen sich viele oft mit „the ethnography of speaking" bzw. mit „the ethnography of communication," obwohl der Aufsatz selbst nicht so betitelt war (wohl aber der Gesamtband!). Mir wurde diese Unterscheidung auch in meinem Studium bei Gerry Philipsen vertrauter als der Titel des 1972er Artikels „Models of the Interaction of language and social life" (zur Kritik siehe Leeds-Hurwitz, 1984, S. 14). Im folgenden werde ich mich auf den Hymes'schen Ansatz mit der mittlerweile gebräuchlichen zweiten Bezeichnung, „Ethnografie der Kommunikation" (EdK), beziehen.

5 Die spezifische Bedeutung dieses Begriffs wird unten erläutert. Interessant scheint mir, daß Hymes von 'community' oder 'society' sprach und den Begriff 'Kultur' mied.

& Hymes (1972), Bauman & Sherzer (1974)[6]. Mir geht es im folgenden um die Darstellung der Kerngedanken des Hymes'schen Ansatzes, wie er sie in seinen beiden grundlegenden Publikationen (1962; 1972) formulierte.

Dell Hymes schrieb seinen ersten Aufsatz unter dem Einfluß Roman Jacobsons (ein Linguist aus dem Prager Strukturalismus) und dem der US-Amerikanischen 'Pioniere' auf dem Gebiet der 'native American languages', Boas, Sapir und Whorf[7]. Weiterhin war Hymes auch beeinflußt von einer Bewegung in der Anthropologie, die mal „Neue Ethnografie", mal „Ethnosemantik" oder auch „Ethnotheorie" (ethnoscience) genannt wird. Hauptvertreter dieser Richtung war Charles Goodenough (1956; 1964a, b), ein anderer Vertreter der Ethnosemantik ist Charles Frake (1972; 1964)[8]. Beide Ansätze haben sich in der Folge gegenseitig beeinflußt[9].

2.1.2. Hymes im Verhältnis zu Anthropologie, Linguistik, Soziolinguistik

2.1.2.1. Anthropologie und Linguistik

Hymes Studien in Anthropologie und Linguistik führten ihn dazu, die diesen beiden Disziplinen gemeinsamen Interessen integrieren zu wollen. In seiner ersten Publikation zur „Ethnografie des Sprechens" (1962) war er vorwiegend damit befaßt, einerseits aufzuzeigen, welche Mängel es in der Anthropologie insbesondere im Hinblick auf den Gegenstand 'Sprechen' gibt. Gleichzeitig bekräftigte er die Bedeutung der Anthropologie für die Linguistik, die damals zu-

---

[6] Zusammenfassend dargestellt auch von Bauman und Sherzer (1975) Stewart und Philipsen (1984); eine allgemeine Einführung zu dem gesamten Feld schrieb Saville-Troike (1982; 1987).

[7] Hymes erhielt seinen undergraduate degree in Anthropologie und Englisch (Reed College, Portland, Oregon) und hatte sich bereits schon mit den Indianersprachen befaßt. Dieses Forschungfeld bestimmte auch seine neueren Arbeiten zu Ethnopoetik (Hymes, 1980, 1981).

[8] Goodenoughs kognitive Formulierung des Kulturkonzepts in Zusammenhang der Ethnosemantik war z. T. sehr umstritten. Ein Hauptkritiker war Clifford Geertz (1973) mit seinem symbolischen Kulturbegriff. Weder Hymes, noch Gumperz, noch Philipsen nahmen explizit Stellung zu diesem Streit um den Kulturbegriff. Vielfach beziehen sich in der Tradition der EdK stehende Autoren nicht auf Goodenough, sondern auf Geertz. Mir scheint dieser 'Widerspruch' nicht herausgearbeitet. Diese Spanne zwischen 'kognitivistisch' auf der einen Seite und 'symbolistisch' auf der anderen Seite herauszuarbeiten, wäre ein sinnvoller Beitrag in der Klärung des Verhältnisses Kultur und Kommunikation. Dies ist im gegebenen Rahmen jedoch nicht leistbar.

[9] Vertreter der 'Ethnosemantik' publizierten in Sammelbänden zur EdK (Gumperz & Hymes, 1972); Hymes, Gumperz und deren Schüler verwiesen immer wieder auf Konzepte und Methoden aus der Ethnosemantik.

nehmend von der Psychologie beeinflußt wurde (z. B. Charles Osgood, George Miller, Roger Brown; siehe Hymes 1962, p. 100)[10].

Hymes kritisierte, daß die Rolle des Sprechens für menschliches Verhalten in der Anthropologie zwar immer hochgeschätzt, jedoch in der Praxis nicht immer verfolgt wurde.[11] Andererseits nannte Hymes mehrere in der Linguistik vernachlässigte Problemfelder, die das Sprechen betreffen und zu deren Bearbeitung die Anthropologie beitragen kann: Wiederbelebung der Dialektologie, der Ort der Sprache in einer evolutionären Theorie der Kultur, die semantische Typologie der Sprachen und die vergleichende Forschung verbaler Kunst. Alle bedürften frischer theoretischer Gedanken, methodologischer Einfälle und empirischer Arbeit; sie wurzeln alle in der Anthropolgie als vergleichender Disziplin. In diesem Zusammenhang fehlte Hymes ein anderes zentrales, jedoch vernachlässigtes Gebiet, was er als „Ethnografie des Sprechens" benannte:

> „In one sense this area fills the gap between ... grammars, and ... ethnography. Both use speech as evidence of other patterns; neither brings it into focus in terms of its own patterns. In another sense, this is a question of what a child internalizes about speaking, beyond rules of grammar and a dictionary, while becoming a full-fledged member of its speech community. Or it is a question of what a foreigner must learn about a group's verbal behavior in order to participate appropriately and effectively in its activities. The ethnography of speaking is concernced with the situations and uses, the patterns and functions, of speaking as as an activity in its own right." (1962, S. 101).[12]

Im Jahre 1962 gab es zwar einzelne Untersuchungen, die darauf hinwiesen, daß Muster und Funktionen des Sprechens in verschiedenen Gruppen stark variieren; „(b)ut the evidence is not enough to itemize all variables, or to show a system. *Hence the orientation of what follows must be toward the field work that is necessary* (Hervorhebung v. Verf.)" (Hymes, 1962, S. 101-102). Wie es auch vergleichende Religionswissenschaften, vergleichende Rechtswissenschaft u. ä. gäbe, so sollte es auch eine vergleichende Wissenschaft des Sprechens geben, „a 'comparative speaking' beside comparative religion, comparative law, and the like" (S. 102). Als Grundlage für diese, man könnte sagen, „vergleichende Sprechwissenschaft", sollten die aus Feldforschung erarbeiteten systematischen Beschreibungen von Sprechen dienen. Hymes lieferte 1962 mit sei-

---

[10] Die amerikanische Anthropologie spielte eine wichtige Rolle in der Entwicklung der amerikanischen Linguistik: durch Boas, Sapir, Bloomfield, ihre Schüler und deren Erforschung der amerikanischen indianischen Sprachen. Neben der Anthropologie war die Psychologie ebenfalls einflußreich (Osgood, Miller, Brown).

[11] Es schien Hymes 1962 u. a. darum zu gehen, die Bedeutung der Anthropologie für die Linguistik neben der an Bedeutung und Einfluß zunehmenden Psychologie hervorzuheben. 1972 schien sich Hymes weniger von der Anthropologie her der Linguistik zunähern, als daß er sich nun innerhalb der Linguistik als Soziolinguist versteht.

[12] Dies scheint als Programm nicht unterscheidbar von Geißners Sprechwissenschaft.

ner 'ethnography of speaking' die ersten Ansätze für einen dementsprechenden Beschreibungsrahmen[13].

2.1.2.2. Soziolinguistik

Die Argumentationsgrundlage war 1972, bei der zweiten bedeutenden Publikation für die Entwicklung einer Ethnografie des Sprechens, eine andere als 1962. Ein vermehrtes Interesse an Semantik und Sprechakt, sowie ein in Folge der sozialen Bewegungen der 60er Jahre gewachsenes (Problem-)Bewußtsein von der Verschiedenheit von Sprachen innerhalb US-amerikanischer Pädagogik trugen in der Linguistik zu einer Bewegung bei, die allgemein als Soziolinguistik bezeichnet wird: „as relating language to sociological categories, or as mediating between linguistics and social sciences as a whole" (Hymes, 1972, S. 40-41).

Die Soziolinguistik kritisierte die gegenwärtige Aufteilung des Gegenstandes Mensch unter den Humanwissenschaften. „Its goal is to explain the meaning of language in human life, and not in the abstract, not in the superficial phrases one may encounter in essays and textbooks, but in the concrete, in actual human lives. To do that it must develop adequate modes of description and classification, to answer new questions and give familiar questions a novel focus" (Hymes, 1972, S. 41). Daß dies für Hymes nicht ein rein wissenschaftstheoretisches oder rein erkenntnistheoretisches Problem war, zeigte er am deutlichsten in der Einleitung zu dem von ihm herausgegebenen Band „Reinventing anthropology" (1973). Unter dem Titel „The use of anthropology: Critical, personal, political" problematisierte Hymes nicht nur die fragwürdige Aufteilung von Forschungsfeldern in 'Soziologie,' 'Politikwissenschaften' und 'Anthropologie' (etc.), sondern appellierte auch an die Verantwortung dieser Forschung für die gesellschaftliche Praxis (s. a. Cazden, John, & Hymes, 1972).

Linguisten befaßten sich fast ausschließlich mit der Entwicklung von Strukturanalyse der Sprache; zu den wenigen Ausnahmen zählten Hymes Firth, Jakobson und Sapir. Linguisten beschäftigen sich mit Wörterbuchbedeutungen (denotativen Merkmalen von Sprache, abstrahiert vom Kontext), Soziolinguisten beschäftigen sich dagegen eher mit „situated meaning (meaning mediated and sometimes transformed by rules of speaking) which reflects speakers attitudes to each other and to their topics" (Hymes, 1972, S. 37). (Hier verwies Hymes auf Harvey Sacks!)

Hymes sah in der Verschiedenheit von Sprechen[14] das Markenzeichen der Soziolinguistik:

[13] Die Wirkung dieser Forderung zeigte sich in den vielen Studien, die diesem Aufruf Hymes folgten und zu einer Reformulierung seines Beschreibungsrahmens in Hymes (1972) beitrugen.

- Die lange Zeit bestehende Unfähigkeit, dies zu erkennen und in die Forschungsbemühungen aufzunehmen, führt dazu, daß viele nun gerne eine Grundlagenwissenschaft anwenden möchten, die es bisher noch nicht gibt.
- Der Verschiedenheit von Sprechen liegt zu Grunde, daß es dabei systematische Beziehungen gibt, die wie soziale oder grammatische Strukturen auch, Gegenstand qualitativer Untersuchungen werden können.
- Die in einer bestimmten Gruppe geltenden „theories of speaking" (Hymes, 1972, S. 36) können am ehesten isoliert und im Kontrast zu denen anderer Gruppen herausgearbeitet werden. Hymes schien dazu ein komparativer Ansatz am nützlichsten.

Daß es hierbei nicht um die Erforschung verschiedener *Sprachen* oder *Dialekte* geht, zeigen z. B. Studien zu 'Afro-American speech'. Das, was in frühen Studien als 'black English' beschrieben wurde (z. T. auch als 'defizitär' gegenüber standardisiertem Englisch bewertet) wurde, zeigte sich in vielen Studien als eine in vieler Hinsicht von der weißen Mittelschicht sehr verschiedene 'Sprechkultur' (vgl. Soraya, 1990). Ihre Regeln und Symbolwerte waren in den 60er Jahren kaum erforscht. Heute zeigen eine Reihe bedeutender Studien, daß Sprechhandlungen wie 'signifying', 'call and response' oder 'testifying' (um nur einige zu nennen) charakteristisch sind für afro-amerikanische Sprechweisen[15] (Abrahams, 1974; Kochman, 1972; 1981; 1986; Mitchell-Kernan, 1972; Smitherman, 1977).

Im Unterschied zu 1962 kann Hymes 1972 auf eine Reihe weiterer Forschungsarbeiten zurückgreifen, die sich im Sinne einer Ethnografie des Sprechens mit den Verschiedenheiten von Sprechen (siehe Hymes, 1972, S. 35-38; s. a. Philipsen & Carbaugh, 1986) beschäftigten.

Aus diesen ethnographischen Studien wird ersichtlich, daß es eine erhebliche Vielfalt kultureller Variationen gibt; doch weder über ihre Reichweite, noch über das jeweilige Verhältnis zu sozialen Strukturen und linguistischer Form konnte bis dahin etwas gesagt werden.

---

14 Hymes verwandte vielfach den Begriff 'speech,' für den es keine glückliche Übersetzung zu geben scheint. 'Spreche' (Geißner, 1988b) beinhaltet nicht notwendigerweise die Systematizität, die Hymes dem mündlichen 'language use' unterstellt (Geißner, persönliche Mitteilung, 23. 2. 1993). Somit wähle ich die nominalisierte Verbform. Hymes bezog 'speech' und 'speaking' nicht nur auf mündliche Kommunikation, sondern auf alle 'modes of communication': „... speech and speaking ... are surrogates for all modes of communication, and a descriptive account should be generalized to comprise all" (1962, S. 109).

15 Der Einfluß von Rap in den Deutschen Medien (Werbung oder Musik) seit Beginn der 90er Jahre ist ohrenfällig. Seine Eigenheit kann z. T. vielleicht die besondere Wertschätzung von Mündlichkeit unter Afro-Amerikanern vermitteln.

„What is needed, then, is a general theory and body of knowledge within which diversity of speech, repertoires, ways of speaking, and choosing among them find a natural place“ (Hymes, 1972, S. 40). So wie eine grammatische Theorie universale Begriffe beinhaltet, sollte dies auch eine Theorie des Sprechens. Für Hymes sind die Vorstellungen einer solchen Theorie „foundational to linguistics proper (see Hymes 1964b, where the theory is called '(ethno) linguistics'). The fundamental problem - to discover and explicate the competence that enables members of a community to conduct and interpret speech - cuts deeper than any schema any of us have so far developed.“ (1972, S. 52). Hymes sah hierin ein empirisches Problem, „calling for a mode of description that is jointly ethnographic and linguistic“ (S. 39).

2.1.3. Grundkonzepte der Ethnografie der Kommunikation

2.1.3.1. Strukturelle Analyse (1962)

In der Entwicklung einer ethnografischen Semantik gab es mehrere Versuche, diese stärker zu systematisieren: „it should be a structural analysis, achieving the economies of the rules of a grammar in relation to a series of analyses of texts“ (S. 103). Diese Versuche lassen sich in zwei allgemeine Ansätze unterscheiden: Der erste verfolgt ein Merkmal quer durch alle Kontexte, in denen es auftritt; er beschreibt dessen Fähigkeit der Kookkurrenz. Der zweite plaziert ein Merkmal in ein Set, das in bestimmten Kontexten auftaucht, und beschreibt es aufgrund seiner Austauschbarkeit mit anderen Teilen des Sets. Jakobson und Halle (1956, zitiert nach Hymes, 1962) nannten diese beiden Ansätze syntagmatisch bzw. paradigmatisch. Nach Hymes ist der syntagmatische Ansatz der der Übereinstimmung, der paradigmatische Ansatz könnte als „contrast within a frame“ bezeichnet werden. Der paradigmatische Ansatz validiert die strukturale Relevanz der Merkmale, deren Verteilung der syntagmatische Ansatz untersucht, und fügt eigene Informationen hinzu. Aus diesem Grund stellte Hymes sich auf die Seite derer, die den paradigmatischen Ansatz als den fundamentaleren betrachten; er bekräftigte außerdem, daß *der Gebrauch dieses fundamentalen „contrast-within-a-frame“-Ansatzes die Linguistik in die Ethnografie und die Ethnografie in die Analyse der Sprechmuster führen muß.*

Strukturelle Analyse bedeutet mehr als das Einordnen von Daten in ein gegliedertes Set von Kategorien. Dies ist zwar der notwendige Anfang einer Studie und auch ein erwünschtes Ergebnis, wenn einzelne Systeme analysiert wurden und nun verglichen werden. Doch für die Untersuchung einzelner Systeme bedeutet eine strukturelle Analyse eine wissenschaftliche und moralische Verpflichtung zum induktiven Entdecken von Einheiten, Kriterien und Mustern, die innerhalb des Systems selbst geltend sind (emischer Ansatz; vgl. Pike, 1964)). Auf die Ethnografie bezogen, ist es die Beziehung zwischen ethnologischen

Kategorien als Ausgangspunkt ethnografischer Analyse und der Verwendung dieser Ergebnisse in einer vergleichenden Studie.

Hymes betonte 1962, daß die von ihm vorgestellten Kategorien für eine Ethnografie des Sprechens als eine Möglichkeit verstanden werden sollten, individuelle Systeme zu erfassen. *Ihre Absicht sei heuristisch, nicht a priori*. Für Hymes kann es nicht darum gehen, von vornherein zu sagen, wieviele Faktoren oder Funktionen von Spreche es gibt - allgemein; „(t)hat would be like arguing how many phonemes there *really are* - in general“ (Hymes, 1962, S. 108). Dennoch geht es in der ethnografischen Arbeit genau darum, herauszufinden, wieviele Phoneme, Faktoren oder Funktionen in einem bestimmten System existieren.

Wir wissen einiges über verschiedene Kommunikationsweisen anderer Sprechergemeinschaften, dennoch bedarf es der strukturellen Analyse vieler verschiedener Systeme, bevor wir mehr darüber sagen können, welche Bandbreite an Faktoren und Funktionen es gibt, und welche Invarianten universeller Gültigkeit existieren.

Eine Besonderheit seines Ansatzes sah Hymes darin, daß man es mit ‘Text’ (im weiteren Sinne) zu tun hat. Die Erforschung solcher ‘Texte’ sei innerhalb und auch außerhalb der Wissenschaften weit verbreitet. In der eigenen Gesellschaft hängt der Erfolg solcher Untersuchungen davon ab, daß wir uns ein bestimmtes Wissen über die Beziehungen - diagnostisch und probabilistisch - zwischen den konstitutiven Elementen von Sprechereignissen erworben haben. Wir haben Teil an den Sprechmustern hinter dem Text oder der Mittteilung und können zu einem gewissen Grad *uns selbst fragen*, was welche Variationen von Sprechereignissen bedeuten würden. *In anderen, uns fremden Gesellschaften muß sich diese „contrast-within-a-frame“-Technik auf eine explizite Analyse der Sprechmuster berufen*[16].

2.1.3.2. Sinn und Pragmatik

Was die Rolle *phonologischer Gewohnheiten* in der Wahrnehmung und Interpretation von *Lauten* betrifft, gibt es eine Fülle von Theorien, Techniken und experimentellen Arbeiten. Was jedoch die Rolle *semantischer* Gewohnheiten in Wahrnehmung und Interpretation von Erleben betrifft, gibt es diese Fülle nicht. Experimentelles Testen kann nie die Fülle und Reichhaltigkeit treffen, die eine Sprechergemeinschaft an semantischen Gewohnheiten ‘beherbergt’. Das Wissen um die semantischen Gewohnheiten innerhalb einer Sprechergemeinschaft „can be gained only by description in relation to native context of use. In other words, we need a semantic analysis that is part of ethnography.“ (Hymes, 1962, S. 102).

---

[16] Dies gilt auch für eine Ethnohermeneutik des Sprechens.

Hymes wollte von der üblichen Erforschung linguistischer Daten weg, hin zur Erforschung von Sprechverhalten und Gebrauch. Dieser Schritt sei notwendig, wenn man interessiert ist an „*'pragmatic meaning'* (Hervorhebung v. Verf.), as the ethnography of speaking must be“ (Hymes, 1962, S. 104).

Die Erforschung von semantischen, wie auch von paralinguistischen Gewohnheiten muß in Abhängigkeit von den Gebrauchskontexten erfolgen; nur so können relevante Rahmen, Merkmalsgruppen und kontrastive Dimensionen ausfindig gemacht werden. Dies führt die Untersuchung der Rolle, die Sprechen in kognitivem bzw. expressivem Verhalten spielt, in die Analyse des ethnografischen Kontextes von Sprechen.

Somit argumentiert Hymes für eine ganzheitliche Erforschung von Sprechgewohnheiten: „*The analysis must be made on the ground. We must know what patterns are available in what contexts, and how, where, and when they come into play*“ (Hymes, 1962, S. 105).

2.1.3.3. Soziale Analyseeinheiten der Ethnografie der Kommunikation

Wie kann nun eine 'analytische Beschreibung' des ethnografischen Kontextes von Spreche ausgeführt werden? In seinem 1962ger Aufsatz zur Ethnografie des Sprechens stellte Hymes einen vorläufigen Beschreibungsrahmen vor. Beschrieben werden sollte jedoch nicht das Sprechen einer Sprache, sondern das Miteinandersprechen von Mitgliedern einer *Sprechgemeinschaft*. Die Sprechgemeinschaft ist somit die größte Beschreibungseinheit. Beschrieben werden sollten *Sprechereignisse* als die in einer Gemeinschaft gegebenen, lokalen Kontexte von Sprechen. Anhand der Analyse von Sprechereignissen können die in einer Sprechgemeinschaft existierenden *Faktoren* und *Funktionen* des Sprechens abgeleitet werden.

Als heuristischen Ausgangspunkt für eine solche 'beschreibenden Analyse' nahm Hymes (1962) Roman Jakobsons Modell von Faktoren und Funktionen. (Andere Einflüsse kamen von Kenneth Burke, Kenneth L. Pike, Sinclair und Barker & Wright.) So unterschied Hymes als Faktoren des Sprechens:

1. Sender, 2. Empfänger, 3. Form der Mitteilung, 4. Kanal, 5. Code, 6. Thema, 7. Setting (Szene, Situation). Den oben aufgezählten Faktoren entsprechen folgende sieben Funktionstypen (die jeweiligen Bezeichnungen können je nach Gegebenheit variieren; in Klammern stehen Alternativen): 1. Expressiv (Emotiv), 2. Direktiv (Konativ, Pragmatisch, Rhetorisch, Persuasiv), 3. Poetisch, 4. Kontakt, 5. Metalinguistisch, 6. Referentiell, 7. Kontextuell (Situational).

Im Gegensatz zu Jakobson stellte Hymes seine Faktoren und Funktionen nicht a priori, sondern lediglich als heuristische Kategorien vor. „The set of seven types of factors is an intial ('etic') framework“ (1962, S. 111). Für jede

Sprechgruppe werden die jeweiligen Kategorien variieren. Ihr Vorkommen und ihre Klassen müssen empirisch identifiziert werden.

Die Weiterentwicklung dieses Ansatzes, auch in der Auseinandersetzung mit zwischenzeitlich entstandenen relevanten Arbeiten, führten zu einer 1972 publizierten Erweiterung der Ethnografie des Sprechens/Kommunikation um einige wesentliche Konzepte und mit dem 'SPEAKING framework' auch zu einem umfassenderen Beschreibungsrahmen.[17] (Toward a descriptive theory (1972, S. 52))

Zu den wesentlichen Grundkonzepten, mit denen sich Hymes 1972 befaßt, zählen *Sprechgemeinschaft*, *Sprechsituation*, *Sprechereignis*, *Sprechakt*, *Sprechstile*, *Sprechweisen* ('ways of speaking'), und die *Komponenten des Sprechens*.

Sprechgemeinschaft

Hymes benannte als primäre soziale Einheit der Analyse die „Sprechgemeinschaft“. Es gibt unterschiedliche Auffassungen zur Sprechgemeinschaft. Innerhalb der Linguistik verstand Bloomfield z. B. unter Sprechgemeinschaft lediglich *Sprach*gemeinschaft. Unter dieser Vorraussetzung bilden alle Sprecher einer bestimmten Erst- oder Standardsprache eine gemeinsame Sprechgemeinschaft. Hymes kritisierte die damit verbundene Vorstellung, man könne anhand der *quantitativen* Messung der Interaktionshäufigkeit (der Mitglieder) interne Variationen und Veränderungen (der Sprache) beschreiben. Dem stellt Hymes seinen eigenen Ansatz entgegen: Dieser bedarf einer *qualitativen* Vorstellung von Sprechgemeinschaft, die sich in '*norms for the use* of language' ausdrückt. Hierbei verwies Hymes auf die Arbeiten Gumperz', Labovs u. a., die aufzeigen, daß nicht Interaktionshäufigkeit, sondern vielmehr „definition of situation in which interaction occurs is decisive, particularly identification (or lack of it) with others“ (1972, S. 54). Ausgangspunkt ist die *soziale Gruppe* mit allen in ihr vorkommenden Varietäten und nicht bloß irgendeine Varietät an sich; „speech community is a necessary, primary term in that it postulates the basis of description as a social rather than a linguistic entity.“ (1972, S. 54)

„A speech community is defined as a community sharing rules for the conduct and interpretation of speech, and rules for the interpretation of at least one linguistic variety.“ (1972, S. 54). Beides sind notwendige Bedingungen. Das Teilen einer gemeinsamen Grammatik allein befähigt nicht dazu, Sinn zu erfassen: Unter der Voraussetzung, daß ein Hörer die sprachliche Grammatik von Äußerungen erkennt und versteht, kann er dennoch im unklaren darüber bleiben, „what counts as a coherent sequence, request, statement requiring an answer, requisite or forbidden topics, markings of emphasis or irony, normal

[17] Neben Hymes sei hier auch auf die Anleitung zur Feldforschung von Sherzer & Darnell (1972) verwiesen.

duration of silence, normal level of voice, etc. and have no metacommunicative means or opportunity for discovering such things" (S. 54).

Wie Hymes selbst zugab, beruht seine 'Definition' von Sprechgemeinschaft unter anderem auf dem Konzept der 'Gemeinschaft' (d. h. nicht von 'Gesellschaft'), dessen Problematik, ebenso die Probleme der Grenzen zwischen Varietäten und zwischen Sprechmustern, umgangen wurde. Ähnlich wie mit 'Kultur' oder 'Ethnie', ist damit das Problem der 'Begrenzung', des Grenzen-ziehens gegeben. Insbesondere in industrialisierten Ländern mit komplexen Sozial- und Interaktionsstrukturen verdichten sich die Netze und somit die Problematik der 'sozialen Identitäten'. Hymes ging auf diese Aspekte erst in seiner Überarbeitung (1974) ein (siehe auch Dorian, 1982; Gumperz, 1982b; Romaine, 1982; Trinh, 1989; Conquergood, 1991; Hymes 1992).

Trotz dieser Problematik ist die Kernidee der Sprechgemeinschaft, daß sich die Ethnografie des Sprechens, wie auch die Sprechwissenschaft, nicht eine Sprache oder einen Dialekt oder die gesprochene Sprache zum Gegenstand macht, sondern „the basic unit of analysis is a community or group"[18]. Gleichzeitig betonte Hymes, daß „(e)mphasis on human groups rather than grammar per se does not mean a neglect of careful linguistic analysis" (S. 37).

Sprechsituation

Konzepte wie 'Kontext' oder 'Situationsdefinition' gelten als bedeutsam in der Analyse von Sprechen. Jedoch wird selten aus ethnografischer Sicht berücksichtigt, was die Kriterien dafür sind, daß etwas eine Situation ausmacht (for being a „situation"), oder welche Arten von Situationen es gibt[19]. Es gibt innerhalb einer Gemeinschaft viele verschiedene Situationen, die mit Sprechen verknüpft sind. Jedoch erschöpfen sie sich nicht immer ausschließlich darin. Somit wäre es wenig sinnvoll, unter dem besonderen Fokus auf Sprechsituationen jedwede Situation (Jagd, Mahlzeit, Feier etc.) umzubenennen in eine dementsprechende Sprechsituation. Diese sozialen Situationen bilden vielmehr Kontexte zu den jeweiligen Sprechsituationen: „(they) may enter as contexts into the statements of rules of speaking as aspects of setting (or of genre). In contrast to speech events they are not in themselves governed by such rules" (S. 56) - zumindest nicht durchweg, zumal innerhalb einer Situation verschiedene Sprechsituationen auftreten können. Diese bilden den Fokus soziolinguistischer Beschreibungen.

---

[18] Ein Gegenstandswandel wie in der deutschen Sprechwissenschaft, vom Sprechen des Menschen (Drach) über den sprechenden Menschen (Winkler) zum Miteinandersprechen vergesellschafteter Menschen (bzw. miteinandersprechende Menschen) (Geißner), war in der Linguistik nicht gegeben. Vielmehr war die Anthropologie als Gegenstück zur Linguistik hier der Anlaß für ein anderes Gegenstandsverständnis.)

[19] Zur differenzierten Abgrenzung des Hymes'sche Situationsverständnis im Unterschied zu Kontext siehe 1962, S. 112n7.

Sprechereignis

Hymes bezieht diesen Begriff ausschließlich auf Handlungen oder Gesichtspunkte von Handlungen, die direkt von Regeln oder Normen des Sprechens betroffen sind. Ein Sprechereignis umfaßt in der Regel mehrere Sprechakte. So wie jedoch ein einzelnes Hauptwort eine Äußerung ausmachen kann, so kann auch ein einzelner Sprechakt[20] die Gesamtheit eines Sprechereignisses, und einer Sprechsituation, darstellen. Häufiger jedoch werden 'Größenunterschiede' bestehen, z. B. ein Fest (Sprechsituation), ein Gespräch während dieses Festes (Sprechereignis), ein Witz im diesem Gespräch (Sprechakt). Sprechsituationen sind allgemeiner, die in ihnen vorkommenden Sprechereignisse oder -akte werden nach anderen als kommunikativen Tätigkeiten organisiert. Bauman und Sherzer (1975) verglichen den Unterschied zwischen Sprechereignis und Sprechsituation mit dem zwischen einer politischen Debatte und einem Fußballspiel.

In seinen früheren Ausführungen zu Sprechereignissen schlug Hymes (1962) drei Fragerichtungen vor: Was sind Beispiele für Sprechereignisse? Welche Klassen von Sprechereignissen werden erkannt oder können abgeleitet werden? Welche Dimensionen des Kontrasts gibt es, welche distinktiven Merkmale, die sie voneinander unterscheiden?

Hymes (1962) setzte die Beschreibung von Sprechereignissen in Beziehung zu den Faktoren und Funktionen des Sprechens. Von den Faktoren her sollten sie befragt werden nach: wer spricht mit wem, wann und wo, auf welche Weise (style or code), worüber? In bezug auf die Funktionen ist zu fragen: Gibt es ein ästhetisches Moment? Werden Sprecher bzgl. einer Fähigkeit eingeschätzt? Was leistet die Sprechweise XY für Sprecher? Welche Wirkung ist erwartet oder folgt für Hörer? Welche Rolle spielt diese Sprechweise bei der Erhaltung des sozialen Systems, kultureller Werte, Persönlichkeitssysteme?

„Insofar as participants in a society conceive their verbal interaction in terms of such categories, the critical attributes and the distribution of these are worth discovering“ (Hymes, 1962, S. 110). Als eine beispielhafte Technik, an Sprechereignisse 'ranzukommen' nennt Hymes die in einer Gruppe dafür existierenden Bezeichnungen, sowie auch Um- oder Beschreibungen davon, z. B.: „In response to the question, „Nice talk?“, a situation may be titled by the response „Couldn't get a word in edgewise.“ Hymes wirft auch die Frage auf, welche Elemente am Schließen eines Sprechereignisses oder innerhalb einer Sequenz beteiligt sind; diese wurde besonders in der ethnomethodologischen KA näher verfolgt.

Die zentrale Stellung, die die Beschreibung der Sprechereignisse für die Ethnografie des Sprechens einnahm, unterstrich Hymes auch 1972 erneut: „It is

---

20 Hier ist nicht Searle's 'Sprechakt' gemeint; Hymes 'Sprechakt' bezeichnete hier eher Sprechhandlung (und ist näher an Austin als an Searle).

of speech events and speech acts that one writes formal rules for their occurrence and characteristics. Notice that the same type of speech act may recur in different types of speech event, and the same type of speech event in different contexts of situation" (1972, S. 56).

Sprechakt

Sprechakt ist für Hymes der 'Minimalbegriff' in der bisher vorgestellten Reihe. Der Sprechakt stellt eine andere Ebene dar als die des Satzes. Er vermittelt zwischen den gängigen Ebenen von Grammatik und den anderen Ebenen des Sprechereignisses oder der Situation; denn der Sprechakt verkörpert sowohl linguistische Form wie auch soziale Normen. Ob z. B. eine Äußerung eine Aufforderung ist, kann abhängen von einer konventionellen Formel, Intonation, der Stellung im Gesprächsverlauf oder auch der sozialen Beziehung der Gesprächspartner (In Form einer höflichen Bitte kommt eine Äußerung, wenn von einem oder einer Vorgesetzten zu Untergebenen geäußert, eher einer Anordnung nahe). Ebenso kann ein Fragesatz, also interrrogativ in der Form, mal Bitte sein, mal Befehl, und dann wieder Aussage.

Ways of speaking

Mit seinem Aufsatz „Ways of speaking" (1974b) stellt Hymes eines seiner wichtigsten Konzepte vor, das der 'Sprechweisen'. Er betrachtete 'Sprechweisen' zunächst als das allgemeinste Konzept; er knüpfte damit direkt an die Tradition des Whorfschen 'way of life' an.

Ausgangspunkt für Hymes war die Sprechgemeinschaft, verstanden als „organization of diversity" (1974b, S. 433). Damit stellte sich Hymes diametral zu dem für Linguisten üblichen Bezugsrahmen der Grammatik[21]:

> „Since its invention in classical antiquity, the grammar has been dominated by association with analysis of a single, homogeneous, norm. In earlier periods the choice of norm was determined by social constraints. Linguistics, as grammar, came into existence to dissect and teach just that language, or language-variety, that embodied valued cultural tradition ..., not just any language, ... The grammar, like the language, was an instrument of hegemony." (1974b, S. 433)

Dieser Ansatz führte dazu, daß bestimmte Muster, „when not ignored, can be accommodated only in terms of deviations from the priviledged account" (1974b, S. 433). Somit wird Verschiedenheit in Sprache und Sprechen lediglich verstanden als abweichend (oft sogar als 'defizitär') von der allgemeinen Norm.

Wie bereits deutlich geworden, beruht für Hymes der Zusammenhalt einer Sprechgemeinschaft weder auf Sprache noch auf Grammatik. Als Alternative schlug Hymes 'Stil' vor: „consider speech community initially as comprising a

---

[21] Coulmas (1979) verwies darauf, daß hier das Genre der Grammatik gemeint war.

set of *styles*" (1974b, S. 434). Stil steht hier für Weisen und Arten von Sprechen im allgemeinen. Sprechstile einer Gemeinschaft können nicht allein anhand der in ihnen vorkommenden referentiellen Strukturen und Elemente beschrieben werden. Die referentielle Funktion besteht aus: „naming things and stating things about them"; die stilistische Funktion bezieht sich üblicherweise auf „modifying things talked about and saying how what is said about them is to be taken" (1974b, S. 437).

Hierbei ist zu beachten, daß *was* wir sagen nicht verstanden werden kann mit alleinigem Bezug auf Grammatisches oder Sprachliches. *Wie* wir etwas sagen (linguistisch oder paralinguistisch) ist konstitutiv für den Sinn. Hymes betonte, „what is talked about may be conveyed with aid of stylistic features ..., and the logical standing and truth value of sentences may depend crucially on stylistic features" (1974b, S. 437). Somit sind referentielle und stilistische Sprechmerkmale „complementary elementary diacritic functions, constitutive of linguistic means" (S. 436).

Strukturen und Gebrauch von Spreche sind, wiederum, voneinander abhängige, aber unterscheidbare Konzepte. Die *Strukturen* einer Äußerung beziehen sich auf die „*verbal means of speech and their conventional meanings*" (1974b, S. 439, Herv. v. Verf.), beinhalten sowohl referentielle wie auch stilistische Merkmale.

Hymes zog Parallelen zu Ervin-Tripp (1972), die die linguistischen Prinzipien von syntagmatischen und paradigmatischen Beziehungen von dem rein formal grammatischen Modell auf eine pragmatische Ebene bezog und somit verallgemeinerte. Sie entwickelte die Konzepte „Kookkurrenzregeln" und „Alternationsregeln". Ersteres besagt, daß man einzelne Stilmerkmale anhand der sie verbindenden Kookkurrenzregeln beschreiben kann; die Alternationsregeln ermöglichen eine Erklärung für einen bestimmten Stil. Hymes schlug vor, seine Konzepte von Strukturen und Gebrauch der Sprechweisen parallel zu den Kookkurrenzregeln bzw. den Alternationsregeln zu setzen: „The first concept gives systematic status to the ways of selecting and grouping together of linguistic means that actually obtain in a community. The second concept frees the resulting styles from mechanical connection with a particular defining situation" (S. 434). Die Entscheidung zwischen verschiedenen Stilen wird als sozial bedeutungsvoll erkannt.

Hymes hob hervor, daß Kookkurrenz allein nicht genügt. Signifikante Unterschiede können nicht mechanisch erkannt werden, sondern nur „in relation to the analysis of context" (S. 440). Dieses Verständnis unterstreicht die gegenseitige Abhängigkeit von „the verbal means and their conventional meanings" und „the organization and meaning of verbal features in terms of non-linguistic contexts". Gespräche konnen sowohl syntagmatisch, als Folge von Sprechakten, wie auch paradigmatisch, unter Berücksichtigung der (gewählten) Klassen von Sprechakten, betrachtet werden. Zu dieser Dimension des Gebrauchs bedarf der Hymes'sche Ansatz der Ethnografie.

Als hauptsächliche Sprechstile unterschied Hymes: *Varietäten*, *Register*, *persönliche*, *situationale* und *genrebezogene* Stile. Varietäten bezeichnen Stilmerkmale, die zu einer bestimmten sozialen Gruppe gehören. Register bezeichnet solche, die in immer wiederkehrenden Situationen auftauchen.

Alle diese Stile stellen kulturell signifikante Sprechstile dar, die außerhalb ihres ursprünglichen Kontextes erkennbar und verwendbar sind.

Das Konzept von 'signifikanten Sprechstilen' barg für Hymes zwei Schwierigkeiten: Zum einen kann der Grad, in dem eine Sprechgemeinschaft einen Stil außerhalb seines üblichen Kontextes erkennen und verwenden kann, selbst eine signifikante Variationsdimension sein. Zum anderen gibt es vielleicht ein einzelnes Sprechereignis mit einer einzigartigen Struktur, die relevant sein wird, insofern die Teilnehmer dieses Ereignis wertschätzen und aufgrund seiner besonderen Qualitäten erinnern. Doch: Wie treffen sie ihre Entscheidung, was zu schätzen ist? Ihre Entscheidung muß auf Vergleich beruhen und auf dem Erkennen von Angemessenheit eines kontextspezifischen Stils.

Der Unterschied zwischen strukturalen Funktionen und Gebrauchsfunktionen kann helfen, die Beziehung zwischen Stil und ways of speaking zu verstehen. Hymes bespricht 'ways of speaking' anhand zweier Konzepte: „speech styles and their contexts, or means of speech and their meanings" (p. 446)[22].

Sprechstile

Stil wurde oft betrachtet unter dem Aspekt statistischer Häufigkeit von Elementen in einer bereits gegebenen linguistischen Beschreibung, oder als Abweichung von einer vorgegebenen Norm. Hymes akzeptierte die Bedeutung von Statistik und Abweichungen, aber verweist auf die Abhängigkeit des Stils von qualitativen Urteilen bezüglich der Angemessenheit. Neben qualitativ bestimmten Stilen gab es für Hymes zwei weitere wesentliche Punkte, die für eine Beschreibung grundlegend sind. Zum einen beinhalten Stile Elemente und Beziehungen, die üblicherweise sowohl „expressiven", oder besser stilistischen, wie auch referentiellen Funktionen dienen. Zum anderen sollten Sprechstile nicht bloß in Hinblick auf co-occurrence in sich selbst betrachtet werden, sondern auch in Hinblick auf ihre kontrastive Wahl. Wie die Sprechakte haben auch die

---

22 Die Eingeschränktheit der Begriffe „Kontext" (siehe auch 1962, S. 112) und „Bedeutungen" lag für Hymes darin, daß sie „the norms of interaction that go beyond choice of style, and the attitudes and beliefs that underlie both" nicht miteinschließen. Hymes hielt daher den Begriff der Sprechökonomie am ehesten für geeignet. Ways of speaking können nun als „means of speech und speech economy" verstanden werden. Dieser Begriff hat sich nur teilweise durchsetzen können. Hymes verwandte ihn als zentrale Metapher 1962; in „Ways of speaking" (1974) gab er eine klare Begründung, für die Notwendigkeit dieses Konzeptes. Jedoch war 'Sprechökonomie' weder 1972 zentral, noch wurde der Terminus weitergehend rezipiert.

Sprechstile sowohl eine syntagmatische als auch eine paradigmatische Dimension.

Komponenten des Sprechens: der SPEAKING-frame

Eine beschreibende Theorie braucht ein Schema der Komponenten von Sprechakten. Zum damaligen Stand der Theoriebildung sah Hymes dieses Schema lediglich als etischen, heuristischen Input für die Beschreibungen; „(l)ater it may assume the status of a theory of universal features and dimensions" (1972, S. 58).

Hymes verwies auf die in unserer Kultur traditionelle Dreiteilung von Sprecher, Hörer und Gegenstand. In anderen Sprechgemeinschaften gibt es Sprechregeln, die drei Teilnehmer erfordern (Adressor, Adressierter, Zuhörer; Quelle, Sprecher, Adressierte), andere, die nur einen erfordern, einige zwei. Ethnografische Arbeit hat gezeigt, daß eine allgemeine, oder universelle Dimension postuliert werden kann: die des/der Teilnehmer/in (participant).[23].

Aus der Sichtung ethnografischen Materials leitete Hymes sechzehn unterscheidbare Komponenten ab, wobei „no rule has been found that requires specification of all simultaneously" (1972, S. 59). Da jedoch jede Komponente zum Faktor werden kann, müssen sie in einem ihrem Zusammenwirken berücksichtigt werden. Damit sich die einzelnen Komponenten besser merken lassen, ordnete sie Hymes folgenden Buchstaben zu: S P E A K I N G[24].

1.	Setting		
2.	Scene	Act situation	(S)
3.	Speaker or sender		
4.	Addressor		
5.	Hearer, or receiver, or audience		
6.	Addressee	Participants	(P)
7.	Purposes—goals	End	(E)
8.	Message form		
9.	Message content	Act sequence	(A)
10.	Purposes—outcomes		

---

[23] Das übliche (dyadische) Modell von Sprecher-Hörer benannte für Hymes darum mal zu viele, mal zu wenige, mal die falschen Teilnehmer. Die traditionelle Dreiteilung könne für beschreibende Arbeit kein Modell sein. Von weiterer ethnografischer Arbeit erhoffte Hymes sich die Möglichkeit „to state the range of actual types of participants relations and to see in differential occurrence something to be explained" (1972, S. 59). Nimmt man die Triade quantitativ, so scheint Hymes recht zu haben. Nimmt man sie jedoch *qualitativ*, d. h. dialogisch (siehe Geißners Gesprächsmodell (1981/1988), so könnte sie auch in den von Hymes genannten anderen Fällen gelten.

[24] Auf Französisch: „PARLANT: participants, actes, raison (resultat), locale, agents (instrumentalities.), normes, ton (key), types (genres)" (Hymes, 1972, S. 65).

11. Key	Key	(K)
12. Channels		
13. Forms of speech	Instrumentalities	(I)
14. Norms of interaction		
15. Norms of interpretation	Norms	(N)
16. Genres	Genre	(G)

(zur näheren Beschreibung der einzelnen Elemente siehe Hymes, 1972, S. 58-65)

Regelbeziehungen des Sprechens

Die lokale Taxonomie der Begriffe ist eine wesentliche, wenn auch niemals vollkommene Richtlinie. Jegliche Veränderung in einem der Komponenten kann auf eine Regel (oder eine strukturierte Beziehung) hinweisen.

„It would be misleading, however, to think that the definition of functions can be reduced to or derived from other components. Such a thought would be a disabeling residue of behaviorist ideology. Ultimately, the functions served in speech must be derived directly from the purposes and needs of human persons engaged in social action, and are what they are: talking to seduce, to stay awake, to avoid a war. The formal analysis of speaking is a means to the understanding of human purposes and needs, and their satisfaction; it is an indispensable means, but only a means, and not that understanding itself." (S. 70)[25]

2.1.4. Abschließende Bemerkungen

Vergleicht man die beiden Hymes-Publikationen 1962 und 1972, so stellte 1972 eine wesentliche Erweiterung dar. Die Ethnografie des Sprechens (1962) baute auf etischen Kategorien auf, gedacht als heuristischer Rahmen. Die Ethnografie der Kommunikation (1972) war eine Weiterentwicklung dieses ersten Ansatzes auf der Basis verschiedenster Feldforschungen (von denen viele erst nach 1962 durchgeführt wurden). Gegenüber den 1962 in Anlehnung an Jakobson beschriebenen sieben Funktionen und Faktoren beinhaltete der 'SPEAKING' framework sechzehn Elemente in stärkerer Differenziertheit (z. B. die Unterscheidung von 'setting' und 'scene' als verschiedene Aspekte der Sprechaktsituation). Hymes (1972) differenzierte Sprechsituation von Sprechereignis und von Sprechakt. Außerdem stellte Hymes Typologien von

[25] Hymes deutete hier eine Unterscheidung an zwischen Analyse und Verstehen. Hellmut Geißner (1982) widmete sich dieser Thematik eingehend in seiner Begründung einer Gesprächshermeneutik (siehe Kap. 3).

'Gemeinschaftstilen' („communal styles") des Sprechens, sowie Typologien zur Charakterisierung quantitativer und qualitativer Bedeutung von Kommunikation. Hymes (1972) beschrieb auch formale Verfahren zur Erforschung und Formulierung von Regeln. Schließlich entwickelte Hymes in „Models of the interaction of language and social life" (1972) ein dynamisches Modell von Sprechen als kommunikative Interaktion (vgl. Stewart & Philipsen, 1984).

Ethnografie der Kommunikation und Ethnosemantik - Überlegungen zum Kulturbegriff in der Ethnografie der Kommunikation

Von bedeutendem Einfluß auf die Entwicklung der EdK war, wie bereits erwähnt, die Ethnotheorie bzw. Ethnosemantik (Frake, 1972, 1964; Goodenough, 1964a, b). Hymes wollte mit 'Ethnografie' über rein narrative Methoden hinausgehen und anhand lokaler Kontexte systematische Zusammenhänge beschreiben, ohne daß diese direkt in komparativer Weise (ethnologisch) einzuordnen wären. Er bezog sich dabei u. a. besonders auf Goodenough (1956; 1964a) und Frake (Hymes, 1974a, S. 10, 12). Mit ihrem besonderen Schwerpunkt auf semantischen Analysen und ethniespezifischen Bedeutungen entwikkelte die Ethnosemantik eine eigene Methodik, die auch für die ethnografischen Untersuchungen von Sprechweisen geeignet war (Frake, 1972; 1964). Im folgenden Punkt scheint mir jedoch ein bislang ungeklärter und unausgesprochener Widerspruch zu liegen: Hymes entwickelte einen interpretativen, interaktiv und symbolisch orientierten Ansatz, der in der Anwendung häufig mit dem Geertz'schen Kultur- und Ethnografieverständnis kombiniert wurde. In der Ausarbeitung seines symbolischen Kulturbegriffs setzte Geertz sich deutlich von dem kognitiven Kulturbegriff Goodenoughs ab (1973). Soweit mir bekannt, behandelten weder Hymes noch andere in seiner Tradition arbeitende Autoren diese, wie mir scheint, höchst interessante Fragestellung[26].

Ethnografie der Kommunikation und Ethnomethodologie - Überlegungen zum Kommmunikationsbegriff der Ethnografie der Kommunikation

Wie bereits erwähnt waren auch die Arbeiten von Garfinkel, Sacks und Schegloff, sowie Cicourel von Einfluß auf die weitere Entwicklung der EdK. Sowohl historisch wie auch inhaltlich steht die EdK zur EM in einem besonderen Verhältnis. Beide erwuchsen etwa zeitgleich im Widerstand zu bestehenden

---

[26] Loenhoff (1992) ging ausführlichst und differenziert auf die verschiedenen Positionen zum Kulturbegriff ein (S. 112-151), darunter auch auf die zwischen kognitivem und symbolischem. Er sah in der Hymes'schen EdK ebenfalls eine andere Perspektive und darin ein anderes Verständnis von Kultur als in der Ethnosciene (Ethnotheorie) (S. 127). Daß sich Hymes jedoch immer häufiger auf die Vertreter dieses Ansatzes stützte (z. B. Goodenough, Conklin), sprach auch Loenhoff nicht an.

Forschungsparadigmen, mit einem Interesse an sogenannten 'Ethnotheorien'[27]. Die EdK teilte mit der EM die Abkehr vom Behaviorismus, ein Hinterfragen gängiger objektivistischer Methoden und das Interesse an empirischer, 'bottom-up'-Forschung[28].

Andererseits entwickelten sich ihre Forschungsansätze in zum Teil recht verschiedene Richtungen: KA mit 'machinery'-Metaphorik auf der einen Seite, ethnografische Forschung mit relativ wenig Fokus auf die Aufzeichnung und Feinanlyse von Gesprochenem. 'Kontext', von beiden ursprünglich als wesentliches Konzept zum Verstehen und Erklären sozialer Phänomene angesehen, wurde im Laufe der Entwicklungen unterschiedlich gewichtet, wie auch die Bedeutung soziokultureller Variablen.

In seinen Arbeiten bezog sich Hymes immer wieder auf die EM und ihre KA (Hymes 1972; 1974a). Dieser Bezug betraf jedoch in geringerer Weise die Methoden als den interaktionalen Ansatz. Die Methoden der EdK sind weitaus umfassender und vielfältiger als die der EM, zumal ethnosemantische und auch gesprächs- und diskursanalytische Methoden inbegriffen sind. Die EM diente der EdK dazu, von der Linguistik (mit ihrem Fokus auf Sprache als System) zur Soziolinguistik (mit dem Fokus auf Sprache im Vollzug und dessen Bedeutung) zu kommen. Ethnomethodologisches ging dabei zwar in die EdK ein, doch mit einer ganz spezifischen Prägung: eher wissenschaftstheoretisch, interaktionstheoretisch, nicht mit einer *expliziten Reformulierung von Kommunikationstheorie(n).* Dies scheint mir ein wesentlicher Schwachpunkt des Hymes'schen Ansatzes zu sein. Der der EdK zugrundeliegende Kommunikationsbegriff müßte herausgearbeitet und expliziert werden. Es ist klar, daß es Hymes um etwas anderes geht als um rein linguistische Kategorien im Sprechen; doch genauso wenig geht es ihm um rein soziologische Kategorien im Gespräch. Was dazwischen liegt sind Prozesse des Miteinanderredens, Prozesse mündlicher Kommunikation[29]. Hier trifft sich Hymes in sehr wesentlichen Punkten mit dem Anliegen der Geißner'schen Sprechwissenschaft. Auch Hymes geht es beim Sprechen nicht um die gesprochene Sprache. Vielmehr zeigt er u. a. mit seinem Bezug zu Interaktionstheorien und zu Kenneth Burkes Rhetorik ein weitaus um-

---

[27] Garfinkel (1967) bezog sich in seiner Erklärung der Bezeichnung „Ethnomethodologie" ausdrücklich auf die „ethnoscience."

[28] Ebenfalls von Bedeutung sind in diesem Zusammenhang auch Erving Goffmans Arbeiten zum sozialen Interaktionismus, die Hymes mehrfach als bedeutenden Einfluß heraushob (vgl. 1974a). Goffman war auch in der weiteren Anwendung des Hymes'schen Ansatzes bedeutend (z. B. bei Philips, 1976, Sherzer, 1983/1990). Goffmans Arbeiten stellen einen umfassenden Ansatz dar, der im Rahmen dieser Arbeit leider nicht untersucht werden konnte.

[29] Daß 'Kommunikation' in 'EdK' weiter zu fassen ist als mündliche, ist wohl berücksichtigt, liegt jedoch außerhalb des hiesigen Interesses an einer Ethnohermeneutik des Sprechens.

fassenderes Verständnis von Kommunikation und deren Zusammenhängen mit gesellschaftlicher Praxis.

Leider führte das bei Hymes bislang nicht zu einer expliziten Kommunikationstheorie, eine vielleicht allzu deutsche (oder europäische) Erwartung.

Ethnografie der Kommunikation und Ethnografie: Welche Ethnografie?

Neben den Problemen eines entsprechenden Kulturbegriffs und einer expliziten Kommunikationstheorie gibt es noch einen ungeklärten Aspekt, durch den sich die EdK von anderen Ansätzen zu unterscheiden scheint, sich dadurch jedoch nicht explizit absetzte: das Selbstverständnis des Ethnografen. Hat sich die KA (auch bei Moermann) als eine Disziplin entwickelt, die betont Wert auf 'Objektivität' in der Beobachtung und Analyse trägt, ist die EdK weit mehr dem interpretativen Paradigma zuzurechnen. Der Widerspruch zwischen Sich-beziehen auf verstehende Ansätze (z. B. EM auf Schütz) und Anspruch an objektive Beobachtung und Ignoranz bzgl. der Subjektivität der Forschenden wird zwar von der EdK nicht wiederholt, sie bezieht jedoch auch nicht direkt Stellung dazu.

Mir scheint, daß dieses Problem nicht unabhängig von den oben genannten Kritikpunkten zu bearbeiten ist. Doch gibt es dazu einige Untersuchungen, die zur Bearbeitung des ethnografischen Selbstverständnisses beitragen können[30]. Sie bilden einen zweiten Strang zu dem, was hier unter Kapitel 4, Sozialwissenschaftliche Hermeneutiken, problematisiert wird. Eine Verwertung dieser Arbeiten ist für die Entwicklung einer Ethnohermeneutik des Sprechens unerläßlich, führte aus dem hier gegebenen Rahmen jedoch weit hinaus.

2.2. Interaktionale Soziolinguistik: John Gumperz' Diskurstrategien

2.2.1. John Gumperz und die Ethnografie der Kommunikation

Geschichtlich und thematisch hängen die Arbeiten von John Gumperz eng mit der Entwicklung der EdK zusammen. Er gehörte in den frühen sechziger Jahren mit Dell Hymes zu einer interdisziplinären Forschungsgruppe an der Universität Berkeley, Californien, die Leeds-Hurwitz (1990) als erste Forschergeneration der EdK bezeichnete. Er gab gemeinsam mit Dell Hymes für die Geschichte der EdK wesentliche Sammelbände heraus (1964, zitiert nach Hymes,

---

30 Agar, 1980; 1985; Conquergood, 1991, 1992a; Clifford, 1988; Clifford & Marcus, 1986; Hannerz, 1992; Jackson, 1989; Marcus & Fischer, 1986; Rosaldo, 1989; Thomas, 1993; Trinh, 1989.

1974/1989; 1972/1986). Nachdem Hymes 1965 nach Pennsylvania ging, teilte sich die „second generation" (Leeds-Hurwitz, 1990, S. 86) in zwei Gruppen: die, die mit John Gumperz in Berkeley die Arbeit weiterführte und die von Hymes in Pennsylvania begründete Forschungsgruppe.

Gumperz' nachfolgende Arbeiten bereicherten die Forschungen auf dem Gebiet der EdK um eine eigene ethnografisch orientierte Mikroanalyse von Gesprächsprozessen. Seine Arbeiten zu Code-switching, 'conversational inferences', 'contextualization cues' und 'interethnischer Kommunikation' (z. B. indische Einwanderer in GB oder Afro-Amerikaner in den USA) wurden als selbständiger Ansatz neben der EdK bekannt[31].

2.2.2. Forschungsschwerpunkte

Forschungsschwerpunkte waren, neben seinen Code-switching Studien, vorwiegend Mißkommunikation in interkulturellen Gesprächen. Diese untersuchte er, in zumeist städtischem Umfeld, unter Berücksichtigung interkultureller Unterschiede in Prosodik, 'contextualisation conventions' und 'Diskursstrategien' (z. B. indirekt vs. direkt, formell vs. informell). Gumperz veröffentlichte 1982 zwei Buchbände in der Reihe „Studies in interactional sociolinguistics". Der erste, „Discourse strategies" (1982a), beinhaltet eine theoretisch und methodische Darstellung des Gumperz'schen Diskurs-Ansatzes. Der zweite, „Language and social identity" (1982b), von Gumperz herausgegeben, umfaßte eine Sammlung von Analysen und Aufsätzen zur Thematik interkultureller Kommunikation, oft in institutionellen Settings. Da die meisten Autorinnen und Autoren mit Gumperz zusammenarbeiteten oder nach seinem Ansatz arbeiteten, lieferte auch dieser Band einen wesentlichen Beitrag zur Verdeutlichung von Gumperz' methodischem Vorgehen und darüber auch seines Theorieansatzes. In ihrer Einleitung problematisieren Gumperz & Cook-Gumperz (1982) auch Themen wie: die Relevanz kommunikativer Fähigkeiten als soziales Kapital in 'modernen' städtischen Gemeinschaften, soziale Machtverhältnisse und deren Beziehung zu Kommunikation oder Ideologie, sowie auch die entsprechenden Auswirkungen auf „face-to-face speaking practice"[32]. In dieser Arbeit begrenze ich meine Darstellung des Gumperz'schen Ansatz jedoch auf seine theoretischen Ausführungen (Gumperz, 1982a)[33].

---

[31] Gumperz' Ansatz wird im Unterschied zur ethnomethodologischen KA meist unter diskursanalytischen Ansätzen genannt. Daß diese Bezeichung jedoch auch für andere gesprächsanalytische Forschungen verwandt wird, wurde bereits angesprochen.

[32] Inwieweit der Band diesen Fragen nachgeht, kann hier nicht behandelt werden.

[33] Neben den Buchveröffentlichungen von 1982 veröffentlichte Gumperz einige Artikel (1981, 1984) zur Hymes-Chomsky-Kontroverse über linguistische vs. kommunikative Kompetenz. Eine Darstellung dieser Debatte müßte sich auch der 'Kompetenz/

2.2.3. Kommunikationstheoretisches bei Gumperz

Im Vorwort zu Gumperz' „Discourse strategies" heißt es: „This book seeks to develop interpretive sociolinguistic approaches to the analysis of real time processes in face to face encounters. It grew out of approximately ten years of field studies of verbal communication in India, Europe and the United States, originally intended to answer questions and test hypotheses arising from earlier ethnographic work on the realization of social categories" (1982a, S. VII).

Gumperz entwarf seinen Ansatz auf dem theoretischen Hintergrund der EM, der DA (er bezog sich auf die linguistische Tradition) und der EdK. Methodisch lehnte Gumperz sich teilweise an die Arbeiten der ethnomethodologischen KA an; jedoch ging er verstärkt interpretativ vor, bezog Prosodik ein, setzte seine Schwerpunkte nicht auf die gängigen Analyse-Kategorien der KA (Sprecherwechsel, Eröffnen oder Schließen von Gesprächssequenzen). Er widmete sich vielmehr den unterschiedlichen „sociolinguistic variables ... which guide and channel the interpretation of intent... .(and) what they tell us about the nature of misunderstanding ..." (1982a, S. VII). Mit diesem Interesse an Mißverstehen ist ein weiteres Unterscheidungsmoment zur KA gegeben, deren Interesse zum großen Teil im Aufzeigen 'funktionierender' 'Mechanismen' liegt. Gumperz untersuchte vielmehr Siuationseinschätzungen der Kommunikationspartner, daraus resultierende 'contextualization cues' (siehe unten), die verstanden oder, eben aufgrund verschiedener Erwartungen, nicht verstanden werden. Gründe für unterschiedliche Vorerwartungen und die daraus folgenden Interpretationen untersuchte Gumperz vorwiegend in Gesprächssituationen zwischen Teilnehmern unterschiedlicher ethnischer oder kultureller Herkunft[34].

Auf diese Weise eröffnete Gumperz methodisch einen anderen Zugang und auch ein gänzlich anderes Verständnis von Kommunikation als die ethnomethodologische KA. In der Auseinandersetzung mit den Ansätzen von EdK, DA und KA entwickelte Gumperz (anhand vieler Interpretationsbeispiele) einen eigenen Theorieansatz.

Performanz'-Thematik widmen; dies bedürfte einen eigenen Raum. Ein dieser Problematik gewidmeter Aufsatz ist in Planung.

[34] Gumperz nannte Kommunikation zwischen kulturell verschiedenen Gruppen einer Gesellschaft (z. B. für Afro-Amerikaner und Anglo-Amerikaner in den USA) 'interethnisch', Kommunikation zwischen kulturell verschiedenen Gruppen verschiedener Gesellschaften (z. B. englischsprechende Inder und englischsprechende Briten 'interkulturell'. Einige seiner Beispiele sind jedoch Gespräche zwischen Amerikanern ähnlicher sozio-kultureller Herkunft; sie zeigen, daß auch hier Kontextualisierungshinweise und Gesprächsinferenzen entscheidend dazubeitragen, *ob* und *wie* verstanden wird.

Seine Theorie der „conversational inference" impliziert, (wenn auch nicht daraufhin ausgebaut) eine dialogische Perspektive (1982a, S. 163, 171)[35]. Dialogische Eigenschaften von Kommunikation sah Gumperz darin, daß:

a) „interpretations are jointly negotiated by speaker and hearer and judgments are either confirmed or changed by the reactions they evoke - they need not be inferred by a single utterance";
b) „conversations in themselves often contain internal evidence of what the outcome is, i.e. of whether or not participants share interpretive conventions or succeed in achieving their communicative ends" (1982a, S. 5).

Gumperz interessierte sich für die *Funktionen von Gesprächsprozessen bei der sozialen Kooperation.* Ähnliches Interesse gab es ihm zufolge in zunehmendem Maße auch in der Linguistik, Psychologie und der Soziologie. Gumperz forderte, daß daraus entstandene Anstöße und Ergebnisse „must ultimately be incorporated into a general theory of pragmatics" (1982a, S. 3). Doch sei man, so Gumperz, weit entfernt von einer „general theory of verbal communication which integrates what we know about grammar, culture and interactive conventions into a single overall framework of concepts and analytical proceedures" (1982a, S. 4). Seinen Beitrag zur Weiterentwicklung einer solchen Theorie möchte ich im folgenden herausarbeiten. Dabei gehe ich zunächst auf seine Auseinandersetzung mit verwandten Ansätzen ein und führe dann zwei wesentliche Schlüsselbegriffe ein - 'contextualization cues' und 'conversational inference.'

2.2.4. Gumperz' Auseinandersetzung mit der Ethnografie der Kommunikation, Diskursanalyse und Konversationanalyse

Im Vorfeld zur Formulierung eines eigenen Ansatzes verwies Gumperz auf zwei Ansätze, die er zu den „major research traditions that deal with contextual factors in interpretation" (1982a, S. 154) zählte: EdK, DA. Sowohl aufbauend auf als auch in Abgrenzung von diesen beiden Forschungstraditionen und mit Rückgriff auf die KA, entwickelte Gumperz seine Konzepte von „con-

35 Deborah Tannen (1989) baute diese Dialogperspektive (mit Rückbezug auf Bakhtin) noch weiter aus. Sie fokussierte die Beschreibungen der 'Diskursstrategien' auf Gesprächsstile (1984; 1989). Sie beschrieb dabei unterschiedliche „Strategien" (Sprechweisen), die verschiedene Grade an „conversational involvement" ausmachen können. Wie Gumperz in seinem Vorwort zu „Discourse strategies" (1982a) bemerkte, war Deborah Tannen an den Kapiteln 6 und 7 in früheren Versionen maßgeblich beteiligt. In Deutschland ist Tannen mit zwei Bestsellern (1991; 1992) bekannt, die leider nicht immer ihrer wissenschaftlichen Kompetenz entsprechen, mit der sie in anderen Arbeiten überzeugte (vgl. z.B. ihre Rezeption von Philipsens Teamsterville-Aufsatz (1975/1990) in Tannen (1991)).

versational inferences“ und „conversational cues“ (siehe unten). KA sowie auch die EdK wurden bereits oben ausführlich besprochen. Daher stelle ich hier lediglich dar, wie Gumperz sich von ihnen zu unterscheiden versuchte.

2.2.4.1. Die Ethnografie der Kommunikation

Das Hauptziel der EdK liegt aus Gumperz Sicht darin, kulturspezifische ‘means of speaking’ und damit verknüpfte Normen und Sprechereignisse zu beschreiben. Auf diese Weise hätten „ethnographers of communication“ (1982a, S. 155), sehr wertvolle Beschreibungen geliefert, insbesondere von „culturally specific ways that rules of speaking vary with context“ (1982a, S. 155). Die EdK, so Gumperz, befaßte sich jedoch nicht damit, wie Gruppengrenzen festzustellen sind, wie Mitglieder selbst Ereignisse *identifizieren*, wie ‘social input’ im Verlaufe der ‘Interaktion’[36] variiert und *wie soziales Wissen die Interpretation von Botschaften beeinflußt*. Ihr Hauptziel sei es, zu zeigen, „how social norms affect the use and distribution of communicative resources, not to deal with interpretation“ (1982a, S. 155-156).

Auf jeden Fall ging es Gumperz darum, daß zumindest in den traditionellen EdKs die Schwerpunkte eher auf der Beschreibung von kulturspezifischem Wissen über Vollzugweisen liegen als auf der Untersuchung des aktuellen Vollziehens selbst[37].

2.2.4.2. Diskursanalyse

Gumperz stellte unter DA eine Tradition vor, die sich aus „speech act theory, linguistic pragmatics, frame semantics (Fillmore 1977) and artificial intelligence“ (1982a, S. 154) entwickelte; diese Ansätze zielten alle daraufhin, daß „participants apply their knowledge of the world to the interpretation of what goes on in an encounter“ (S. 154) und dies mit Hilfe von abstrakten semantischen Konstrukten, „variously called scripts, schemata, or frames“ (S. 154). Das Hauptinteresse dieser Tradition galt dem „cognitive functioning of contextual and other knowledge“ (S. 156). Wenn auch die ersten Arbeiten größtenteils mit Grammtik und Semantik befaßt gewesen seien, so könne man die diskursanaly-

---

36 Gumperz betonte (wie auch die Ethnomethodologen oder Konversations- analytiker) den Unterschied zwischen Interaktion und Kommunikation nicht ausdrücklich. Doch kritisierte er an der KA das mangelnde Bewußtsein für die Bedeutung linguistischer Komponenten in der Interaktion (s. u.) und befaßte sich eigentlich ausschließlich mit kommunikativen Prozessen.

37 Gumperz’ Begründung blieb mir an dieser Stelle nicht ganz nachvollziehbar. Nach meinem Verständnis gehören Interpretationen (ob als ‘norms of interpretation’ oder als aktuell vollzogene) durchaus zum Gegenstand der EdK. Inwieweit dies, theoretisch oder empirisch, in den jeweiligen Studien berücksichtigt wurde, kann hier nicht untersucht werden.

tischen Ansätze auch verstehen als „an effort to give linguistic substance to Wittgenstein's and Austin's philosophical writings, which point to the inadequacies of the logician's concept of meaning as the relationship of words or sentences to things or ideas and argue that meaning ultimately resides in human action" (S. 156)[38].

Zum Kontext-Begriff bei Gumperz

Auch wenn 'context' eine häufige Vokabel in Gumperz' Begriffssprache ist, eine kontrastiv zu anderen Kontextbegriffen gefaßte Begrifflichkeit lieferte er nicht (vgl. Geißner, 1981/1988, S. 130). Gumperz' Interpretationen der Analysebeispiele und einige Äußerungen lassen auf ein eingegrenztes, mikrosituatives Kontextverständnis schließen: z. B. „the situation at hand" (1982a, S. 5) oder, daß Kontextualisierung den Prozeß bezeichnet „by which we evaluate message meaning and sequencing patterns in relation to aspects of the surface structure of the message, called contextualization cues" (S. 162).

Jedoch verwandte Gumperz Kontext nicht immer so eingeschränkt, wie sich z. B. bei seiner Unterscheidung von 'meaning' (Bedeutung) und 'interpretation' (Interpretation) zeigt: 'meaning' ist die „context free semantic information obtained through analysis, in which linguistic data are treated as texts, which can be coded in words and listed in dictionaries" (S. 207); 'interpretation' ist „the situated assessment of intent" (Gumperz verwies hier auf Van Valin, (1980 zitiert nach Gumperz)). 'Meaning' wäre somit Denotation, nicht einmal Konnotation, 'interpretation' wäre auch nicht direkt „Sinn".

2.2.4.3. Gumperz' 'interaktionale Soziolinguistik'

Beide Ansätze, die EdK und die DA, teilen nach Gumperz bestimmte Annahmen bzgl. dessen, was „linguistic signalling mechanisms" (1982a, S. 157) seien: „both define the basic theoretical issue as one of showing how extralinguistic knowledge, reflected in cognitive or social structures that exist independently apart from communication, are brought into the speech situation" (1982a, S. 157). Das Ziel bei der DA liege darin, idealtypische Beschreibungen zu liefern, die man in 'signifikante Komponenten' zergliedern und zur Erstellung von Typologien nutzen kann.

Die Ergebnisse struktureller Analysen von Ereignissen (wie in der EdK) oder interpretativer Schemata (in der DA bzw. künstlichen Intelligenzforschung) bestätigen, daß Interpretationen kontextabhängig und menschliches Wissen situationsspezifisch sind. Gumperz meinte jedoch, daß Probleme auftreten, wenn man die oben erwähnten idealtypischen Konstrukte auf die Untersu-

---

38 Dieses Verständnis von DA ist mehr als 'language beyond the sentence,' wie Moermann die DA linguistischer Traditition umschrieb.

chung von tatsächlichen, konkreten Kommunikationsabläufen anzuwenden versucht. Denn, obwohl (Sprech-)Ereignisbezeichnungen und Diskurskategorien Teil unseres alltäglichen Vokabulars (!) sind, sind sie *höchst abstrakt und insgesamt schlechte 'Beschreiber' dessen, was tatsächlich 'hervorgebracht' („accomplished") wird.* So bedeutet z. B. die Äußerung „I think we need to have a chat" (mit der von Gumperz implizierten Intonation !) alles andere als die Ankündigung zu plaudern. Auch allgemeine Beschreibungen wie Klatsch, Flirt oder Streitgespräch (Beispiele aus dem alltäglichen Vokabular meines Umfeldes für 'chat') sind als Beschreiber von 'tatsächlich Hervorgebrachtem' zu allgemein; es gibt vergleichbare Ereignisbezeichnungen z. B. auch in Frankreich oder den Niederlanden Doch die jeweiligen Gesprächsprozesse unterscheiden sich nicht nur durch die unterschiedlichen Sprachen, sondern werden auch verschieden strukturiert und vollzogen. Interpretationen von Sprechereignissen und Sprechakten, die mit abstrakten Beschreibungen enden, lassen für Außenstehende, die diese Abstraktion nicht geleistet haben, viele Verstehensnuancen offen und ungeklärt. Allgemeine Schemata oder allgemeine Beschreibungen wie argumentativ, kompromißbereit, aggressiv, freundlich (auch in der Psychologie: z. B. bei Konfliktstilen von Thomas & Kilman (1974), Kilman & Thomas (1977); in cultural assimilators, Brislin (1986), Thomas (1990)) helfen nicht, die Vollzugsformen und Bedeutungsnuancen zu verstehen und nachzuvollziehen[39]. Deshalb gab Gumperz auch zu bedenken, daß lediglich das Spezifizieren von kulturellem Wissen über extralinguistische Faktoren, von persönlichen Interessen Teilnehmender und von Inhalten es nicht immer ermöglicht vorherzusagen, was gemeint war (1982a, S. 158). Gumperz' Ausführungen zu Interpretationsvorgängen in Gesprächen zeigen, daß allgemeine situative Interpretationen problematisch sind und auch für die, die den Kontext kennen, nicht immer in gleichem Maße zugänglich sind. Deshalb forderte Gumperz „... we need to examine interaction itself to learn how contextual presuppositions function" (1982a, S. 158). Ein bezeichnendes Beispiel dafür sind Situationen, in denen eine Äußerung z. B. als Frage verstanden werden kann, deren Intention jedoch, ob als informationssuchend oder als indirekte Bitte, für die Hörer mehrdeutig ist.

---

[39] Von der Lebendigkeit miteinander sprechender Menschen geht selbstverständlich immer etwas verloren, sobald man sie losgelöst vom aktuellen Vollzug 'betrachtet' (eher distanziert) und zu verstehen versucht (eher sich wieder hinwendend). Und dies gilt, wenn auch in unterschiedlichem Maße, nicht nur für abstrakte Beschreibungen, sondern auch für Transkripte, auch für Tonbandaufnahmen und Videoaufzeichungen. Die Steigerung der technischen Möglichkeiten an sich bedeutet noch keine Steigerung der Möglichkeiten, Lebendigkeit zu 'konservieren'. Vielmehr hängt die 'Wiederbelebung' von der interpretativen Gestaltung des Materials ab, also z. B. auch von der literarischen. (In der Ethnografie ist die Frage der 'Form' der ethnografischen Beschreibung und Interpretation ein aktuell diskutiertes Thema, siehe z. B. Clifford & Marcus, 1986, Conquergood, 1991a, Geertz, 1988).

Dieser neue Fokus erfordert andere Methoden als in den traditionellen Studien zu Ethnografien des Sprechens. Die Fokussierung auf 'interaction itself' ist gerade auch bei der KA zu finden. Und somit wandte sich Gumperz, aufbauend auf und sich abgrenzend von DA und EdK, zur KA.

Konversationsanalyse

Wie oben dargestellt, kommt die KA wiederum aus einer anderen Tradition als die vorher beschriebenen Ansätze (EdK aus Anthropologie und Linguistik; DA aus (Psycho-Linguistik), nämlich der EM aus der verstehenden Soziologie. Gumperz interessierte an der KA, daß sie sich vorwiegend beschäftigte mit „actual discourse mechanisms that serve to allocate turns of speaking, to negotiate changes in focus and to manage and direct the flow of interaction, and which so far has made little use of notions like event and frame" (1982a, S. 158)[40].

Die KA konnte zeigen, daß nicht nur formal gekennzeichntete Sprechereignisse, sondern alle Formen informeller Gespräche regelgeleitet sind: „„... all kinds of casual talk are rule governed. It is through talking that one establishes the conditions that make an intended interpretation possible" (1982a, S. 159). Dabei bestand für Gumperz einer der wichtigsten Beiträge von Harvey Sacks in der Anerkennung, daß „principles of conversational inference are quite different from rules of grammar" (1982a, S. 159); daß es sich hierbei weniger um Regeln handelte als um 'Maximen', deren Interpretationen eher als 'preferences' denn als obligatorische Regeln zu verstehen sind[41]. *Auf der Ebene des Gesprächs gibt es demnach immer mehrere mögliche Alternativen von Interpretationen, viel mehr als auf der Ebene der Satzgrammatik.* Welche der Alternativen erwogen werden, hängt ab von den jeweiligen Absichten und Erwartungen bzgl. der Annahmen und Reaktionen des Gegenübers. Eine Interpretationsalternative wird solange aufrechterhalten bis etwas Gegenläufiges auffällt: „interpretations are thus negotiated, repaired and altered through interactive processes rather than unilaterally conveyed" (1982a, S. 160). Mit dieser Sichtweise bezeugte Gumperz ein Kommunikationsverständnis weit ab von einem Sender-Empfänger-Modell wie es an anderer Stelle in einem Zitat von Grice (1957 zitiert nach Gumperz) noch durchklang (1982a, S. 156). Gumperz sah die Konversationsanalytiker als die ersten, die die „cooperative nature of conversational

---

40 Gumperz wies darauf hin, daß der Anstoß für diese Arbeiten von Soziologen kam, die versuchten, Alternativen zu finden zu den symbolisch-interaktionistischen Beschreibungsmethoden von Kleingruppeninteraktion, die auf statistischen Berechnungen apriorischer Inhaltskategorien beruhten.

41 Der Regelbegriff in der EM wurde von mir oben kurz angesprochen. In Anbetracht der Fülle der Literatur zum Regelbegriff brauchte eine genaue Darstellung und Kontrastierung von unterschiedlichen 'Regel'-Konzepten einen eigenen Rahmen. Im Zusammenhang der EdK ist insbesondere Shimanoff (1980) zu erwähnen.

processes“ (S. 160) mit systematischer Evidenz ausgestattet und Hallidays Ausdruck - Wörter hätten sowohl relationale wie auch ideelle Bedeutung - interaktionale Substanz verliehen hätten. Die konversationsanalytische Perspektive war für Gumperz somit entscheidend für die *unmittelbare Erforschung von Gesprächen* (vgl. 1982a, S. 160).

Gumperz' Kritik an der Konversationsanalyse

Gumperz distanzierte sich aber auch an einigen, wie mir scheint wesentlichen, Stellen von der ethnomethodologischen KA: Sie erklärte für ihn in keiner Weise „the linguistic[42] bases of conversational cooperation“ (S. 160). Konversationsanalytiker hielten in ihren empirischen Arbeiten im allgmeinen „referential meanings that assume sharing of contextualization strategies“ (1982a, S. 160) für selbstverständlich. Gumperz' Haupteinwand gegen die KA ging gegen ihr in dieser Weise begrenztes Verständnis von ‘Konversation’. Nach Gumperz ist dadurch die Validität der Bemühungen, die interpretativen Prozesse der Teilnehmer zu erfassen, wie auch die soziale Bedeutung konversationsanalytischer Arbeiten einschränkt: „In order to account for inter-speaker differences in background knowledge, a sociolinguist needs to know how speakers use verbal skills to create contextual conditions that reflect particular culturally realistic scenes“ (1982a, S. 160)[43]. Daher war Gumperz bemüht, aufzuzeigen, wie ‘Diskursstrategien’ mit anderen Aspekten linguistischen Wissens von Sprechern integriert werden.

‘Daten’ für die KA stammen hauptsächlich aus sozial und sprachlich homogenen Gruppen (meist Anglo-Amerikaner der Mittelschicht). Dem hielt Gumperz entgegen:

> „There is a tendency to take for granted that conversational involvement exists, that interlocutors are cooperating, and that interpretive conventions are shared. The experience of modern industrial society with its history of communication breakdowns, of increasingly intricate constitutional and legal disputes and its record of educational failure, suggests that such assumption may not fit the facts of modern urban life.“ (1982a, S. 4).

Gerade weil Gumperz *keine Annahmen* in Bezug auf Gemeinsamkeit von Regeln oder evaluativen Normen machte, ist dieser „interpretive approach to conversation“ (1982a, S. 6) im besonderen geeignet für heutige moderne städtische, multikulturelle Gesellschaften. Dort sind „social boundaries ... diffuse, ... (and) intensive communication with speakers of differing backgrounds is the rule rather than the exception“ (S. 6). Hier implizierte Gumperz' Ansatz auch

---

[42] ’Linguistic’ bezog sich hier und an anderen Stellen bei Gumperz nicht auf im engen Sinn ‘Sprachliches’, sondern auf Sprachtheoretisches, Sprachwissenschaftliches, bezieht also z. B. auch Prosodie mit ein.

[43] vgl. auch Hymes (1973)

eher ein 'Konfliktmodell' der Kommunikation als ein 'Harmoniemodell' (vgl. Geißner, 1981/1988; Grießhammer, 1993)[44].

Ein wesentlicher Unterschied zwischen der Soziolinguistik Gumperz' und der KA scheint an den unterschiedlichen Schwerpunktinteressen der Disziplinen zu liegen: Die soziologische Perspektive ist eher an dem *Fluß der Interaktion* interessiert. Die Soziolinguistik interessiert sich zum einen per se für sozio-Unterschiede, und somit auch für die damit verbundenen Unterbrechungen des Flusses, zum anderen für die unterschiedlichen Manifestationen von Verständigungsmöglichkeiten, für die Bandbreiten von Sinnschaffung durch Kommunikation.

Was Gumperz' interaktionale Soziolinguistik jedoch mit den Grundsätzen der Garfinkelschen EM (1967) gemein hat, sind seine induktive Herangehensweise an Interpretation, aus tatsächlichen Gesprächsprozessen heraus, sowie die Absage an a priori-Kategorien.

2.2.5. Schlüsselbegriffe bei Gumperz: 'Contextualization cues' und 'conversational inference'

In Kapitel 6 und 7 führte Gumperz seine beiden Hauptkonzepte ein: 'contextualization cues' (Kontextualisierungshinweise) und „conversational inference" (Gesprächsschlußfolgerung). Seine theoretischen Erläuterungen in den jeweiligen Kapiteln hängen stark miteinander zusammen.

2.2.5.1. Contextualization cues

In Kapitel 6 (1982a) stellte Gumperz dar, inwieweit Sprechsituationen (z. B. bzgl. Absichten der Partner) unterschiedlich eingeschätzt werden aufgrund unterschiedlicher Interpretation von 'contextualization cues.' Die heuristische Funktion der Idee von „contextualization cues" erklärt sich aus einer grundsätzlichen Annahme von Gumperz über Gesprächsverstehensprozesse:

Es gibt konventionalisierte Kookkurrenz-Erwartungen von Inhalt und 'Oberfläche', und die Interpretation von Äußerungen erfolgt mit Hilfe von auf diesen Erwartungen aufbauenden Gesprächsmerkmalen. 'Contextualization cues' sind nun die „constellations of surface features of message form (vs. deep structures (vgl. S. 17)) ... by which speakers signal and listeners interpret what the activity is, how semantic content is to be understood and *how* each sentence relates to what precedes or follows." (1982a, S. 131).

Wichtig für Gumperz' Verständnis ist dabei der Hinweis, daß diese 'cues' zumeist gewohnheitsmäßig (daher „contextualization conventions" als übergreifender Titel des Kapitels) verwendet und wahrgenommen werden. Jedoch sind

---

[44] Hier gibt es klare Parallelen zu Geißners sozialpragmatischem Ansatz, die dieser auch selbst herausstellte (1981/1988, S. 11).

sie kaum bewußt: „(they are) almost never talked about directly“ (1982a, S. 131). Diese ‘cues’ (man könnte sie mit ‘Ausdruckmuster’[45] übersetzen) „must be studied in process and in context rather than in the abstract“ (Gumperz, 1982a, S. 131).

Ein einfaches Beispiel aus Gumperz’ Sammlung soll dieses Konzept illustrieren:

A husband sitting in his living room is addressing his wife. The husband is of middle class American background, the wife is British. They have been married and living in the United States for a number of years:

Husband:	Do you know where todays’ paper is?
Wife:	*I’ll* get it for you.
Husband:	That’s O.K. Just tell me where it is.
	I’ll get it.
Wife:	No, I’LL get it[46]. (S. 134-135)

Gumperz interpretierte, daß der Mann beabsichtigte „to ask for information“ (S. 135); seine Frau darin aber eine Aufforderung sah und in ihrer zweiten Entgegnung verstärkt Verärgerung zeigte (I’LL ist besonders stark betont). Mögliche Gründe für das Mißverstehen besprach Gumperz für dieses Beispiel leider nicht[47].

Als ‘Kontextualisierungshinweise’ können unterschiedliche Ausdrucksmerkmale fungieren: Wechsel von Sprache, Dialekt, oder Stil, prosodische Elemente, wie auch lexikalische und syntaktische Variationen, formelhafte Redeweisen, Strategien von Gesprächseröffnungen, -schlüssen und -verläufen. Auch wenn diese Merkmale bereits für sich genommen Bedeutungen haben, so können ihre jeweiligen Bedeutungen nur aus dem konkreten Interaktionszusammenhang verstanden werden; „unlike words that can be discussed out of context, the meanings of contextualization cues are implicit... . Their signalling value depends on the participants’ tacit awareness of their meaningfulness“ (1982a, S. 131-132).

Mißverständnisse, die auf *diskrepante Wahrnehmung* der geäußerten Hinweise oder die *diskrepante Äußerung* der ‘gemeinten’ Hinweise zurückgehen, werden interessanterweise meist nicht als Mißverständnisse wahrgenommen.

---

45 Vielfach sind es Sprechausdruckmuster, die Gumperz untersuchte, jedoch nicht ausschließliche. Eine Systematisierung von Ausdruckmustern, besonders auch von sprecherischen lieferte Geißner (1982/1986. S. 27-86; sprecherische Ausdrucksmuster S. 75-86).

46 Diese Notation ist von Gumperz übernommen: Unterstrichen bedeutet Betonung, kapitalisierte Buchstaben zeigen gesteigerte Betonung.

47 Gumperz interpretierte diese Episode nicht auf einem kontrastiven amerikanisch-britischen Hintergrund, was etwas verwundert, da er die unterschiedliche Herkunft des Paares anmerkte.

Vielmehr attribuieren Kommunikationspartner bestimmte Haltungen: „A speaker is said to be unfriendly, impertinent, rude, uncooperative, or to fail to understand. Interactants do not ordinarily notice that the listener may have failed to perceive a shift in rhythm or a change in pronunciation. Miscommunication of this type, in other words, is regarded as a social faux pas and leads to misjudgements of the speaker's intent; it is not likely to be identified as a mere linguistic[48] error" (1982a, S. 132). Hinter dieser Attribution liegt somit nicht immer eine bewußte ethnozentrische Einstellung. Die Interpretation ist eher implizit ethnozentrisch.

Da die Ausdrucksmerkmale denkbar subtil, indirekt und den Kommunikationspartnern unbewußt sind, stellte sich ihre empirische Analyse als besonderes *methodisches* Problem dar. Gumperz und seine Mitarbeiter/-innen verwandten sowohl erzählte Begebenheiten als auch Ton- oder Videoaufzeichnungen. Als Grundvoraussetzung nannte Gumperz, daß die Gespräche „constitute self-contained episodes, for which we have internal or ethnographic evidence of what the goals are in terms of which participants evaluate component utterances" (1982a, S. 134). Die Gespräche wurden im Wortlaut transkribiert, *„bringing in as much phonetic, prosodic and interactional detail as necessary, described in terms of the surface content and ethnographic background necessary to understand what is going on and, finally, analyzed interpretively both in terms of what is intended and what is perceived* (Herv. v. Verf.)" (1982a, S. 134).

Zur Verdeutlichung füge ich hier noch ein Beispiel ein: „In a taped elementary school classroom session, the teacher told a student to read. The student responded, 'I don't wanna read.' The teacher got annoyed and said, 'All right, then sit, down.'" (S. 147). Gumperz spielte dieses Tonband verschiedenen Gruppen vor und erhielt von den darauf Befragten zwei verschiedene Interpretationsrichtungen: 1) Das Kind ist unkooperativ. 2) Das Kind äußert sich indirekt; es meint, „Push me a little and I'll read. I can do it, but I need to know that you really want me to." Interessanterweise kam die erste Interpretation hauptsächlich von Anglo-Amerikanern, die zweite im allgemeinen von Afro-Amerikanern. Letztere begründeten ihre Interpretation mit dem Hinweis auf eine steigende Intonation am Ende der Äußerung; einige meinten, daß das Kind 'want' betont hätte, hätte es sich weigern wollen. Gumperz schloß: „The two possible intonation contours, then, seem to form a contrast set for blacks" (S. 147). Er führte ein weiteres Beispiel an zur Unterstützung dieser These (Bsp. 10, S. 147) sowie einige andere Beispiele, die ebenfalls Gesprächsweisen von Afro-Amerikanern betrafen (Beispiele 4, 5, 8, 9; siehe auch Kap. 9).

Bei der 'Befragungsmethode', mit der Gumperz seine Interpretationen abzusichern suchte, bezog er sich auf Charles Frakes 'elicitation techniques' (1969, zitiert nach Gumperz, 1982a). Einem 'Befragten', der z. B. eine be-

---

48 'Linguistic' ist auch hier wieder weit gefaßt.

stimmte Äußererung als Bitte interpretiert, werden eine Reihe von Fragen gestellt, für die Gumperz folgende Beispiel aufzählte:

> (a) What is it about the way A speaks that makes you think ...?; (b) Can you repeat it just about the way he said it? (c) What is another way of saying it?; (d) Is it possible that he merely wanted to ask a question?; (e) How would he have said it if he ...?; (f) How did the answerer interpret what A said?; (g) How can you tell that the answerer interpreted it that way? (1982a, S. 137)

Ziel dieser Methode ist es, Hypothesen zu entwickeln über die verarbeiteten 'cues' und die paradigmatische Bandbreite der Alternativen, die den Bewertungen zugrundeliegen. Aufgrund wiederholter Analysen können auch spezifischere Befragungen unternommen werden, z. B. für spezifische Situationstypen. Hauptziel aller dieser methodischen Schritte ist „to relate interpretations to identifiable features of message form, to identify chains of inferences, not to judge the absolute truth value of particular assessments" (S. 137)[49].

Gumperz wies daraufhin, daß 'native discourse conventions' z. B: von englischsprachigen Sprechern indischer Herkunft (erster oder auch zweiter Generation) zu Mißverständnissen mit amerikanischen oder britischen Englischsprechenden führten (z. B. 1982a, Kap. 8). Wie bereits bemerkt, sind sich die meisten Menschen dieser Konventionen (manche davon sind wohl auch Muster) nicht bewußt; sie sprechen infolgedessen auch kaum darüber. Dadurch wird verhindert, daß Sprecher mit unterschiedlichen Gesprächsstilen sich über ihre Verschiedenheit austauschen können. Gumperz bemerkte, „(i)n this way casual intergroup contacts may reinforce distance and maintain separateness unless stronger outside forces intervene to create the conditions that make intensive interaction possible" (1982a, S. 152). (Was Gumperz hier beschreibt, scheint mir auch für 'Subgruppen' innerhalb einer sozialen Gruppe, wie z. B. Studentinnen und Studenten, zu gelten. Dort unterscheiden sich bestimmte 'Cliquen' ebenfalls durch Gesprächsstile oder Weisen des 'Sich-gebens.')

2.2.5.2. Conversational inference

Gumperz beschrieb 'conversational inference' als „... the situated or context-bound process of interpretation, by means of which participants in an exchange assess others' interpretations, and on which they base their responses" (1982a, S. 153); oder: „conversational inference is part of the very act of conversing. One indirectly or implicitely indicates how an utterance is to be interpreted and

---

49 Abgesehen von den hier zitierten Stellen finden sich andere Methoden von Gumperz' Analysen nicht in einem eigens gewidmeten Aufsatz oder Kapitel. Sie werden meist mit den jeweiligen Studien oder Theoriebeiträgen 'mitgeliefert', was sowohl die Darstellung als auch eine Bewertung etwas erschwert.; vgl. z. B. Gumperz (1982a, S. 139-140); Gumperz und Cook-Gumperz (1982, S. 8, 9, 14f).

illustrates how one has interpreted another's utterance through verbal and non-verbal responses ... " (S. 154).

Gumperz versuchte aufzuzeigen, wie mit Hilfe einer „more comprehensive theory of conversational inference" (1982a, S. 161) die Grenzen der oben dargestellten drei Traditionen - EdK, DA, KA - überwunden werden können, ohne jedoch auf die von diesen Ansätzen erbrachten Einsichten verzichten zu müssen. Wiederum griff er dabei auf verschiedene Analysebeispiele zurück, um den Prozess der 'conversational inference' zu verdeutlichen. Die Beispiele 1, 2 und 3 (S. 161-164) dienten Gumperz dazu, drei wesentliche Merkmale über den 'Inferenz'-Prozeß festzuhalten. Alle drei Beispiele darzustellen, nähme hier zu viel Raum ein. Doch fasse ich die an ihnen verdeutlichten Aussagen zusammen und stelle hier nur Beispiel 3 dar.

In der Interpretation seines ersten Beispiels ging es Gumperz darum, zu zeigen, daß „... suprasegmental features add expressive overtones to basic meanings conveyed in by core linguistic processes, ... The incident provides evidence for our claim that prosody is essential to conversational inference" (1982a, S. 162). Hier wird deutlich, daß es Gumperz nicht um das abstrakte Regelsystem 'Sprache' ging, sondern um Sprechen als Tätigkeit.

Mit seinem zweiten Beispiel schloß Gumperz: „Signalling of frame by a single speaker is not enough. All participants must be able to fit individual contribution into some overall theme roughly corresponding to a culturally identifiable activity, or a combination of themes and agree on relevant behavioral norms. They must recognize and explicitly or implicitly conform to others' expectations and show that they can participate in shifts in focus by building on others' signals in making their own contributions" (1982a, S. 163). Gumperz' Schilderung des Interaktionsprozesses im Gespräch erinnert an die von Geißner (1981/1988) formulierte 'Korreflexivität' von miteinander Sprechenden. Demnach geht es auch bei Gumperz nicht nur um das Sprechen als abstrakte Tätigkeit, sondern um den zwischen Menschen sich reziprok vollziehenden Prozeß des Miteinandersprechens.

Beispiel 3 stellt folgendes Gespräch dar:

> The incident was observed at a luncheon counter, where the waitress behind the counter was talking with a friend seated at the counter:
> Friend: I called Joe last night.
> Waitress: You did? Well, what did he say?
> Friend: Well, hi!
> Waitress: Oh yeah? What else did he say?
> Friend: Well he asked me out of course.
> Waitress: Far out! (1982a, S. 164)

Gumperz' Interpretation zu Beispiel 3 zeigte: Als Angesprochene muß die Bedienung über „socio-cultural schemata about dating situations" verfügen; sie muß außerdem erkennen, daß die erste Äußerung ihrer Freundin nicht eine abgeschlossene Äußerung bildet, die für sich steht, sondern daß sie „actually the lead-in for a story that she is expected to help elicit" (1982a, S. 164) darstellt. Retrospektiv könnte man dieses Beispiel als ein persönliche Erzählung beschreiben. Doch hätte die Zuhörerin nicht vorweggenommen, daß ein Erzählen beabsichtigt war, hätte sie vielleicht nicht zugehört und in der gleichen Weise nachgefragt. Hier wird nun auch das sozio-kulturell spezifische Wissen von möglichen Gesprächs*formen* und der mit ihnen verbundenen Sprech- und Verstehensweisen relevant.

Bei der Erklärung des Verhaltens der Zuhörerin spielten für Gumperz kognitive Konzepte, wie z. B. 'Schema', eine wichtige Rolle. Gleichzeitig distanzierte er sich aber von der „psycholinguistic notion of individual's relying on their own personal knowledge of the world to make sense of talk in context ... (as) oversimplification which does not account for the very real interactive constraints that govern everyday verbal behavior" (1982a, S. 164).

Somit bezog Gumperz 'Schemata' nicht nur auf 'Wissen über die physische Welt': „In fact I would argue that a cognitive approach to discourse must build on interaction. It must account for the fact that what is relevant background knowledge changes as the interaction progresses, that interpretations are multiply embedded and that, as Goffman (1974) has shown, several quite different interactions are often carried on at the same time" (1982a, S. 165-166)

An dieser Stelle verwies Gumperz auf Michael Agar (1975, zitiert nach Gumperz) und Charles Frake (1972/1986), deren Verständnis von Sprechereignis sich an den kommunikativen Zielen der Sprechenden orientierte (vgl. auch Agar, 1980). Gumperz wählte hier den Begriff der „speech activities" (mit Bezug auf Levinson, 1978 zitiert nach Gumperz, S. 166; siehe auch S. 131). Unter 'speech activity' verstand Gumperz ein „set of social relationships enacted about a set of schemata in relation to some communicatve goal". Wichtig scheint mir, daß Gumperz hier versuchte, sich zu unterscheiden von der EdK, die bei der Behandlung der Sprechereignisse eher die abstrakte 'native terminology' in den Vordergrund stellt als die jeweiligen Bedeutungen der miteinander Sprechenden in konkreten Sprechvollzügen. „... event labels often do not characterize what is acutally intended ... " (1982a, S. 165).

Gumperz faßte die Merkmale von 'conversational inference' wie folgt zusammen: 1) Wahrnehmen der contextualization cues; 2) diese in Bezug setzen zu anderen Äußerungskanälen; 3) Interpretation bedarf zunächst einer Einschätzung der Erwartung und dann der Suche nach einer Interpretation, die Sinn macht aus dem Wahrgenommenen mit Hilfe vergangener Erfahrungen. Dabei gilt dennoch: „We can never be certain of the ultimate meaning of any message, but by looking at systematic patterns in the relationship of perception of surface cues to interpretation, we can gather strong evidence for the social basis of contextualization conventions and for the signalling of communicative goals. (1982a, S. 170).

2.2.6. Abschließende Überlegungen

2.2.6.1. Gumperz' Beitrag zu einer Ethnohermeneutik des Sprechens

In Anbetracht der ausführlichen Widmung der Verstehensprozesse in Gesprächen, könnte man fragen, ob Gumperz' Ansatz nicht bereits selbst eine eigene Hermeneutik darstellt. Sicherlich entwickelte Gumperz keine Hermeneutik im Sinne einer expliziten Verstehenstheorie, die in einer philosophischen oder philologischen Tradition steht. Jedoch führte ihn die Verbindung und Weiterentwicklung verschiedener -wie er sie nannte- 'kontextbetonender' Ansätze zu einer Kommunikationstheorie von Seiten des Verstehens bzw. der Verstehenden. Aus dieser Perspektive beschrieb Gumperz die Funktionen von Kontextualisierungshinweisen und die damit zusammenhängenden Prozesse der Gesprächsinferenz.

Daß Prozesse des Sprechens und Verstehens nur „verschiedene Wirkungsweisen der nämlichen Sprachkraft" sind, äußerte bereits Humboldt (1963, S. 430). Auch Schleiermacher (1838/1990, siehe Kap. 3.2) beschrieb Reden und Verstehen als reziproke Prozesse und definierte so die Beziehung von Rhetorik und Hermeneutik. Wenn Gumperz sich auch nicht auf diese Traditionen bezog und die spezifische Beziehung von Rhetorik und Hermeneutik oder von Sprechen und Verstehen nicht explizierte, so findet sie sich dennoch in der Beziehung von Kontextualisierungshinweisen zur Gesprächsinferenz wieder. Diese wie auch die daraus abgeleiteten Interpretationsmethoden sind zwar noch keine Ethnohermeneutik in dem hier zu entwickelnden Sinn, doch sie sind wertvolle Beiträge auf dem Weg hin zu einer Ethnohermeneutik des Sprechens.

2.2.6.2. Zum Kulturbegriff bei Gumperz

Zu dem Streit um den Kulturbegriff (kognitive vs. symbolische Anthropologie) äußerte sich Gumperz nicht direkt. Gumperz bezog sich wie auch Hymes, auf die Ethnosemantik; ebenso rezipierte er auch aus der Psycholinguistik und der Forschung zur künstlichen Intelligenz. Dennoch distanzierte er sich von einem kognitivistischen Modell (Gumperz, 1982a, S. 165). Seine Anlehnung an Goffmans Arbeiten zur sozialen Identität lassen seinen Ansatz über ein rein kognitives Modell von Kultur oder Kommunikation hinausgehen (vgl. z. B. S. 166, s.o.).

Ansonsten scheint der Kulturbegriff für die Arbeiten von Gumperz eine etwas andere Rolle gehabt zu haben als für die traditionelle EdK. Zwar war auch Gumperz sich der Problematik des Kulturbegriffes bewußt, doch er untersuchte Gespräche mit Sprechern unterschiedlicher Herkunft. Dabei hatte er es mit Mustern zu tun, die nicht aus der unmittelbaren Sprechergemeinschaft herrührten (wie in der traditionellen EdK). D. h., es gab Sprecher, die sich in ihren Sprech- und Gesprächsweisen nicht völlig (wenn auch teilweise) der 'dominanten' Sprechkultur angepaßt hatten und bestimmte Stilelemente aus Sprechweisen anderer Sprechgemeinschaften in ihr aktuelles Sprechen übertrugen. Gumperz wandte sich also notwendigerweise dem Zusammenhang von 'Sprache und sozialer Identität' zu (1982b): „*social identity and ethnicity are in large part established and maintained through language* (Hervorhebung v. Verf.)" (S. 7). Versteht man 'language' hier als Kommunikation, dann zeigt sich Gumperz' Kulturverständnis als eines, das *Kultur als kommunikativ konstitutiert* begreift.

Bereits in seiner Forschung zum code-switching spielte der Zusammenhang von Sprache und sozialer Identität eine bedeutende Rolle (vgl. Blom & Gumperz 1972/1986); für Gumperz hat „an individual's choice of speech style ... symbolic value and interpretive consequences that cannot be explained simply by correlating the incidence of linguistic variants with independently determined social and contextual categories" (1982a, S. VII).

Aufgrund seines Forschungsmaterials wird Gumperz häufig der interkulturellen Kommunikationsforschung zugeordnet. Seine Beispiele sind jedoch nicht ausschließlich Gespräche zwischen Teilnehmern kulturell oder (in seinem Sinne) ethnisch verschiedener Herkunft (vgl. Kap. 6, Bspe. 2, 3; Kap. 7, Bspe, 1, 2, 3). Die Prozesse, die Gumperz anhand interethnischer/-kultureller Kommunikation aufzeigte und deren Gültigkeit er im Kontext der Soziolinguistik postulierte, liegen prinzipiell aller Kommunikation zu Grunde:

> „I believe that *understanding presupposes conversational involvement*. A *general theory of discourse strategies* must therefore begin by specifying the linguistic and socio-cultural knowledge that needs to be shared if conversational involvement is to be maintained, and then go on to deal with what it is about the *nature of conversation inference that makes for cultural, subcultural and situation specificity of interpretation* (Hervorhebungen v. Verf.)." (1982a, S. 2-3)

2.2.6.3. Gumperz' Theorie der Diskursstrategien und Geißners Sprechwissenschaft

Vergleicht man Gumperz' Ansatz mit Geißners Theorie der mündlichen Kommunikation (1981/1988) finden sich viele Parallelen, die jedoch hier nicht im einzelnen benannt werden können. John Gumperz' Schwerpunkt auf Kommunikationsstrukturen und seine methodische Orientierung auf Mikroanalysen sprecherischer Stile in Gespräch und Rede bringen seinen Ansatz in besondere Nähe zu sprechwissenschaftlichen Ansätzen der Gesprächs- und Redeanalyse

(Geißner, 1969, 1985; Kirst, 1981, Pawlowski, 1986, Slembek, 1982)[50]. (Dazu trägt auch bei, daß er als einer der wenigen Forscher auf diesem Gebiet nicht nur die Bedeutung der Prosodie für Hörverstehen und Sinnkonstitution anerkannte, sondern daß er diesem ein eigenes Kapitel widmete (1982a, Kap. 5).

Ein bedeutender Unterschied zur Sprechwissenschaft liegt im Gegenstandsbereich. Sprechwissenschaft nach Geißner (1981/1988) ist eine allgemeine Theorie mündlicher Kommunikation. Geißner ging es dort um die generelle Situationsabhängigkeit kommunikativer Prozesse und die prinzipiell unaufhebbare dialogische Differenz zwischen Kommunikationspartnern. Gumperz versuchte eine „more general theory of what accounts for both shared and culturally specific aspects of interpretative processes" (S. 164) zu entwickeln. Er fand in interkulturellen Gesprächen in verstärkter Form Phänomene, die auch in Kommunikationssitutionen auftreten, in denen die Teilnehmer weniger heterogen sind. Mißverstehen gehört zur Kommunikation, wenn Kommunikationsbiografien nicht identisch sind. Die „dialogische Differenz" (Geißner, 1981/1988, S. 41) ist generell unaufhebbar, auch wenn sie eine zusätzliche Dimension durch verschiedene kulturelle Hintergründe bekommt. Gumperz hingegen verstand situationspezifsch eher auf einer 'subkulturellen' Folie (Gumperz, 1982a, S. 132) und hob weniger die personenspezifische als die soziokulturelle Kommunikationsbiografie hervor. Sein Ansatz bietet Erklärungsansätze für die Mißverständnisse, die vorwiegend auf (sozio-)kulturell bedingte Kommunikationsmuster rückführbar sind[51] [52].

Trotz der Relevanz dieses Ansatzes für Kommunikationstheorie im allgemeinen entwickelte Gumperz keine eigenständige und umfassende Kommunikationstheorie. Gumperz' Ansatz müßte erweitert durch oder integriert werden in eine allgemeine Kommunikationstheorie, innerhalb derer Kultur in ihrer spezifischen Wirkung auf kommunikative (und das heißt auch: interpretative) Prozesse eigens betrachtet wird.

---

[50] Da viele Studien innerhalb des Gumperz'schen Ansatzes sich mit Prozessen rhetorischer Kommunikation befassen (nicht nur Rede), und seine Interpretationsmethoden Verstehensweisen miteinbeziehen, sind die Arbeiten innerhalb des Gumperz'schen Ansatzes auch wichtige Beiträge zur Entwicklung einer Ethnorhetorik.

[51] Wenn interkulturelle Kommunikation zwischen Muttersprachlern und Zweitsprachlern untersucht wird (z. B. Deutschen und Türkischen 'Gastarbeitern' erster oder zweiter Generation), so bringt dies linguistisch andere Probleme mit sich als die Kommunikation zwischen Muttersprachlern unterschiedlicher ethnischer oder kultureller Herkunft, wie bei den meisten Untersuchungen von Gumperz (siehe Hinnenkamp, 1989).

[52] Eine Weiterführung der Gumperz'schen DA ist auch in Deutschland zu finden, z. B. Günthner & Kotthoff (1991); Günthner & Kotthoff (1992).

3. SPRECHWISSENSCHAFTLICHE PERSPEKTIVEN

3.1. Gerry Philipsens 'Cultural Communication Perspective'[1]

Innerhalb der amerikanischen Sprechwissenschaft gibt es eine Forschungsrichtung, die die Hymes'sche EdK als Grundlage für ihre sprechwissenschaftliche Forschung und Theoriebildung nimmt. Hauptsächliche Vertreter dieses Forschungsansatzes sind Gerry Philipsen (1972; 1975/1990; 1986; 1987; 1989a; 1992b) und seine Schüler Tamar Katriel (1986; 1990) und Donal Carbaugh (1987; 1990a, b; 1993a, b)[2].

Meine Absicht hier ist es, den sprechwissenschaftlichen Ansatz von Philipsen in seinen Grundzügen darzustellen[3]. Dabei möchte ich herausarbeiten, welche Anknüpfungspunkte gegeben sind für die Entwicklung einer Ethnohermeneutik des Sprechens.

3.1.1. 'An ethnographic approach to communication studies'

Philipsen übertrug den Hymes'schen Ansatz der EdK auf sprechwissenschaftliche Forschung zur Kommunikation in verschiedenen Sprechgemeinschaften[4]. Er sah in diesem Unterfangen kein spezielles Anwendungsgebiet, sondern erhoffte sich von dem ethnografischen Ansatz auch die empirische Basis für allgemeine sprechwissenschaftliche Theoriebildung (Philipsen, 1987, 1989a, b, c, 1992a, b).

Die von Philipsen und seinen Schüler/innen untersuchten Sprechgemeinschaften (1975/1990, 1986; Katriel & Philipsen, 1981) sind weniger traditionelle Gemeinschaften (wie z. B. indianische Gemeinschaften im heutigen Nord-

---

1 Diese Bezeichnung stammt von Ting-Toomey (1984). Auch Carbaugh (1990) bezeichnete seinen Sammelband im Titel mit 'cultural communication'. Dies scheint mir kein ganz eindeutiger Begriff zu sein. Einerseits wird er als eine bestimmte Kommunikations*funktion* verstanden (Philipsen, 1987, S. 249; scheinbar austauschbar mit 'communal function,' 1989b, S. 79). Andererseits zeigte Philipsen mit Verweis auf Ong auch sein Interesse an dem 'sozialen' 'Wesen' von Kommunikation, an der generellen Spannung zwischen Gemeinschaft - Individuum, zwischen Ordnung und Kreation. (vgl. auch Geißner, 1992-1993).

2 Leeds-Hurwitz (1990) bezeichnete die Gruppe um Gerry Philipsen als die „dritte" Generation in der Forschungstradition der Ethnografie des Sprechens.

3 Dabei beziehe ich mich nur auf seine eigenen Arbeiten und Ausführungen; die Arbeiten seiner Schülerinnen und Schüler darzustellen ist lohnend, doch sie bedürften den Rahmen einer eigenen Arbeit.

4 Siehe auch Prosser (1978).

oder Südamerika), sondern 'moderne' Gemeinschaften innerhalb komplexer urbaner Gesellschaften, Kulturgruppen wie die Sabras in Israel, oder 'Nacirema' (amerikanische Mainstreamkultur)[5]. In bezug auf die untersuchten Sprechgemeinschaften ähnelt die 'Cultural Communication Perspective' (CCP) der Gumperz'schen interaktionalen Soziolinguistik. Im Unterschied dazu befaßt sich CCP primär mit 'intra'kulturellen Kommunikationsprozessen[6].

Philipsen betonte immer wieder, daß kulturelle Kommunikationsforschung notwendige Vorraussetzung ist für angemessene Untersuchung und Interpretation interkultureller Kommunikationsprozesse[7]. Daß kulturelle Kommunikationsforschung nicht so leicht von interkultureller Forschung zu trennen ist, stellte Philipsen (1976) in einem seiner frühen Aufsätze selbst heraus, dort beschrieb er seine ethnografische Forschung als interkulturelle Kommunikation. Auch traditionelle Studien zur EdK reflektierten häufig die Konsequenzen bestimmter kultureller Sprechweisen für interkulturelle Kommunikationsprozesse (Leeds-Hurwitz, 1990).

Wie bereits dargestellt, stammen Forschungen zur EdK üblicherweise aus Disziplinen wie Anthropologie, Linguistik oder Volkskunde. Die theoretischen und methodologischen Wurzeln der CCP liegen somit auch zum großen Teil in diesen Disziplinen. Philipsen selbst verbindet diese Traditionen theoretisch und methodisch vor allem mit rhetorischen Theorien (1972, 1986, 1992a, b) und mit KA, vor allem Moerman (1988).

3.1.1.1. Zum Kommunikationsbegriff

Philipsens ethnografischer Ansatz basiert auf der Grundannahme, daß „the efficacious resources for creating shared meaning and motivating coordinated action vary across social groups[8]" (1989a, S. 258). Er expliziert dieses 'axiom of particularity' anhand von vier Teilannahmen:

1. 'communicative meaning,'
2. 'coordinated action,'

---

[5] Carbaugh (1987) untersuchte 'Nacirema' auch massenmedial anhand der Untersuchung einer Talkshow.

[6] Carbaugh (1990, 1993a, b) sind jedoch explizite Anfänge, 'cultural communication'-Theorie und -Forschung auf interkulturelle Prozesse zu beziehen; wie es z.T. auch schon vorher erfolgte (Katriel, 1986). Siehe auch Leeds-Hurwitz (1990) Vorschlag, EdK und CCP als Grundlage für interkulturelle Kommunikationsforschung zu nehmen.

[7] Ich möchte nochmals daran erinnern, daß man in Anbetracht eines dynamischen und pluralen Kulturbegriffs kaum mehr von 'intra'kultureller Kommunikation sprechen kann; es gibt graduelle Unterschiede, doch die Frage, wann und wie diese zu qualitativen werden ist ungeklärt.

[8] Dies scheint eine Parallele zu Geißners Kommunikations'definition' als reziproke Handlung, die Sinn schafft und Handlungen auslöst.

3. ‘particularity in meaning and action’ und
4. ‘cultural particularity.’

Diese vier Komponenten erklären Philipsens *Kommunikationsverständnis*.

Zu 1. ‘communicative meaning’

Diese Annahme geht davon aus, daß „interlocutors establish, through their actions and interpretations of actions, a sense of shared meaning, such that interlocutors *orient to* each other and each other’s acts *as if they expressed a common sense*“ (1989a, S. 258). Hiermit ist nicht unterstellt, daß das Gemeinte immer verstanden wird, noch „that exact correspondence is ever achieved - the assumption is mute on those points“ (S. 259). Es wird jedoch angenommen, daß es Miteinandersprechenden, zumindest gelegentlich, gelingt, gemeinsamen Sinn zu schaffen.

Zu 2. ‘coordinated action’

Philipsen deutete damit auf die implizite ‘Ordnung’ des Miteinandersprechens. Miteinandersprechende stehen vor einer Vielfalt von Handlungsmöglichkeiten: reden oder schweigen, formaler oder informeller Sprechstil, eröffnen oder schließen von Gesprächs(einheiten) oder Gesprächen. Diese „accomplishments are not random but reflect intentional action on the part of the interlocutors“ (1989a, S. 259). Auch diese Annahme impliziert nicht, daß jegliche soziale Handlung in dieser Weise ‘koordiniert’ ist, sondern prinzipiell koordinierbar.

Zu 3. ‘particularity in meaning and action’

Hier geht es darum, daß der jeweils geschaffene Sinn (meaning) und die jeweils vollzogenen Muster „vary across particular communities“ ... . It says that to participate in the spoken life of, for example the Teamstervillers (siehe unten) ... is, in each case, to live in a world of meaning and action that is substantively different from the others“ (1989a, S. 260). Gemeinsam geschaffener Sinn und die jeweils vollzogenen Muster sind „culture-specific“ (S. 260).

Zu 4. ‘cultural particularity’

Philipsens vierte Annahme, *‘cultural particularity’*, scheint mir die für seinen Ansatz spezifischste. Sie stellt „the basis for explaining the facts referred to in assumptions one through three, in that it points to *one class of resources* available for sense-making and social coordination, that is, to *cultural meanings and cultural rules* (1989a, S. 260).

In den oben genannten Annahmen zur *Partikularität und Systematizität* von Kommunikation sah Philipsen auch die Möglichkeit ihrer systematischen Untersuchung begründet.

Wie auch die EdK ist die CCP primär an ethnographischen Untersuchungen von Sprechgemeinschaften interessiert. Aus seinem 'Partikularitätsaxiom' leitete Philipsen drei zentrale Problemfelder für Kommunikationsforschung ab:

> (1) developing a discovery model (descriptive framework) for understanding distinctive systems of communicative resources,
> (2) delineating the nature and scope of cultural variation in communicative conduct,
> (3) acertaining relationship(s) between culture and communication conduct (1989a, S. 260)

Zu (1): Als deskriptives Modell dient Philipsen Dell Hymes' ethnography of speaking. Die Arbeiten, die diesem Modell innerhalb der Sprechwissenschaft nachgingen, befaßten sich soweit hauptsächlich mit „experimenting with and testing, in practices, methods and formats for discoverng and stating cultural rules and meanings (Philipsen, 1972, 1975, 1986), Carbaugh (1987), Katriel (1986), Katriel & Philipsen (1981).

Zu (2): Dieser Punkt bezieht sich hier auf die Spanne zwischen universalen Thesen zum Kommunikationsverhalten, wie z. B. Sprechakttheorie (Searle, 1976), Brown & Levinson (1978), oder Schegloff (1972). Ethnografische Untersuchungen haben diese universalistischen Thesen bisher nicht widerlegen können, doch sie warfen ernstzunehmende Zweifel auf. Einige Beispiele:

Rosaldo (1982) zeigte in ihrer Untersuchung zu Sprechakten bei den Ilongot Grenzen des Searle'schen Klassifikationsschemas auf. Bassos (1970) Untersuchungen zum Schweigen bei Apachen konnte eine aus der 'Uncertainty reduction' Theorie kommende Hypothese nicht bestätigen. Philipsens Teamsterville-Studien (1975/1990, 1976) beschrieben eine Gemeinschaft, deren kulturelle Normen im Widerspruch stehen zu dem in den USA dominierenden 'Individuums'begriff. Katriel (1986) schrieb eine Arbeit über 'dugri', einer in Israel praktizierten und geschätzten Sprechweise (vereinfachend übersetzt: 'geradeheraus' sprechen), welche die Universalität von Brown und Levinsons 'politeness'-theory (1976), ernsthaft in Frage stellt.

Philipsen war jedoch nicht der Meinung, daß die Aufgabe der ethnografischen Empirie darin bestünde, Universalthesen zu widerlegen. Vielmehr forderte er den Dialog zwischen beiden:

> One of the most promising areas of communication research in the immediate future should be the examination of universalist theses in the light of cross-cultural data as well as the focusing of cross-cultural studies in the terms of universality

> theses. The fruit of such inquiry should be a more precise specification ... of the nature and scope of cultural variation in communication. Such a specification ... could prove invaluable to the development of communication theory (1989a, S. 263)

Zu (3): Das Verhältnis von Kultur und Kommunikation behandelte Philipsen zunächst von einer *norm*-geleiteten, dann von einer *kultur*-geleiteten Perspektive. Zusammenfassend geht es bei der Normperspektive, der „'normative force' thesis" (1989a, S. 263), hauptsächlich um die Frage, inwieweit Verhalten und Handeln regelgeleitet sind, und welchen Grad an Determiniertheit oder Voraussagekraft diese Regeln oder Normen für das jeweilige Handeln haben. Philipsen zog deterministischen Norm-Ansätzen abgewandelte Alternativen vor (vgl. Bilmes, 1976).

Vor allem ging es Philipsen um die Abhängigkeit sowohl der Kognition als der Kommunikation von Kultursystemen. Umstritten ist hierbei der Grad der Determiniertheit. Philipsen gab hier - aufgrund der empirischen Arbeiten der letzten 25 Jahren - der abgeschwächten Sapir-Whorf-These den Vorzug (1989a, S. 264).

3.1.1.2. Zum Kulturbegriff

Was Philipsen hier nicht behandelte, ist die Frage, was er unter 'Kultur' versteht. Er verwies üblicherweise auf Geertz' (1973) symbolischen Kulturbegriff (vgl. Philipsen, 1992b). Dabei ging er jedoch nie explizit auf die von Geertz vorgebrachten Angriffe gegen den kognitiven Kulturbegriff bei Goodenough ein. (Auch Hymes (Kap. 2.1.) hatte sich meines Wissens nach hierzu nicht geäußert.) Neben seiner Anlehnung an Geertz faßte Philipsen (1987) drei Kulturmetaphern zusammen: Kultur als *Code*, Kultur als *Gespräch*, Kultur als *Gemeinschaft*.

Die erste Perspektive deckt sich mit dem kognitiven Ansatz, der Kultur begreift als abstraktes System von Werten, Normen, meist idealtypisch: „(c)ulture as code emphasizes the fixed and the ordered and focuses on the system of cognitive and moral constraints represented in a world view or value system" (Philipsen, 1987, S. 249). Die zweite Perspektive, Kultur als 'conversation', lehnt sich an Geertz' symbolischen Kulturbegriff (Geertz, 1973) oder Schneider (1968/1980) an. Philipsen sah 'code' als Quelle für Ordnung und als Gegenbewegung dazu „lived conversation ... (as) source of dynamism and creativity of culture" (S. 249). Conversation scheint sich hier jedoch nicht auf den Vollzug des Miteinandersprechens zu beziehen, sondern „emphasizes a *patterned representation* (Hervorhebung v. Verf.) of a people's lived experience ..." Und hier, in Philipsens Beschreibung dieser zweiten Perspektive, so scheint mir, liegt genau die Crux! Einerseits ist Kultur 'conversation', also vollziehende (vollzogen werdende) 'lived conversation'. Als diese wäre sie auch 'Gegenbewegung' zur Ordnung der 'codes'. Andererseits wird 'culture as conversation' mit 'patterned' auch zum Abstraktum: „Codes and conversations are abstractions ..." (S. 249). Dann ist zu fragen: wie verhalten sich die Abstraktionen von 'code' und 'conversation' zueinander und zum Vollzug des Sprechhandelns?

Philipsen sah in code und conversation Abstraktionen „which, ultimately, can only be made from or applied to particular, nameable contexts, as part of and in part constitutive of a community" (1987, S. 249). Diese Einbettung in bzw. Konstituierung von Gemeinschaften bezeichnet die dritte Perspektive, 'culture as community'. Unter Gemeinschaften verstand Philipsen „concrete settings and scenes, where codes are learned and where the communal conversation is played out" (S. 249).

Philipsen sprach die Kontroverse zwischen kognitivem und symbolischem Kulturbegriff nicht direkt an. Er nahm die verschiedenen - von ihm auch anders benannten - Perspektiven zusammen, ohne jedoch ihre Beziehung zu einander zu klären. Was Philipsen wahrscheinlich mit den drei Kulturmetaphern deutlich machen wollte, ist das Zusammenwirken von Kommunikationsprozessen, Zugehörigkeit zu einer Gemeinschaft und kulturellen Werten, 'Regeln' und 'Normen'. In diesem Kontext steht auch Philipsens Konzept von „cultural communication" bzw. von der „communal function of communication" (1987, S. 249; 1989c).

3.1.2. Die 'communal' (Gemeinschafts-)Funktion von Kommunikation

Die kulturelle oder gemeinschaftliche Funktion besteht darin

> to maintain a healthy balance between the forces of individualism and community .... This function is performed through two subprocesses of cultural communication, (1) the creation and (2) the affirmation of shared identity. Thus, *cultural communication is the process by which a code is realized and negotiated in a communal conversation*" (1987, S. 249)

Mit Bezug auf Eastmans Konzept von „communal identity as the achievement of 'subjective social identity and community membership'„ (1985, zitiert nach Philipsen, 1989c, S. 79), definierte Philipsen diese auch als „cultural function of communication," *in der Kommunikation der Schaffung, Bestätigung und Aushandlung geteilter Identität dient*, „as a means for linking individuals into communities of shared identity" (1989c, S. 79). Gemeinschaftliche Kommunikation bezieht sich somit vorwiegend auf kommunikative Formen, durch die sich ein ('individueller') Mensch als Mitglied einer sozialen Gruppe identifiziert.

Unter der ethnografischen Voraussetzung, daß Sprechfunktionen über Sprechgemeinschaften hinweg variieren, fragte Philipsen „What can be learned about the communal function of speech by studying it in diverse communities?" (1989c, S. 80) und faßte Untersuchungen verschiedener Autoren über die communal function in verschiedenen Sprechgemeinschaften zusammen. Für seine eigenen Untersuchungen in Teamsterville nannte er vier hauptsächliche Muster, von denen ich eines im folgenden beispielhaft darstelle:

3.1.2.1. 'Speaking like a man in Teamsterville'

Philipsen beschrieb in „Speaking like a man in Teamsterville" (1975/1990) eine Nachbarschaft in Chicago mit dem fiktiven Namen 'Teamsterville.' Er selbst hatte dort 21 Monate lang als Jugendgruppenarbeiter und Direktor eines Jugendgruppenprogramms gearbeitet und kam, nach 12 monatiger Abwesenheit, noch einmal 9 Monate ausschließlich zur Feldforschung zurück[9]. Philipsen beschrieb anhand mehrerer Episoden einige teamstervill'sche Grundeinstellungen zum Sprechen in bestimmten, meist öffentlichen, Situationen. Sein Fokus ist die Bedeutung von angemessenem Sprechverhalten für die Rolle des Mannes. In manchen Situationen wird das Sprechen, auch das ausgiebige, erwartet und eindeutig geschätzt, in anderen wird es als unangemessen gesehen und weckt Zweifel an der Haltung des Sprechers. Für Philipsen ergaben sich aus seinen Studien drei hauptsächliche (öffentliche) Situationen, die dem Sprechen unterschiedliche Wertung und Bedeutung gaben.

1. Männer reden viel

In Gesprächen mit Gleichen (bzgl. Alter, Geschlecht, Ethnizität, Beschäftigungsstatus und Wohnort, Altbekannte), z. B: in der Stammkneipe, gehörte 'viel reden' zur angemessenen und normalen Verhaltensweise.

Unter 'Gleichen' gilt Sprechen als wirksam „because of the strength provided by the solidarity tie rather than the style or content of the message (S. 19).

2. Männer reden wenig

In asymmetrischen Beziehungen (z. B. Frauen, Kinder, Chefs, Fremde, Angehörige anderer Ethnien) ist 'viel reden' kaum üblich. Es sind keine Beziehungskontexte, in denen es oft zu Gesprächen kommt. Somit ist in Teamsterville ein Kriterium „for marking a 'speech situation' for men ... the social identity relationship of the interlocutors; in speech situations the relationship is symmetrical on relevant identity attributes, in non-speech situations the relationship is asymmetrical" (1990a, S. 13).

Eine zweite Gruppe von Situationen, in denen Männer relativ wenig reden, ist ebenfalls eine mit asymmetrisch zu einander stehenden Gesprächspartnern,

---

[9] In der Teamsterville-Publikation (1975/1990) schrieb Philipsen von den Erlebnissen eines 'non-native' Teamstervillers in den Funktionen, die er selbst inne hatte. Erst in den Reflections (1990b) wird eindeutiger, daß er derjenige war, mit dem die Teamstervillers 'aneinandergerieten.'

nämlich zwischen Teamstervillern, die sich an ihnen Übergeordnete wenden (müssen) zwecks sozialer, politischer oder finanzieller Unterstützung. An dieser Stelle spricht Philipsen von der „rhetoric of connections“ (S. 17). Hier sei nur soviel gesagt, daß eine Teamsterviller in der Regel versucht, öffentliche Entscheidungen mit Hilfe von Beziehungen zu bewirken. Dabei nimmt er interessanterweise nicht direkt Kontakt auf, sondern durch einen Vermittler. Dies erfolgt derart, daß der Vermittler nicht nur die Kontaktaufnahme bewirkt, sondern für den ‘Statusniederen’ das Anliegen einleitet bzw. vorträgt. Der Teamsterviller spricht hier nicht für sich selbst.

3. Männer sollen überhaupt nicht reden, sondern zuhauen

Er beschrieb mehrere Situationen, in denen ein Außenseiter die Rollenerwartung der Teamstervillers ‘erschüttert’. Die jeweiligen Darstellungen über Teamsterville-Normen und ways of speaking entstanden aus dem Konflikt zwischen Teamsterville-erwartungen bzgl. ‘männlicher’ Handlungen und Philipsens anders sozialisierten Handlungs- und Sprechmustern.

Der Jugendgruppenarbeiter fuhr mit einer Gruppe dreizehn- bis vierzehnjähriger Jungen nach Old Town, Chicago. Auf der Fahrt ging das Gespräch um die Ehrverteidigung von Frauen. Die Jungen fragten den Gruppenarbeiter: „What would you do if a guy insulted your wife?“ (S. 14). Er antwortete, daß er es nicht wüßte, es käme auf die Situation an. Die Jungen gaben sich damit nicht zufrieden und fragten weiter: „But you’d hit him, wouldn’t you?“. Daraufhin erklärte der Gruppenarbeiter, daß er es nicht genau sagen könne, er würde ihn wahrscheinlich nicht schlagen, sondern versuchen, mit ihm zu reden oder ihn auffordern wegzugehen. Die Jungen ließen nicht so leicht locker, wurden zunehmend nervöser und verärgert „to the point that their moving vehicle was shaking from the acitivity“; „(t)hey were, as I recorded it at the time, visibly agitated“ (S. 14). Interessanterweise, fingen die Jungen kurz danach an, sich zu beklagen, zu meckern, sie wollen nun doch nicht nach Chicago, sondern lieber wieder nach Hause. Wie dies? Philipsen bot folgende Erklärung an: Die Jungen sind üblicherweise sehr begeistert, nach Old Town (ein Vergnügungsstadtteil Chicagos) zu gehen, wobei sie sich immer auch etwas unwohl fühlten bei dem Gedanken an die Leute, die ihnen dort begegnen; „they freely verbalized their apprehensions of blacks, ‘hippies,’ and ‘potsmokers’“ (S. 14). Philipsen brachte diese Unsicherheit gegenüber fremden Menschengruppen in Zusammenhang mit der ‘Enttäuschung’ der Jungen über die Kampfbereitschaft ihres Begleiters: „When the boys learned through the discussion in the car, that their adult companion of the evening was not the kind of man who protects those dependent upon him in what is for Teamsterville the culturally prescribed way they became frightened“ (S. 14).

Eine andere Begebenheit ergab einen ähnlichen Aufschluß über teamster-vill'sche Normen von Sprechen bzw. Zuhauen. Der Direktor eines Jugendprogrammes (Philipsen) mußte sich mit männlichen Teenagern eines Teamsterviller Siedlungshauses befassen, die „undisciplined, rude, and defiant of authority“ (S. 14) waren; der Direktor ging die Angelegenheit in einer für ihn konstruktiv und verständnisvoll erscheinenden Weise an: „trying to reason with the boys, to involve them in decision-making, to understand their feelings etc.“ (S. 14). Diese Vorgehensweise, die sich in anderen Situationen als erfolgreich bewährt hatte, war es in Teamsterville nicht: „the boys became more rebellious and increasingly verbally abusive and disrespectful of adult staff members“ (S. 14).

Der Direktor löste allgemein Unverständnis aus mit seinen Kommunikationsversuchen. In Teamsterville ist es für einen Mann nicht nur unwirksam, mit Reden auf Kinder einzuwirken oder Macht auszuüben, sondern auch bedenklich für seinen Ruf. Wenn ein Mann den 'properly asymmetrical' Zustand einer Beziehung (zu Kindern, die Erwachsene in ihrer Autorität herausfordern, was wiederum kulturell bestimmt ist) wiederherstellen soll, bedarf er „the use of an effective cultural resource for that situation, and such an effective resource is physical fighting or nonverbal threat, not talk“ (S. 17).

Konfliktfähigkeit heißt für Teamstervillers (nach Philipsens Untersuchungen) nicht immer Gesprächsfähigkeit. Dies jedoch als depriviert abzuwerten, wäre eine schnelle und einfache Reduktion des Phänomens. Freilich dürfen die sozioökonomischen Bedingungen solcher Gemeinschaften und ihrer ways of speaking nicht außer acht gelassen werden. Die meisten Teamsterville-Männer haben z. B. in ihrem Berufsalltag kaum Tätigkeiten, die viel Kommunikation erforderten.

Mir scheint die von Philipsen dargestellte Differenzierung der Sprechnormen nicht nur eine bedeutende Arbeit in der Beschreibung subkultureller Unterschiede in der Bewertung von Sprechen, sondern auch eine erfolgreiche Demonstration des Zusammenhangs zwischen sozialen Rollen und Sprechrollen (Geißner, 1960; 1981/1988, S. 71 ff.).

3.1.3. Die Rolle der Ethnografie für Kommunikationsforschung

Eine vollständige Beantwortung dieser Frage bedürfte einer systematischen oder historischen Aufarbeitung der Ethnografie, was über den Rahmen dieser Arbeit hinausgeht. An dieser Stelle geht es mir lediglich um Philipsens Ethnografieverständnis als Grundlage sprechwissenschaftlicher Kommunikationsforschung.

Mittlerweile verwenden Sozialwissenschaftler unterschiedlicher Disziplinen Ethnografie als Forschungsmethode (insbesondere in angelsächsischen Ländern). Unter Ethnographie wird somit heute auch nicht mehr nur eine narrative Beschreibung anderer 'Kulturen' verstanden (wie anfänglich innerhalb der Anthropologie), sondern mit ihr wird auf eine ganze Bandbreite von Methoden und Forschungsfeldern (z. B. Ethnografie von Institutionen, Organisationen etc.; vgl. Schwandt, in Druck) verwiesen.

Für Philipsen ist Ethnografie keine Methode, die einem Gegenstand hinterherjagt, sondern „a method selected because of its appropriateness to a specified research agenda“ (1989a, S. 265). Er wählte ebenfalls ein eher breites Verständnis von Ethnografie:

> (e)thnography is not merely fieldwork, is not ethnomethodology ... , is not exclusively qualitative with no counting involved, is not necessarily interpretive[10], is not unfocused observation, and is not atheoretical. What, then, is it? I believe it is research that is *descriptive*, *cultural*, *focused*, *comparative* and *theoretical*. (1989a, S. 265)

Das zweite Merkmal (kulturell) und das fünfte Merkmal (theoretisch) scheinen mir in diesem Zusammenhang von besonderer Bedeutung. ‘Kulturell’ unterscheidet ethnografische Methoden von anderen. Philipsen stützte sich in der Zielbeschreibung von Ethnografie auf Clifford Geertz (1973): „getting to the heart of a people’s meanings, premises, and rules“ (1989a, S. 265)[11]. Übertragen auf den an Kommunikation interessierten Ethnografen bedeutet dies die Suche nach einem

> culturally distinctive pattern as it is rooted in a distinctive way of life ... . This *emphasis on culture* differentiates ethnography from ... all *qualitative fieldwork that is not explicitely and primarily devoted to the description of a culture* as a historically transmitted system of meanings and rules (Hervorhebung v. Verf.). (S. 265-266)

Philipsens fünftes Charakteristikum von Ethnografie betrifft eine häufig außer Acht gelassene Eigenschaft ethnografischer Arbeit: ihre theoretische, ethnologische Relevanz. Philipsen sieht die theoretische Bedeutung von Ethnografie auf zwei Ebenen: Zum einen ist sie „a generalized formulation of a local system; that is, any ethnography is a theory about a culture or a people’s ways of speaking;“ zum anderen zielen Ethnografien dahin, integriert zu werden in einen „body of comparative knowledge from which extralocal generalizations can be made“ (S. 266).

---

10 Philipsens ‘Interpretationsverständnis’ scheint eng gefaßt; auch sprach er davon, daß „*ethnography not just interpretation*“ (S. 267) sei; somit fällt für ihn ‘Erklären’ aus dem Verstehen heraus.

11 In diesen symbolisch-anthropologischen Kulturansätzen ist Kultur immer unmittelbar mit Sinn’haftigkeit’, Sinn’schaffung’, Sinn’rahmen’ verknüpft, sowie Sinn kulturspezifisch begriffen wird. Dieser Richtung geht es mehr um Sinn als vielen kognitiv-anthropologischen Ansätzen.

3.1.3.1. Ethnografie und Kritik

Für Philipsen sind beschreibende Ethnografie und Kritik zwei einander widersprechende Unternehmungen. Nach Philipsen impliziert Kritik 'urteilen'. Die primäre Aufgabe der Ethnografie besteht für ihn jedoch darin

> „to provide an understanding of a communicative practice or a system of such practices, with particular reference to the structure, function, and meaning of the practice... . The complexity, subtlety, and distinctiveness of communicative practices makes them difficult phenomena to describe and understand. To the extent that judgment aborts or precludes inquiry, it impedes reaching the goal of the maximum possible understanding." (1989b, S. 256).

Die Argumente aus der interpretativen kritischen Ethnografie, die daraufhinweisen, daß jegliche Beschreibung Interpretation sei, selbst der Kritik bedarf, als auch Stellungnahme impliziert bzw. fordert, wurden von Philipsen (1989b) nicht aufgegriffen. Sein Kritikverständnis scheint geprägt zu sein von dem der Rhetorischen Kritik, wobei die Verknüpfung Kritik und ungenaue Beschreibung keine notwendige ist und wohl auch nicht auf die Rhetorische Kritik im allgemeinen zutrifft. Schüler Philipsens wie Tamar Katriel und Donal Carbaugh nehmen bzgl. der kritischen Forschung einen etwas anderen Standpunkt ein. Leider ist noch keine der genannten Positionen ausgearbeitet genug, um sie ausführlicher darzustellen und evtl. mit den im folgenden dargestellten kritischen Hermeneutiken in Beziehung zu setzen.

3.1.4. Ethnografie und Konversationsanalyse[12]

In neueren Arbeiten beschäftigte sich Philipsen zunehmend auch mit KA (1990b). Die klassische KA beschäftigte sich zwar, wie oben beschrieben, nicht mit Kulturunterschieden, sondern untersucht Universalien. Jedoch beschrieb Michael Moermann mit „Talking culture" (1988; siehe auch 1972) eine (methodische) Verknüpfung von Ethnografie und KA. Für Philipsen war dies insofern interessant, als die KA den üblichen ethnografischen Methoden eine zusätzliche mikro-strukturelle Analyse beifügte, die bisherige ethnografische Verfahren ergänzt (Philipsen, 1990a, 1990b).

Der mir ins Auge springende Widerspruch zwischen interpretativer Ethnografie und Moermans teilweise naturwissenschaftlich orientierter KA (vgl. auch Streeck, 1990), wurde von Philipsen nicht thematisiert. Die Möglichkeiten einer Feinanalyse von Gesprächen bietet die traditionelle Ethnografie nicht. Doch die Arbeiten von John Gumperz u. a. untersuchten ebenfalls Mikrostrukturen von

---

12 Die ganze Breite des Zusammenhangs Ethnografie und KA hier zu behandeln, überstiege den Rahmen der gegenwärtigen Arbeit, zudem dies einer grundlegenden Darstellung verschiedener Ethnographie-Konzepte bedürfte (siehe z. B. auch den Sonderband zu Ethnografie und KA von *Research on Language and Social Interaction*, 1990/1991), Nr. 24.).

Gesprächen unter ethnografischer Perspektive (wenn auch nicht immer im Zusammenhang ethnografischer Untersuchungen, sondern oft in Rückgriffen auf solche).

Die Notwendigkeit mikrostruktureller Analysen von Gesprächen im Rahmen ethnografischer Forschung sehe ich auch. Doch scheint mir ein gesprächshermeneutischer Ansatz (siehe Kap. 3.2.) wesentlich stimmiger, - sowohl mit den interpretativen Ansätzen eines Clifford Geertz (1973) als auch mit dem Ethnografieverständnis Michael Agars (1980; 1985) - als ein konversationsanalytischer.

3.1.5. Ethnografie der Kommunikation und Hermeneutik

Gemeinsam mit John Stewart schrieb Philipsen einen Aufsatz über Hermeneutik und die EdK (Stewart & Philipsen, 1984). Stewart vertritt einen hermeneutischen, dialogischen Kommunikationsansatz (1978, 1986). Sie arbeiteten heraus, welche der Merkmale ihrer jeweiligen Herangehensweise an Kommunikation sich ergänzen bzw. ihnen gemeinsam sind. Für die Hermeneutik kam Stewart zu dem Ergebnis,

> What is perhaps most significant about the ontological focus of contemporary hermeneutics, however, is that *„productive'', „playful" disclosure now presents a genuine alternative to correspondence models of human scientific thruth.* Thus to treat communication as situated accomplishment is, from this hermeneutical perspective, to emphasize that the concrete mundane, precategorical and preobjective experience of everyday conversation is paradigmatically where human being occurs... Clearly, this perspective leads the communication scholar away from reducitve, acontextual efforts to apply causal modes to the process of explaining human interaction. One alternative set of programs consistent with this new focus explores speaking as a process wherein participants constitute a social reality in and through ... (speaking). The general term for this set of programs is ethnography, and one especially germane variant is the ethnography of communication. (Stewart & Philipsen, 1984, S. 192-193)

Philipsen zeigte für die EdK:

1) Ethnografen untersuchen Kommunikation als einen systematischen Vorgang.
2) Ethnografen dokumentieren kommunikative Muster als ebenso verschieden „as the diverse times and places in which they have been studied" (Stewart & Philipsen, 1984, S. 211).
3) Ethnografen „radically situated communication ... in society" (S. 211).
4) Weil Kommunikation grundsätzlich situiert ist in „nameable social worlds, it is inherently constitutive of social reality" (S. 211). Philipsens

Schlußfolgerungen enthielten eine für ein Konzept der Selbstreflexivität interessante Ausführung:

> Finally, the ethnographic way to study situated accomplishment is for the ethnographer to situate himself or herself in the flux and pattern of spoken life. *The ethnographer records instances, constructs patterns, and renders interpretations of the spoken life he is priviledged to hear.* Spoken life is varied, and the ethnographer acknowledges this but listens to it and tells about it to others with a predetermined system of categories and terms. (S. 211-212)[13]

Beide Ansätze, die Hermeneutik und die EdK, teilen ein Kommunikationsverständnis, das 'communication as situated accomplishment' (Stewart & Philipsen, 1984) begreift. Stewart und Philipsen hoben zwei Weisen, in denen sich dieses Verständnis zeigt, hervor:

1) Beide Ansätze gehen davon aus, daß „speakers and hearers draw deeply from their shared experiences to produce and hear speech, in ways that are finely sensitive to situational context" (S. 212). Die Hermeneutik ist bemüht, die philosophische Grundlage zu schaffen, um diesen Prozeß zu *verstehen*; die EdK befaßt sich mit seiner empirischen Beschreibung und Erklärung.
2) Beide verstehen und betonen „speaking as a process wherein participants constitute a social reality in and through their systematic and artful but creative exploitations of shared resources for spoken life" (S. 212). Der eine betont „the philos. understanding of speech as an ontological force" (S. 212), der andere „the empirical specification and interpretation of cases" (S. 212). Stewart und Philipsen beschließen ihren Exkurs: „Both approaches, although different in style and function, present complementary applications of a common core of insights into human spokenness as a systematic, situated, and social phenomenon" (S. 212).

Wie in vielen sprechwissenschaftlichen Arbeiten zur Hermeneutik, wurde auch hier das Verhältnis von Hermeneutik zu Rhetorik nicht thematisiert (vgl. Hyde & Smith, 1979; siehe Kap. 3.2.). Stewart & Philipsen gingen in ihrer Arbeit nicht so weit, eine Ethnohermeneutik zu fordern, noch gar eine Ethnorhetorik. Es blieb eine 'und'-Beziehung von ethnografischer Kommunikationsforschung und Hermeneutik. Es kommt nicht zu einem reziproken Verhältnis von Hermeneutik und Rhetorik (als Kommunikationstheorie), das auch für eine Ethnorhetorik und Ethnohermeneutik zu formulieren wäre (Geißner, 1988c).

---

[13] Leider deutete er hier keine methodischen Konsequenzen an, die aus diesem Selbstverständnis erwachsen könnten.

3.1.6. Abschließende Bemerkungen

Es mag verwundern, daß Philipsen einerseits einer 'objektivistischen' KA nachstrebte (1990b), andererseits mit Stewart (1984) bemüht war, die Gemeinsamkeiten der EdK mit einem hermeneutischen Kommunikationsansatz herauszuarbeiten. Meinem Verstehen nach war dies dadurch möglich bzw. erleichtert, daß Stewarts Hermeneutik sich auf eine 'Philosophie der Kommunikation' beschränkte. Stewart faßte Hermeneutik nie als Methode.

Philipsen ist einer hermeneutischen Perspektive gegenüber jedoch nicht abgeneigt. Seine rhetorische Analyse von 'Mayor Daley' (1986) bezeichnete er in einem gemeinsamen Gespräch über die hier vorliegende Arbeit als ein Beispiel für 'hermeneutical rhetoric'. Leider mußte ich die ethnorhetorischen Überlegungen zu diesem Aufsatz wie auch zu Philipsens frühem Aufsatz über die Ethnorhetorik der Navajo[14] aus der hiesigen Arbeit ausklammern.

Die kulturelle Variabilität von Kommunikation wurde in Philipsens Ansatz sowohl theoretisch gefaßt wie auch durch zahlreiche Studien demonstriert. Mir scheint jedoch, daß die kommunikationstheoretischen Implikationen dieser Studien noch nicht ausreichend aufgearbeitet wurden. Als Kommunikationsmodell dient Dell Hymes' EdK. Wie oben dargestellt, bildete Hymes seinen Kommunikationsbegriff in theoretischen Bewegungen zwischen Anthropologie, Linguistik und Studien zur sozialen Interaktion (Garfinkel, Sacks, Goffman). Auch verwies Hymes vielfach auf Kenneth Burkes rhetorische Theorie. Philipsen selbst verwies selten auf den Zusammenhang EdK und Rhetorik, zuletzt jedoch sehr explizit (1992a).

Mir scheint, die CCP könnte vermehrt die eigenen Wurzeln in rhetorischer Theorie herausarbeiten. Dies wäre ein wichtiger Beitrag für die Konzeptualisierung einer Ethnorhetorik. Auf diese Weise könnte CCP auch zu einem eigenen, sprechwissenschaftlichen Kommunikationsbegriff kommen und somit einen stärkeren Einfluß auf die Weiterentwicklung allgemeiner Kommunikationstheorie nehmen.

3.2. Hellmut Geißners sprechwissenschaftliche Hermeneutik

Innerhalb der amerikanischen Sprechwissenschaft gab es mehrere Versuche, die in Rhetorik oder Hermeneutik verwendeten Sichtweisen auf (inter-)kultu-

[14] Philipsen (1972) verwandte Ethnorhetorik im Sinne einer 'eingeborenen' Theorie, einer native theory, des Sprechens, nicht im Sinne einer allgemeinen kulturellen Rhetoriktheorie.

relle Kommunikation anzuwenden[15]; doch ließen sie meist die Wechselbeziehungen rhetorischer und hermeneutischer Theorien außer Acht. Ansatzpunkte für ein Inbeziehungsetzen von Rhetorik und Hermeneutik ließen sich bei Philipsen finden (seine ethnorhetorischen Arbeiten und sein Aufsatz mit Stewart). Doch blieb dort wie auch bei den anderen phänomenologisch-hermeneutischen Ansätzen zu (inter-)kultureller Kommunikation die Hermeneutik verhaftet in einer philosophischen Tradition. Es fehlen somit Ansätze, die die *Hermeneutik auch als Methode* nutzbar machen für sozialwissenschaftliche-ethnografische Kommunikationsforschung.

Hellmut Geißner gründete seine Theorie der mündlichen Kommunikation sowohl auf die rhetorische Theorie als auch auf Hermeneutik, wobei er Rhetorik und Hermeneutik zueinander in Bezug setzte (1970). Dabei ist Hermeneutik nicht nur Philosophie der Kommunikation, sondern auch einzelwissenschaftliche Methode (Geißner, 1968).

3.2.1. Sprechwissenschaft - Theorie der mündlichen Kommunikation

Geißners Theorie der mündlichen Kommunikation befaßt sich mit konkreten Vollzügen des Miteinandersprechens vergesellschafteter Subjekte. Gespräch ist der Prototyp menschlicher Kommunikation. Wenn Kommunikation verstanden wird als „Reziprokhandlung, die ... Sinn konstituiert und Handlungen auslöst“ (1981/1988, S. 61), deren Prototyp das Gespräch ist, die „intentionale, wechselseitige Verständigungshandlung mit dem Ziel, etwas zur gemeinsamen Sache zu machen, bzw. etwas gemeinsam zur Sache zu machen“ (S. 45), dann erfordert eine Kommunikationstheorie notwendigerweise auch eine Verstehenstheorie.

Innerhalb seiner auf dem Gesprächsmodell fußenden Theorie der mündlichen Kommunikation unterschied Geißner *fünf hauptsächliche Formen mündlicher Kommunikation: phatische*, *rhetorische*, *ästhetische*, *therapeutische* und *‘metakommunikative’*. Besondere Bedeutung hat für Geißner das Konzept der ‘rhetorischen Kommunikation’, das über die traditionelle Rhetorikvorstellung einer reinen Rederhetorik hinausgeht. In dialogischer Perspektive entwickelte Geißner sowohl ein Konzept (virtuell) dialogischer Rede[16] als auch ein Konzept rhetorischer Gespräche bis hin zu der Gesprächsrhetorik (Geißner, 1981) und Rederhetorik integrierenden Theorie rhetorischer Kommunikation (Geißner, 1979, 1981/1988).

Geißners dialogisches Kommunikationsverständnis begreift Kommunikation als „Verständigungshandlung“, deren Sinn nicht gemessen oder außerhalb des

---

15 Dies waren zum Beispiel rhetorische Ansätze von Koester und Holmberg (1983), Slembek (1982, 1988, 1991), Starosta (1984a, b), Starosta und Coleman (1986), phänomenologisch-hermeneutische von Casmir (1983), Conquergood (1986, 1991, 1992), Deetz (1984), Pilotta (1983).

16 siehe z. B. auch Howes, 1928.

konkreten Vollzugs 'beobachtet' werden, sondern nur verstanden werden kann *im dialogischen Prozeß des Miteinandersprechens* (vgl. auch McGuire & Slembek, 1987). In den USA vertritt John Stewart eine explizit dialogische Kommunikationstheorie (vgl. Stewart, 1978, 1986; Stewart & Philipsen, 1984).

Geißners hermeneutische Position gründet in Gadamers Hermeneutik und der kritischen Theorie Adornos und Horkheimers. Geißners Gesamtwerk der 'Sprechwissenschaft' (1981/1988) baut auf der deutschen sprechkundlichen, sprechwissenschaftlichen Tradition seit Erich Drach (1922) und Christian Winkler (1954) auf (vgl. Geißner & Schwandt, 1993). Gleichzeitig rezipierte Geißner auch Entwicklungen der amerikanischen Sprechwissenschaft bzw 'Speech Communication' (zum Überblick der Geschichte des Faches in den USA vgl. Smith, 1954, Corbett, 1971, Cohen, 1994).

Wenn Kommunikation (Miteinandersprechen) verstanden wird als „(prototypisch dialogische) Reziprokhandlung, die situativ gesteuert, persongebunden, sprachgebunden, formbestimmt, leibhaft vollzogen Sinn konstituiert und Handlungen auslöst" (S. 61), dann bedarf eine Kommunikationstheorie notwendigerweise auch einer adäquaten Verstehenstheorie. Im Rahmen von Geißners Theorie der mündlichen Kommunikation ist *Hermeneutik sowohl* die dem Gesprächsmodell (der Kommunikation) entsprechende *Verstehenstheorie als auch Methode* im Sinne von 'auf dem Weg' zum Verstehen des Verstehens.

3.2.2. Hermeneutik ist ... Auslegungssache.

Hermeneutik bedeutet 'Verstehenstheorie'. Dies ist leider so simpel treffend wie auch nichtssagend. Denn diese lediglich an das Griechische angelehnte Übersetzung kann die mit diesem Begriff verbundene Jahrhunderte alte Entwicklung nicht fassen. Dennoch ist man mit der Etymologie des Begriffs auf einem brauchbaren Weg, will man den Gegenstand begreifen. Hermeneutik leitet sich von dem griechischen Wortfeld 'hermeneuein' ab. Dessen „etymologische Herkunft ... ist umstritten, verweist aber auf Wurzeln mit der Bedeutung »sprechen«, »sagen« ... Die Vokabel hat drei Bedeutungsrichtungen, aussagen (ausdrücken), auslegen (erklären) und übersetzen (dolmetschen). Welcher Bedeutung die Priorität zukommt, ist sprachgeschichtlich nicht festzustellen'" (Ebeling zitiert nach Diemer, 1977, S.21).

Als Begriff tauchte Hermeneutik erst zur Neuzeit auf, als Buchtitel von Dannhauer (1654, zitiert nach Diemer, 1977). Die allgemeine Bedeutung im Sinne einer Verstehenstheorie existiert seit Schleiermacher. Heute kann man im Zusammenhang von 'Hermeneutik' kaum von einer einheitlichen Disziplin sprechen (vgl. Diemer, 1977). Näheres zur Geschichte der Hermeneutik ist nachzulesen bei Palmer, 1969; Diemer, 1977; Birus, 1982a; Grondin, 1991; Seiffert, 1992).

Geißner (1968) zeichnete die Hermeneutik in ihrer historischen Entwicklung als eine sich ursprünglich parallel zur Rhetorik entwickelnden 'Theorie' auf, die zur disziplinären 'Blüte' erst unter dem „'Primat der Schrift'" (S. 16) kam[17]. Sie entwickelte sich primär als eine 'Texte' (Bibel- und Gesetzestexte) auslegende Disziplin unter dem Namen einer 'ars interpretandi'.

Schleiermacher, auf den Geißners Sprechwissenchaftliche Hermeneutik sich an vielen bedeutenden Punkten bezieht, gilt als Klassiker unter den neuzeitlichen Hermeneutikern (Birus, 1982b). 'Klassiker' ist hier, ganz im Sinne Schleiermachers, nicht etwa im normativen Sinn gebraucht, oder weil „irreduzibel originell" (S. 16), sondern, wie Schleiermacher selbst schrieb: „das klassische aber muß nicht vorübergehend sein sondern die folgenden Productionen bestimmen (Schleiermacher 1832, zitiert nach Birus, 1982b, S. 16). In bezug auf Hellmut Geißners sprechwissenschaftliche Hermeneutik ist Schleiermacher bestimmt ein 'Klassiker' in diesem Sinn. Schleiermachers Formulierung zum Verhältnis Rhetorik und Hermeneutik (siehe unten) und seine Betrachtung des konkreten *Sprechens* (bei Schleiermacher ist „von einem Primat der Schrift in der Hermeneutik nichts zu merken" Geißner, 1968, S. 21) sind nur einige wenige Punkte seiner Hermeneutik, die die Sprechwissenschaft beeinflussten. Wenn 'klassisch' im Sinne Schleiermachers verstanden auch 'aktuell' bedeutet, dann zeigt sich seine Klassizität auch in der kürzlichen Stellungnahme Friedrich Apels (1993) zum Übersetzerstreit.

3.2.3. Hermeneutik und das 'interpretative Paradigma'

Innerhalb der Sozialwissenschaften entwickelte sich in den sechziger und siebziger Jahren ein sogenanntes 'interpretatives Paradigma' (vgl. z. B. Groeben & Scheele, 1977; Soeffner, 1979). Diese Entwicklung spiegelte sich auch in der Sprachwissenschaft wieder[18]; für die Gesprächsanalysen (Ehlich & Rehbein, 1979, sowie Henne & Rehbock, 1979, beide zititert nach Geißner, 1982, S. 40).

Ähnliche Entwicklungen gab und gibt es auch in der amerikanischen Sprechwissenschaft; Geißners Redeanalysen (1969, 1985) waren Beispiele für die theoretische und praktische Umsetzung eines hermeneutischen Ansatzes[19].

Ein Problem 'interpretativer Ansätze' liegt darin, daß diese Bezeichnung so vieldeutig ist wie der Paradigma-Begriff bei Thomas Kuhn (1962/1970, zur Kritik siehe Masterman, 1970). So gilt für die meisten interpretativen Ansätze,

---

17 Sicherlich nicht unabhängig zu denken von der Entwicklung des Buchdrucks; obwohl es leider nicht zu einer parallelen Blüte einer Hermeneutik des Gesprochenen im Zeitalter des Tonbandes kam.

18 Neuere Ansätze innerhalb des Faches Deutsch als Fremdsprache, z. B. die interkulturelle Germanistik haben Ansätze einer interkulturellen Hermeneutik entwickelt (Krusche & Wierlacher, 1990).

19 Siehe auch Kirst (1981) und Pawlowski (1986).

daß sie sich nicht immer auf die Hermeneutik bzw. Hermeneutiken (deren es ja vielfältige gibt) beziehen; wenn sie es dennoch tun (indem sie postulieren, hermeneutisch oder interpretativ vorzugehen), dann bleibt meist dennoch offen, *welche* Hermeneutik ihre Interpretationen leitet, bzw. was sie unter hermeneutisch verstehen.

Probleme mit dem interpretativen Paradigma sind jedoch nicht umgangen, wenn man den Begriff Hermeneutik wählt. Wie Birus (1982b) bemerkte, dient auch Hermeneutik als Sammelbegriff, der „in seiner aktuellen Verwendung" eine überaus diffuse Aura ... (hat und über den) gegenwärtig auch alles andere als Einigkeit besteht" (S. 6). Im englischsprachigen Zusammenhängen kommt hinzu (zumindest nach meiner Erfahrung in den USA), daß 'Hermeneutik' vielfach assoziiert wird mit Bibelstudien oder Theologie. Meine interkulturelle akademische Erfahrung und Mißverständnisse zu den 'Konnotationen von Hermeneutik' fanden sich bestätigt in Ausführungen von Clifford Geertz, der selbst fast ausschließlich von 'Interpretation' oder 'interpretive approach' schrieb (1973): Viele Sozialwissenschaftler „have taken up an essentially hermeneutic - or, if that word frightens, *conjuring up images of biblical zealots, literary humbugs, and Teutonic professors* (Hervorhebung v. Verf.), an 'interpretive' - approach to their task" (1983, S. 167).

In unserem Jahrhundert gab es Ansätze, die hermeneutische Tradition der Textauslegung auf das Verstehen allgemeiner menschlicher Handlung anzuwenden (z. B. in Teilen der Phänomenologie). Dabei wurde Hermeneutik meist nicht nur vom 'Text'verstehen und 'Sprach'verstehen 'gelöst', sondern teilweise auch von dem damit verbundenen 'Sprech'verstehen, also dem Verstehen von kommunikativen Verständigungsprozessen selbst. Als 'Gegenpol' zum Gegenstand 'Text' oder 'Sprache' entwickelten sich Ansätze zum Verstehen von Interaktion und sozialem Handeln. Was als 'Fortschritt' gewertet werden kann in Anbetracht 'steriler' Sprach(system)forschung, war leider oft auch eine Fortschritt von dem Gegenstand kommunikativen Handelns als Mittelstück. Denn, wenn auch viele interaktionstheoretische, soziologische, und auch psychologische Ansätze kommunikative Phänomene umschlossen, so haben sie diese jedoch meist in ihrer Eigenartigkeit (als Mittelstück zwischen Sprache und sozialer Interaktion) mißachtet. Kurz: Es gab handlungstheoretische Ansätze oder sprachtheoretische Ansätze, keiner der beiden konnte (für sich genommen) kommunikative Phänomene zureichend behandeln. Sprechwissenschaft 'gerät' (wohlgemerkt, nicht aus sich allein heraus) mit ihrem Gegenstand Kommunikation als 'Miteinandersprechen vergesellschafteter Subjekte' in die bzw. zur Schnittstelle zwischen „Sprachtheorie und Handlungstheorie" (1986, S. 198).

3.2.4. Rhetorik und Hermeneutik - 'a seen but unobserved relationship'

Wie bereits erwähnt, ist das ursprüngliche Wortfeld von Hermeneutik eng verwandt mit der Bedeutung 'sprechen'. Diesen Zusammenhang hatte auch Schleiermacher herausgearbeitet. Sowohl die Rhetorik wie auch die Hermeneutik erfuhren im Laufe der letzen Jahrhunderte vielfache konzeptionelle Veränderungen. Sie haben sich weiterentwickelt von einer bloßen Kunde ('ars bene dicendi' und 'ars bene interpretandi') und sich „längst als Theorien ausgewiesen". Mit Verweis auf Kockelmans (1975, zitiert nach Geißner, 1982) bestimmte Geißner Rhetorik als „an interpretive or hermeneutical social science" (S. 39).

Die ursprüngliche Vermittelheit von Rhetorik und Hermeneutik lag für Geißner eigentlich „in der Sache" (Geißner, 1968, S. 15). Denn in allen Bedeutungsvarianten - auslegen, übersetzen, interpretieren und ausdrücken - kommt die genannte Vermitteltheit 'zum Ausdruck': Alle diese Verstehenshandlungen bedürfen des Ausdrucks, ob als wissenschaftliche 'Auslegung', als Übersetzung oder als künstlerische Reproduktion eines musischen oder lyrischen Werkes[20].

Eine Bedeutung des griechischen Ursprungswortes von Hermeneutik war „Ausdruck; als Fähigkeit sich auszudrücken; als Sprache" (Geißner, 1968, S. 14); „Sprache (ist hier) nicht mehr nur Objekt der Interpretation, sondern sie ist selber Interpretation" (S. 14). Nach Geißner schien dieser letzte Aspekt der Hermeneutik bei der Überlieferung kaum bedacht: „(e)rst mit der Übernahme des *Humboldtschen* 'energeia'-Begriffs war der Weg wieder frei für ein Verständnis der Sprache als ständig geschehener Auslegung" (S. 14). So umfaßt Hermeneutik in dieser Bedeutung auch Rhetorik: „Sprache deutet Welt. Sprechen deutet Sprache." (S. 15).

Genau hier zeigt sich, so scheint mir, eine Verwendung von Rhetorik, die sich in einem weiteren Sinne aufs Sprechen bezieht als Rhetorik im Sinne von 'rhetorisch' als Funktion. Ohne diesem hier im einzelnen nachgehen zu können, möchte ich darauf verweisen, daß mir diese zwei Verwendungen (die engere und die weitere) von Rhetorik lange Zeit nicht bewußt waren und auch von Geißner kaum unterschieden wurden. Rhetorik im weiteren Sinne scheint mir geeignet als paradigmatische Grundlage von Kommunikationstheorie, ohne daß damit ein Universalitätsanspruch verbunden sein muß. In diesem weiteren Sinne kann vielleicht auch der Einfluß Kenneth Burkes auf Anthropologen wie Hymes und Geertz verstanden und eingeordnet werden. Diese Frage müßte geklärt werden, insbesondere, wenn Grundlagen einer Ethnorhetorik erarbeitet werden sollen.

Rhetorische Theorie war also *als eine traditionelle Kommunikationstheorie* immer schon mit der Hermeneutik verbunden. Heute wird diese Verbindung

---

[20] Auch heute findet sich dies Bedeutung noch, im französischen 'interpreteur', im englischen 'interpreter'.

von Rhetorik und Hermeneutik jedoch in den wenigsten hermeneutischen oder kommunikationstheoretischen Ansätzen herausgestellt. Auch innerhalb der amerikanischen Sprechwissenschaft blieb die *besondere* (und traditionelle) Beziehung von rhetorischer Theorie und hermeneutischer Theorie meist „a seen, but unobserved relationship" (Hyde & Smith, 1979; mir bekannte Ausnahmen sind Warnick, 1979, 1987; Deetz, 1978; Stewart, 1978).

Hyde & Smith (1979) beschrieben folgendermaßen:

> „From the hermeneutical situation originates the primordial function of rhetoric." (S. 347). „The primordial function of rhetoric is to 'make-known' meaning both to oneself and to others. Meaning is derived by a human being in and through the interpretative understanding of reality. Rhetoric is the process of making-known that meaning" (S. 348);
> (i)f the hermeneutical situation is the 'reservoir' of meaning, then rhetoric is is the selecting tool for making-known this meaning. Hence, the making-known of meaning is dependent on the selective function of rhetoric. The ontological relationship between hermeneutics and rhetoric operates therefore in a dialectical manner: Without hermeneutical situation there would be a meaningless void; without rhetoric the latent meaning housed in the hermeneutical situation could never be actualized (S. 354)
> „Rhetoric is not primarily a theory of forms, speeches and persuasion; rather it is the 'practical mastery' of making known to others that which is understood" (S. 351).

Als „the 'practical mastery' of making-known to others that which is understood" (S. 351) muß Rhetorik in Theorie und Praxis über Gruppen und Kulturen hinweg variieren.

Auch die hermeneutische Situation variiert kulturell, daher gilt die Beziehung von Rhetorik und Hermeneutik auch für (inter-)kulturelle Ansätze. Jene Autoren, die ethnorhetorische Ansätze formulierten, ignorierten dabei die Rolle einer möglichen Ethnohermeneutik. Und jene seltenen Überlegungen zu einer hermeneutischen Theorie (inter-)kultureller Kommunikation (Casmir, 1983, Deetz, 1984) beziehen diese nicht auf Ethnorhetorik oder vorhandene ethnorhetorische Arbeiten.

Aufbauend auf dem Verhältnis Rhetorik : Hermeneutik und auf dem vom ihm entwickelten Konzept der Gesprächsrhetorik entwickelte Geißner nun eine die Redehermeneutik ergänzende „Gesprächshermeneutik" (1982, S. 39); „rhetorische (Gesprächs- oder Rede-) Hermeneutik (inkludiert) ... sowohl hermeneutische als auch analytische 'Methoden'. Unter dem erkenntnisleitenden Interesse am 'Sinn' kommunikativer Handlungen und dem handlungsleitenden Interesse an Kritik als Voraussetzung gesellschaftlicher Veränderung - werden dabei die Ergebnisse der 'rhetorischen Analytik' (Geißner, 1970) notwendigerweise nur als Voraussetzungen einer *'kritischen Hermeneutik'* verstanden (Geißner, 1969, S. 70)" (S. 39).

Für Geißner implizierte 'kritisch' erstens, daß Rhetorik und Hermeneutik permanent Theorie und Praxis vermitteln, so daß die eine jeweils von der andern 'korrigiert' wird... zweitens dadurch, daß Praxis nicht einfach alles heißt was geschieht oder gemacht ist und 'Theorie' nicht alles was systematisierbar ... ist, sondern daß beide bezogen sind „ ... auf geschichtliche Veränderung" - und wie Max Horkheimer 1937 weiter sagte, auf - „die Herstellung eines gerechten Zustands unter den Menschen" (1968/II:191)" (S. 172).

Was dies für eine Ethnohermeneutik des Sprechens bedeutet, kann ich hier nicht näher betrachten. Doch bleibt zu fragen, was einen 'gerechten Zustand' ausmacht, für welche Gruppe, an welchem Ort, zu welcher Zeit und zu welchen Bedingungen. 'Gerecht' ist keine allgemein geltende Kategorie, deren Sinnfüllung *kriteriell* bestimmbar wäre. So gilt für die Ethnohermeneutik des Sprechens auf jeden Fall, daß sie 'kritisch' ist im von Geißner fomulierten dritten Sinn: „daß sie den Anspruch einer dialogisch begründeten 'kommunikativen Ethik' immer erneut begründet ... d.h. der durch nichts zu überlistende Anspruch einer kommunikativen Ethik zwingt Rhetorik und Hermeneutik dazu, sich selbst immer erneut kritisch zu reflektieren und in der gesellschaftlichen Praxis zu legitimieren" (Geißner, 1981/1988, S. 173)[21]. Mit einer dialogischen Ethik läßt sich vielleicht ein Diskurs darüber führen, welche 'Kritik' einer Ethnohermeneutik des Sprechens zugute kommt.

Mit dem 'sich selbst immer erneut kritisch zu reflektieren' nahm Geißner auch Stellung zur Gadamer/Habermas-Kontroverse über den Universalitätsanspruch der Hermeneutik. Dabei stimmte er Habermas' Kritik an der Ideologiehaftigkeit von Hermeneutik zu, zog jedoch eine andere Konsequenz als die der idealen Sprechsituation, denn auch 'ideale' Sprecher und Hörer können „aus ihren lebens- und kommunikationsgeschichtlichen, psycho- und soziostrukturellen Prägungen nicht 'heraustreten', *ohne ihre hermeneutischen Fähigkeiten zu verlieren* (Hervorhebung v. Verf.)" (1981/1988, S. 134). Der transzendentalen Universalpragmatik Habermas' stellte Geißner eine sozialpragmatische Position entgegen (siehe auch unten).

Nicht zuletzt gehört zu Geißners Kritikverständnis die Selbstreflexion: *Nur als selbstreflexive Theorie kann sie kritisch sein...* . Das bedeutet: Wichtiger als Regelwissen und ausgebildete Beobachtungsfähigkeit ist, daß auch der sprechwissenschaftliche Hermeneutiker versucht sich seiner eigenen hermeneutischen Situation bewußt zu sein (oder zu werden(!)). d. h. daß er nur aus dem reflektierten Wissen seines komplexen Vorverständnisses ... versteht und 'kritisiert'; aber auch verständlich zu machen versucht, warum er so versteht ... wie er versteht ... sofern als und soweit wie dieses Wissen in den Beschädigungen seines Lebens reflektiert werden kann. (S. 140)

---

[21] Geißner verwies hier auf Grossberg (1979 zitiert nach Geißner, 1981/1988).

3.2.5. Zum Verhältnis von Gesprächsanalyse und Gesprächshermeneutik

3.2.5.1. (Gesprächs-)hermeneutische Zirkel

Im Zusammenhang einer gesprächstheoretischen Theorie kommunikativen Handelns (bzw. einer dialogischen Kommunikationstheorie) bedarf es sowohl einer Gesprächsanalyse als auch einer Gesprächshermeneutik (gleiches gilt für den Bereich der Rederhetorik, die rhetorischer Analyse und einer Redehermeneutik bedarf).

Eine der wesentlichen Schwierigkeiten solcher „hermeneutischer Analyseverfahren" (Ungeheuer, 1977, zitiert nach Geißner, 1982, S. 40) liegt nach Geißner in den Zirkelstrukturen alltäglicher und wissenschaftlicher Verstehensprozesse.

Im Distanzieren von fundamentalontologischen Zirkelstrukturen bei Heidegger wie auch von den universalpragmatischen-transzendentalistischen bei Habermas, betonte Geißner die Bedeutung der „ontischen" (1982, S. 40) Zirkel:

1. Kommunikatives Handeln im Zusammenhang sozialen Handelns,
2. Synchronie-Diachronie,
3. Situationseinschätzung-Situationsinterpretation,
4. (Sozialsituation-) Handlungssituation-Sinnsituation,
5. Schema und Realisation.

Zu 1. Kommunikatives Handeln im Zusammenhang sozialen Handelns

Geißner geht es hier um die „Beziehung zwischen sozialem Handeln und kommunikativem Handeln" (S. 40): „Soziales Handeln geht in kommunikativem Handeln nicht auf, es geht in kommunikatives Handeln ein" (Geißner, 1981/1988, S. 51). Wichtig für das Verstehen dieses Zusammenhangs ist, daß Geißner einerseits der Reduktion von Gespräch und Miteinandersprechen auf soziales Handeln vorbeugen wollte, andererseits aber auch betonte, daß „auch mündliche Kommunikation im prototypischen Prozeß des Gesprächs ... abhängig (bleibt) vom jeweils formationsbestimmten Zustand gesellschaftlicher Kooperation. (*Denn,*) *die intentionale wechselseitige Verständigungshandlung ist kein Selbstzweck* ..." (1981/1988, S. 51). Kommunikatives Handeln wird somit „nur vollzogen ... im Zusammenhang mit sozialem Handeln, d.h. auf ein Handlungsziel hin, 'das die Verständigungshandlung selbst transzendiert'" (Geißner, 1981/1988 zitiert nach Geißner, 1982, S. 41).

Diese Einbettung von Miteinandersprechen, von Gesprächen, in soziale Lebenszusammenhänge bietet einen Verknüpfungspunkt zum hier erkenntnisleitenden Interesse am Verhältnis Kommunikation : Kultur. Geißner bezog sich in diesem Zusammenhang auf Bühler: „Denn jedes konkrete Sprechen steht in einem Lebensverbande mit dem übrigen sinnvollen Verhalten eines Menschen; es steht unter Handlungen und *ist selbst* eine Handlung" (1934, zitiert nach Geißner, 1981/1988, S. 51).

Die 'Lebensverbände mit dem übrigen sinnvollen Verhalten von Menschen' können, ob in analytischen oder verstehenden Prozessen, so meine ich, nicht losgelöst werden von soziokulturellen Zusammenhängen der jeweiligen Sprech- und Handlungsgemeinschaften. Dementsprechend, wenn auch nicht mit Betonung der *kulturspezifischen* Ausprägungen des Verhältnisses von sozialem Handeln und kommunikativem Handeln, folgerte Geißner:

> Gegenstand der Sprechwissenschaft ist mündliche Kommunikation nun in dem spezifischen Sinn, daß sie Formen und Prozesse mündlicher Kommunikation im „Lebensverbande" (Bühler) ... zu rekonstruieren versucht. Als *rekonstruierende Sinnwissenschaft* (Hervorhebung v. Verf.) hat sie zwar ihren Gegenstand in der 'konkreten Sprechtätigkeit', bzw. in 'konkreten Sprechereignissen' (Bühler, 1934, S. 14), aber nicht (... vorrangig) in deren Jeweiligkeit, sondern in ihrer *soziohistorischen Geformtheit* (Hervorhebung v. Verf.). (1981/1988, S. 52)

'Soziohistorische Geformtheit' impliziert die 'Partikularität' (Philipsen) bestimmter Sprech- und Verstehensweisen, bestimmter Hör- und Sprechmuster bzw. Verstehensgewohnheiten. Diese Perspektive trifft sich mit der ethnografischen bei Philipsen. Somit ist auch die Brücke gebaut zu der folgenden Zirkelstruktur[22]:

Zu 2. Synchronie-Diachronie

Als „vergesellschaftete Subjekte" bringen Miteinandersprechende in kommunikativen 'Begegnungen' auch ihre jeweiligen Kommunikationsbiografien in ihre 'Verständigungshandlungen' mit ein (inhaltlich und strukturell; bewußt und unbewußt). Auf diese Weise wird auf der historischen Zeitachse „zwischen Synchronie und Diachronie" mehrfach vermittelt; es ensteht eine „Zirkelstruktur ..., die prozessual an Zukunft orientiert ist, an ... gesamtgesellschaftlichen 'Visionen'" (1982, S. 41). D. h. ohne Verstehen der historischen Dimension, der 'individuellen' wie der sozialen, werden Sprechereignisse mißverstanden.

Zu 3. Situationseinschätzung-Situationsinterpretation

Konkrete Situationen, „auf der diachronen Zeitachse als synchrone Schnittflächen" (Geißner, 1982, S. 41), können in Kommunikationssituationen nicht verkürzt werden auf bloße 'Konstellationen' oder Lagen. Denn, „objektive wie subjektive Situationsfaktoren (wirken) in einer Zirkelstruktur (zusammen)" (S. 41). Daraus ergibt sich (bezogen auf die subjektiven Faktoren) eine stete „Abfolge von Situationseinschätzung und Situationsinterpretation" (S. 41). Nochmals als Gegenpol zur 'beobachtenden' KA, stellte Geißner heraus: „So

---

[22] Zirkel*struktur*, weil es wie auch Geißner meint, nicht um Zirkel als geschlossene Kreise gehen kann, sondern um Zirkel in Prozessen, also Zirkelstrukturen oder Spiralen.

verstanden ist nicht einmal die Kommunikationssituation im strengen Sinn 'beobachtbar', denn die Miteinandersprechenden machen die Situation im Miteinandersprechen allererst zu ihrer gemeinsamen Situation *und* verändern sie im Prozeß des Miteinandersprechens."

Es gibt also eine dritte Zirkelstruktur, die „von 'sich herstellender' (Goffman) und 'hergestellter' (Braunroth u. a.) Situation, von situiert situierenden Prozessen" (S. 41):

Zu 4. (Sozialsituation-) Handlungssituation-Sinnsituation

An dieser Stelle müßte weiterausgeholt werden und Geißners Dialog- und Sinnverständnis hergeleitet werden. Sein Dialogverständnis wurde in der Einleitung angesprochen. Auf Geißners Sinnbegriff komme ich noch zu sprechen. Deshalb sei hier nur soviel gesagt, daß eine Kommunikationssituation „nur im *aktuellen Vollzug Sinnsituation* werden (kann)" (1982, S. 41). Dazu muß eine Sozialsituation als - potentielle oder aktuelle - Handlungssituation erkannt[23] und zu einer den Gesprächsteilnehmern gemeinsam werdenden Kommunikationssituation (gemacht) werden, in der „prozessual 'gemeinsam' Sinn konstituiert" wird (Geißner, 1981/1988, S. 129), in der Sinn nicht ist, sondern „Sinn *geschieht*" (S. 131).

Zu 5. Schema und Realisation

Voraussetzung für Sinnkonstitution im Gespräch sind (Alltagswissens-) Schemata von Gesprächstypen, wie etwa 'verkaufen', 'werben', 'beraten', 'beschuldigen' oder 'loben' etc. (Sprechhandlungen, keine Ereignisse!) In der aktuellen Realisation dieser Schemata (vgl. auch Gumperz, 1982a; Agar, 1985) treten leicht Mißverständnisse auf, wenn die jeweiligen Teilnehmer unterschiedliche Situationserwartungen haben und deshalb auch einander nicht entsprechende Schemata realisieren. Mißverständnisse können auf allen Ebenen der Sinnkonstitution auftreten: der situativen, personalen, sprachlichen, formativen, oder sprechend vollziehenden Ebene. So kann „absichtlich oder unabsichtlich ... sozusagen 'ungültiger' Sinn (entstehen), etwa weil die Oberflächenverständigung die Tiefenverständigung zudeckt, oder weil aus psychostrukturellen und/oder soziostrukturellen Gründen und/oder machtpolitischen Interessen Verständigung auf keiner Ebene möglich ist" (Geißner, 1982, S 42; siehe auch 1977).

Diese 'Verstehensbarrieren' gelten auch im Zusammenhang interkultureller Kommunikation; sie können dort gerade aufgrund der kulturell verschiedenen Herkünfte der Gesprächsteilnehmer besonders schwer zu 'entzerren' sein, weil psycho-, sozio-, und machtstrukturelle Einflüsse sich gleichzeitig quer durch die kulturellen Verschiedenheiten (wiederum auf den hier genannten fünf Ebenen)

---

[23] Eine Leistung, die wie ich meine kulturell variabel sein wird.

ziehen. Somit ist es eine besondere Herausforderung in fremdkulturellen und interkulturellen Situtationen, zu erkennen, welche Verstehensbarriere dominiert (es sind meist mehrere gleichzeitig am Werk).

3.2.5.2. Zum Verhältnis Analyse : Hermeneutik

Zwei weitere Zirkel ergeben sich aus dem Verhältnis *(Gesprächs)Analyse : (Gesprächs)Hermeneutik*: Geißner unterschied vortheoretische, 'lebensweltliche' Prozesse, als *'prähermeneutische'*, von den „an einer Theorie überprüfbaren Verstehensprozessen(, die er) 'hermeneutisch' nenn(t, also) die 'interpretatio interpretationis'" (1982, S. 43).

Analyse verstand Geißner mit Kamenz (1980, zitiert nach Geißner, 1982) als

> „die möglichst exakte Bestimmung und Charakterisierung von Teilen und Komponenten eines Ganzen, sowie von Beziehungen, die diese Elemente untereinander oder zum Ganzen haben' ... (j)ede Analyse ist (somit) notwendigerweise selektiv: sie erfolgt unter bestimmten Aspekten und Interessensgesichtspunkten und läßt zahlreiche, das Ganze und seine Teile betreffende Faktoren unberücksichtigt" (S. 44)

So verstanden steht Analyse „bezogen auf Gespräch in der Mitte zwischen prähermeneutischen und hermeneutischen Komplexhandlungen" (1982, S. 44); es ergibt sich eine Folge von Prähermeneutik über Analyse zur Hermeneutik, womit (mindestens) zwei weitere hermeneutische Zirkel gegeben sind: „einmal den zwischen prähermeneutischen und hermeneutischen Komplexhandlungen und ihrer Analyse (die zudem noch die 'alltagshermeneutische Kompetenz des Analytikers includiert), zum anderen den Zirkel zwischen Analyse und theoretischer (sozialwissenschaftlicher, objektiver, empirischer, kritischer) Hermeneutik" (S. 44).

Was Geißner für eine Gesprächshermeneutik formulierte, gilt freilich auch für die Redehermeneutik (Redeanalyse); denn diese „(h)ermeneutische(n) Zirkel ... treten nicht nur auf in der von der Texthermeneutik seit alters diskutierten Teil-Ganzes-Problematik, sondern prinzipiell in kommunikativen Handlungen ..." (Geißner, 1982, S. 40; siehe auch Geißner, 1969, 1985).

3.2.6. Sprechwissenschaftliche Hermeneutik und Sinn

Nach Geißner *zielt Kommunikation* in Prozessen des sich 'über etwas' und/oder 'über sich' Verständigens *auf gemeinsames Handeln*. Die Möglichkeiten von Sprechen und Verstehen, sowie von gemeinsamem Handeln hängen ab von den „Ausschnitt(en)" (S. 128) der jeweiligen Lebens- und Arbeitswelten. Somit ist Verstehen nicht zu trennen von gegebenen sozialen und kulturellen Zusammenhängen gesellschaftlicher Kooperation.

An anderer Stelle formulierte Geißner: „wenn sowohl Sinn als auch Situation gebunden sind an geschichtliche und gesellschaftliche in mündlicher Kommunikation leibhaft präsente Subjekte, dann kann der Sinn einer einzelnen Sprechhandlung ... (nur) in Abhängigkeit von der konkreten Sprechsituation im gesellschaftlichen Kontext“ (S. 130) verstanden werden.

Für die sprechwissenschaftliche Hermeneutik ergeben sich im Zusammenhang mit der „Sinnsituation“ (1981/1988, S. 129) folgende „vorläufige Bestimmungen“ für die Sinnkonstitution (durch Miteinandersprechen):

- Sinn ist nicht „greifbar“ losgelöst von der (Sozial-, Handlungs-, Sinn-)Situation, sondern begreifbar nur in seiner Entstehung aus der und seiner Einbettung in die (Sozial-, Handlungs-, Sinn-)Situation.
- Sinn ist kein „Produkt“ eines Sprechers oder eines Hörers, sondern nur gemeinsames intentionales „Erzeugnis“ der sozial situiert situierend Miteinandersprechenden.
- Sinn ist nicht mit Struktur und Bedeutung der Sprache (Zeichen und Symbole) oder der Sprechakte gegeben, sondern nur in deren kommunikativem Vollzug in Sprechhandlungen (Sprech-Hörhandlungen).
- Sinn ist kein Ergebnis spontaner Einfälle, sondern kontingent nur innerhalb tradierter Formbestimmtheit.
- Sinn ist nicht das rißhafte Konstrukt kognitiver Operationen allein, sondern komplett und komplex nur in der leibhaften Präsenz sozialemotiver Sinnlichkeit.

Deshalb gilt: *„Sinn ist nicht zu beobachten, sondern zu verstehen.“* (S. 129)

Aus einem *dialogisch-hermeneutischen Situationsverständnis* heraus argumentierte Geißner, daß „Sinn gar nicht anders konstituiert werden (kann), denn als ‘Prozeß’“ (1981/1988, S. 131). Diese Prozeßqualität von Sinn entspricht (auch) dem Herstellungscharakter von (Sprech-)Situationen, den Geißner auf den Punkt bringt: „Sinn *ist* nicht, Sinn *geschieht*“ (S. 131). Und somit folgte für Geißner auch, daß es „nicht *die* Auslegung (gibt), weil es nicht *die* Situation und nicht *den* Sinn gibt“ (S. 131).

Im Anschluß an die hermeneutische Theorie Hans-Georg Gadamers verstand Geißner „den aus den verschiedenen Vorverständnissen der Miteinandersprechenden entstehende(n) gemeinsame(n) Sinn als ... Vorgang der ‘Horizontverschmelzung’“ (1981/1988, S. 132). ‘Vorverständnis’ ist hierbei nicht ausschließlich kognitiv zu verstehen, es „umfaßt Vorurteil ebenso wie Vorerfahrung, Vorerleben, Vorwertungen ... in Reflexivität korreflexive ‘Erwartungserwartungen’“ (S. 132-133). Daß diese „Erwartungserwartungen in den psycho- und soziostrukturellen Gegebenheiten sozialisatorisch (wie auch kulturell) variieren,“ (S. 133) führt Geißner zu einem Gesprächsmodell, das inhärent Konfliktmodell von Kommunikation ist und nicht ein idealisiertes Dialog- oder

Diskursmodell. Hier sieht Geißner seinen sozialpragmatischen Ansatz als Gegenposition zur Habermas'schen Unviersalpragmatik.

Im sozialpragmatischen Ansatz Geißners bedingt Gesprächsfähigkeit Konfliktfähigkeit und umgekehrt (vgl. auch Grießhammer, 1993). Damit zeigt sich eine Parallele zu Hymes' Gegenposition gegenüber Chomsky: Chomsky sprach von idealen Sprechern und Hörern und deren linguistischer Kompetenz. Hymes (1992) hielt dem entgegen, daß in realen Gesprächssituationen kommunikative Kompetenz relevant ist (und auch nur diese untersucht werden kann).

Als Vorraussetzungen für sprechwissenschaftliche Hermeneutiker gilt somit:

> „niemand hat ... einen festen Punkt außerhalb seiner eigenen Sprache in einer Sprechgemeinschaft, einen festen Punkt außerhalb der eigenen Situation, und damit der sozial entwickelten Einschätzung von Möglichkeiten, in dieser Werte-Welt, einen festen Punkt außerhalb der eigenen hermeneutischen Situation" (Geißner, 1992b, siehe auch 1981/1988, S. 135).

3.2.6.1. Hermeneutik des Gesprochenen : Hermeneutik des Sprechens

Wenn auch die „'kunstgerechte Auslegung kein anderes Ziel hat als welches wir beim Anhören jeder gemeinen Rede haben'„ (Schleiermacher, 1959, zitiert nach Geißner, 1981/1988, S. 135), so braucht die wissenschaftliche Hermeneutik doch „eine andere *Methode*" (S. 135), diese nannte Geißner „strukturales Hören" (1968, S. 25; siehe auch 1984). Die Möglichkeiten einer sprechwissenschaftlichen und somit einer einzelwissenschaftlichen Hermeneutik besprach Geißner bereits in seinem Aufsatz „Zur Hermeneutik des Gesprochenen" (1968). In Hinblick auf Heidegger und Gadamer sei die Idee einer *einzelwissenschaftlichen* Hermeneutik in gewisser Weise „überholt ...(:) durch ein fundamentales Denken wird ein Horizont eröffnet, der über jede Kunstlehre des Verstehens hinausliegt" (S. 13), „Verstehen als Existenzial" (S. 13). Einzelwissenschaftliche Hermeneutik „ist aber dennoch möglich und nötig" (S. 13).

Denn,

> (w)enn im Felde der Einzelwissenschaft eine Frage auftaucht, so muß sie bedacht werden, sei es, daß sie sich im Anschluß an die Grundlagendiskussion von selbst erledigt, sei es, daß die Grundlagendiskussion selbst von dort wieder neu angestoßen wird... . Wenn also die Sprechwissenschaft sich vor die Frage gestellt sieht: 'Wie kann man Gesprochenes verstehen?', so kann sie sich nicht abfinden mit dem Wissen, von der philosophischen Hermeneutik überholt zu sein ... . Sie wird vielmehr ... versuchen, die Frage mit der ihr zur Verfügung stehenden kritischen Absicherung zu beantworten ... (und) als Wissenschaft versuchen, diese Verstehensakte zu methodisieren als Verstehenslehre, zu der hier thematisch gemachten Hermeneutik des Gesprochenen. (S. 13)

In diesem Aufsatz entwickelte Geißner zum ersten Mal die Idee einer 'Hermeneutik des Gesprochenen'. Er verfolgte die Entwicklung der Hermeneutik von ihren Ursprüngen in der Antike, ihrer Etablierung als 'ars interpretandi', bis zur Entstehung der philosophischen 'Hermeneutiken', (hier vorwiegend bei Schleiermacher und Dilthey). Geißner legte die traditionelle Vermitteltheit von Rhetorik und Hermeneutik dar und kam zu dem Schluß, daß beide in ihrer theoretischen Entwicklung dominiert wurden vom „Primat der Schrift" (S. 21) (von Ausnahmen wie Schleiermacher abgesehen). In der historisch recht 'neuen' technischen Entwicklung der Tonaufnahme sah Geißner „eine neue Gattung von Quellen ..., (die) beliebig oft reproduzierbar (sind), und auf Grund dieser Reproduzierbarkeit sind die Ergebnisse der Analysen intersubjektiv überprüfbar" (S. 22-23). Hierin sah Geißner die Möglichkeit begründet, eine wissenschaftliche, da 'intersubjektive überprüfbare', Hermeneutik des Gesprochenen zu entwickeln[24].

Ziel einer solchen Hermeneutik des Gesprochenen ist, „sich nicht im 'Dickicht alltäglicher Kommunikation' (zu) verirren," sondern „sich zunächst an den das Routinewissen des Alltags leitenden Typisierungen orientieren und von da fortschreitend - wie Gutenberg (1980) entwickelt hat - zu Typologiekonstruktionen (zu) gelangen ..., die letztlich zu einer *Sprechhandlungstypik* führen" (1981/1988, S. 136)[25]. Somit führt eine 'Hermeneutik des Gesprochenen' zu einer „Typik des Gesprochenen" (S. 138).

Für die Dimensionen der Geißner'schen fünf Faktoren der mündlichen Kommunikation ergeben sich:

- Situationstypik,
- Typik „sozialer Rollen als Sprechrollen"
- Sprechhandlungstypik/Funktionen des Sprechens
- Formbestimmtheit: Redegenera - ways of speaking (idealtypisch)
- Leibhaftigkeit

Die diachrone Rekonstruktion von Typiken in der Hermeneutik des Gesprochenen erweitert die Möglichkeiten *„einer synchronen Konstruktion der Sprech-Hörhandlungen in einer 'Hermeneutik des Sprechens'.... Die 'Hermeneutik des Gesprochenen' ermöglicht die 'Hermeneutik des Sprechens', die die 'Hermeneutik des Gesprochenen' ermöglicht"* (Geißner, 1981/1988, S. 138-139). Diese Vermitteltheit liegt auch einer Ethnohermeneutik des Sprechens zugrunde.

Hier schließt sich die Hermeneutik des Sprechens bzw. des Gesprochenen auch an Philipsens Forderungen an, daß ethnografische Kommunikationsfor-

[24] Diese Einschätzung bestätigte sich zumindest im Hinblick auf die damals aufkommenden konversationsanalytischen Studien.

[25] Dies gilt denke ich sowohl im Sinn von Gumperz' Refokussierung auf „speech activities" wie auch im Sinn einer 'theoretischen' Ethnografie Gerry Philipsens.

schung über das reine 'Beschreiben' von Einzelfällen hinausgehen soll und Grundlagen für eine vergleichende Theorie erbringen soll.

Leider sind die meisten der fünf Dimensionen kaum ausgebaut, weder theoretisch noch empirisch. Die sich anbietenden Ansätze, die, auf die Geißner verwies, und andere, müßten auf ihre Bedeutung für eine Hermeneutik des Sprechens hin untersucht werden. *Bei der weiteren Entwicklung von Typiken gilt es, die kulturelle Dimension als eine die obigen fünf durchquerende bzw. zugrundliegende miteinzubeziehen.* Hierhin gehört auch die von Philipsen (1989a) postulierte Forschungsaufgabe: *'delineating the nature and scope of cultural variation'* (s.o.).

Im Anschluß an Philipsens Ansatz meine ich, es bedürfe hier des Dialogs zwischen 'universal'-Thesen und soziokultur-spezifischen Thesen und Typiken.

Daß dieser Teil sprechwissenschaftlicher Theorie recht spärlich ausgebaut wurde, liegt zum großen Teil an mangelnder empirischer Forschung. Eine unter der hier gegebenen Perspektive aufgestellte Rezeption von ethnography of communication-Forschung wäre ein sinnvoller Schritt. Es scheint mir sogar ein notwendiger Schritt, soll die Hermeneutik des Sprechens mit dazu beitragen, diese Wissenschaft praktisch werden zu lassen.

4. SOZIALWISSENSCHAFTLICHE HERMENEUTIKEN

Soll 'Ethnohermeneutik des Sprechens' nicht als inhaltsleerer Neubegriff in die sprechwissenschaftliche(n) Kommunikationstheorie(n) eingeführt werden, so gilt es, die sich für ihre Entwicklung anbietenden Ansätze zu berücksichtigen. Für den gegenwärtigen Rahmen meiner Arbeit entschied ich mich, den sozialwissenschaftlichen Hermeneutiken nachzugehen, die auch Hellmut Geißner als Anknüpfungspunkte zur sprechwissenschaftlichen Hermeneutik hervorhob: Lorenzers 'Tiefenhermeneutik' (TH), Leithäuser und Volmergs 'empirische Hermeneutik', Bosses 'Ethnohermeneutik' und damit auch die Ethnopsychoanalyse (EPA)[1].

4.1. Lorenzers Tiefenhermeneutik

Alfred Lorenzers Arbeiten stellen einen wichtigen und einflußreichen Beitrag dar, Hermeneutik auf die psychoanalytische Erforschung sozialer und symbolischer Interaktionen zu beziehen (1970/1973). Lorenzers Anliegen war, die Psychoanalyse (PA) als eine *hermeneutische Disziplin* zu explizieren. Mit seiner TH formulierte Lorenzer PA als eine kritische *Erfahrungswissenschaft*[2] (1974/1976).

Ausgangspunkt waren für Lorenzer dabei weniger die philosophischen Wurzeln der Hermeneutik als vielmehr der wissenschaftstheoretische Streit zwischen Ansätzen, die die PA dem hermeneutischen und denen, die sie dem naturwissenschaftlich-nomologischen Paradigma zuordnen wollten[3]. Lorenzer

---

1 Vorarbeiten zu diesem Kapitel waren Soraya (1992, 1996). Andere interpretative Ansätze aus der Sozialforschung konnten hier nicht berücksichtigt werden. Ihr möglicher Beitrag für eine Ethnohermeneutik des Sprechens müßte in einer eigenen Arbeit untersucht werden.

2 Hier unterschied Lorenzer sein Hermeneutikverständnis deutlich von dem Habermas', dem er ein 'a priori' Vorgehen vorwarf. Lorenzer sah seine Hermeneutik in der konkreten Lebenserfahrung gründen und sah auch darin den Ausgangspunkt für psychoanalytische Theoriebildung. An dieser Stelle trifft er sich mit den Ethnopsychoanalytikern wie auch mit einigen jüngeren US-amerikanischen Kritiken an Habermas (Huspek, 1991; Strine. 1991). Eine Darstellung dieser Kritiken ist in Planung.

3 Die Entwicklungen des Positivismusstreites sind hier nicht zu übersehen. Sie könnten ein Grund sein dafür, daß deutsche Geistes- u. Sozialwissenschaftler zum Teil scheinbar stärker bemüht sind, zwischen neopositivistischen und verstehenden Ansätzen zu trennen (Ich beziehe mich hier auf die diesbezüglichen Uneindeutigkeiten bei Philipsen, 1990b; Moerman, 1990, Streeck, 1990).

ging es darum, die PA in ihrer Eigenart als Wissenschaft[4] zu konzipieren. Dabei begründete er sie sowohl als hermeneutisches Verfahren, als TH, wie auch als eine aus diesem Verfahren ableitbare psychoanalytische Theorie, als Metapsychologie (vgl. Görlich, 1987).

Lorenzers Publikationen umfassen sehr vielfältige Themenbereiche: Sprachtheorie, Kritische Theorie, Sozialisationstheorie, um nur einige wesentliche zu nennen (Eine Bibliografie seiner Publikationen stellte König (1987) zusammen). Lorenzer begriff PA als gesellschaftstheoretisch und sozialwissenschaftlich. Gleichzeitig verwahrte er sich gegen eine eklektizistische Verschmelzung von PA und Gesellschaftstheorie. Das Aufeinanderbeziehen von subjektiven und objektiven Strukturen in der Analyse führte Lorenzer zu einer dialektischen Vermittlung, in der „(p)sychoanalytische Erfahrung zur Individuation und sozialwissenschaftliche Theoreme zu Sozialisation ... weder unkontrolliert vermischt noch überkontrolliert voneinander ferngehalten, sondern kategorial vermittelt werden (sollen)“ (Belgrad et al., 1987, S. 16).

Lorenzer selbst und andere Autoren übertrugen seinen Ansatz sowohl auf Sozialwissenschaften (Lorenzer et al., 1971) und Sozialforschung (Belgrad et al., 1987) als auch auf Kulturanalysen (Lorenzer, 1986a). Ein weiteres Beispiel für die Übertragung der Lorenzer'schen TH auf die Sozialwissenschaften, im besonderen Sozialpsychologie, ist die ‘empirisch Hermeneutik’ Leithäuser & Volmergs (1979; siehe 4.2.). Auch die EPA (4.3.) und Ethnohermeneutik (4.4.) verwiesen an unterschiedlicher Stelle auf Lorenzer und sein Konzept der TH.

Mit „Sprachzerstörung und Rekonstruktion“ (1970/1973) knüpfte Lorenzer an sprachtheoretische Modelle an (z. B. Wittgenstein, Mead). Wie Belgrad et al. (1987) schrieben, die „Kennzeichnung der Neurosenformel als Zerfallsprodukt des sprachlichen Symbolbildungsprozesses (Symbol versus ‘Klischees’ und ‘Zeichen’) verdankt sich der Konfrontation mit dem Sprachspielmodell Wittgensteinscher Prägung“ (S. 14). In diesem Zusammenhang enstand Lorenzers Konzept des ‘szenischen Verstehens’. Er versuchte hierbei, mit nicht-psychoanalytischen Begriffen zu beschreiben, was der Gegenstand und das Verfahren der PA sind. Auch hier forcierte Lorenzer seine Vorstellung von PA als hermeneutischer Disziplin. In „Wahrheit der psychoanalytischen Erkenntnis“ (1974) bezog er seine Position über die psychoanalytische Theoriebildung. Hier stellte sich Lorenzer auch explizit gegen Habermas a priori Thesen zur psychoanalytischen Hermeneutik. Für Lorenzer muß psychoanalytische Hermeneutik auf konkreter Erfahrung, fußen und diese muß auch die Grundlage für die psychoanalytische Theoriebildung bilden.

Lorenzers Idee der PA als kritische Gesellschaftstheorie und als eine hermeneutisch verfahrende Wissenschaft fand in den Gesellschaftswissenschaften großen Anklang. *Diese Rezeption befriedigte Lorenzer nicht, weil dabei der*

[4] Hier ist zu beachten, daß für die Psychoanalytiker die Analyse vorwiegend Erkenntnisprozeß ist, auf dem die therapeutische Wirkung basieren soll.

Freudsche Triebbegriff unberücksichtigt blieb. Hier liegt der Unterschied zwischen PA, Sprachphilosophie und Phänomenologie: „Anstelle einer sprach- und handlungstheoretischen Begründung von Psychoanalyse trat eine kritische Vermittlung psychoanalytischer Erfahrungen mit den Erfahrungen einer ... Analyse der gesellschaftlichen Wirklichkeit“ (Lorenzer, 1977, zitiert nach Belgrad et al., 1987, S. 15). Diese Unterscheidung zeigt sich auch in Lorenzers Sozialisationstheorie. So entstand mit Lorenzer nicht nur eine ‘andere’ PA, sondern auch eine andere Möglichkeit, PA auf gesellschaftstheoretische und sozialpsychologische Fragestellungen zu übertragen.

In besonderem Maße mit Lorenzer verknüpft ist sein Konzept der *TH.* Auf diese möchte ich meine folgende Darstellung im wesentlichen beschränken. TH fußt jedoch wesentlich auf Grundthesen der Lorenzer'schen Sozialisationstheorie. Deshalb werde ich zum besseren Verständnis dieses zentralen Lorenzer'schen Konzepts der TH einige Aspekte von Lorenzers Sozialisationstheorie beleuchten.

4.1.1. Anmerkungen zu Lorenzers Sozialisationstheorie

Alfred Lorenzer war selbst lange Zeit praktizierender Psychoanalytiker, bevor er sich theoretisch mit der Eigenart der PA als Wissenschaft auseinandersetzte. In den sechziger Jahren arbeitete er mit Patienten, deren Leiden stark geprägt waren durch KZ-Aufenthalte während des zweiten Weltkrieges. Diese Arbeit beeinflußte Lorenzer in seiner Formulierung einer *kritischen Hermeneutik:*

> „Ich hatte eine Reihe von Jahren der Psychiatriearbeit hinter mir, hatte die Psychiatrie aber verlassen und die psychoanalytische Ausbildung durchlaufen, weil jene Wissenschaft den großen Träumen der Zeit so gänzlich ratlos gegenüberstand. Begierig, das Rätsel der ‘traumatischen Neurose’ in der Psychoanalyse gelöst zu finden, stieß ich auch da bald auf eine Grenze, an der mir klar wurde, nur in der Öffnung der Psychoanalyse zur ‘kritischen Theorie’ kann die Lösung gefunden werden.“ (Lorenzer, 1985, zitiert nach Belgrad et al., 1987, S. 11)

Diese traumatischen Erlebnisse, die Menschen im Erwachsenenalter so tief erschütterten, brachten Lorenzer dazu, nicht nur frühkindliche Erfahrungen als für die Sozialisation bedeutsam zu betrachten, sondern nach einer Vermittlung zwischen subjektiven und objektiven Strukturen zu suchen.

In der folgenden Darstellung geht es im wesentlichen um sein vielfach rezipiertes Konzept der TH. Lorenzers Formulierung einer materialistischen Sozialisationstheorie (1972), scheint eine anregende und reichhaltige Reflexionsbasis für das Verhältnis *Person: Kultur* (bzw. Gesellschaft). Einige sozialisationstheoretische Gedanken an, die er im Rahmen seiner „Tiefenhermeneutischen Kulturanalyse“ (1986) ausführte[5], erläutere ich darum im folgenden.

Lorenzer betonte die materiellen Grundlagen sozialer und familialer Interaktionen. Wenn Lorenzer die materiellen Bedingungen von Sozialisation hervorhob, dann verstand er darunter einerseits die biologisch gegebenen Trieb'mechanismen', andererseits die materiellen Grundlagen, von Nahrungsmöglichkeiten, über Werkzeuge, Techniken bis hin zu kapitalistisch organisierten Produktionsmitteln. Die Verteilung dieser Grundlagen, bzw. der Zugang zu diesen, bilden nach Lorenzer die Basis für gesellschaftliche Formierungen und die daraus entstehenden sozialen und subjektiven Strukturen. In die persönlichen Leidensgeschichten und die damit zusammenhängenden Konfliktmuster spielen diese Faktoren mit hinein.

Das psychoanalytische Triebkonzept beinhaltet zwar, daß Interaktionsformen[6] von den Reaktionen der Umwelt, primär der Mutter, geprägt werden. Doch hob Lorenzer hervor: „Da die Mutter aber in soziale Zusammenhänge eingebunden ist, ihr Verhalten kulturspezifisch ausgerichtet ... ist, müssen wir das triebbestimmende Wechselspiel über die vermittelnde Mutter hinaus angelegt sehen. Die 'Form' der Bedürfnisse wird gesellschaftlich hergestellt“ (1986, S. 45). Freilich wirken auch die von der (neurotischen) Eigenart der Mutter kommenden Brechungen, Verzerrungen und Beschädigungen mit ein auf die sich bildenden Interaktionsformen, aber „letzten Endes spiegeln sich auch und gerade in den Beschädigungen die gesellschaftlichen Zumutungen wider“ (S. 45). Gleichzeitig jedoch sieht Lorenzer (aus materialistischer Sicht) den Trieb nicht als 'puren Abdruck der kulturellen Formen'. Diese 'kulturistische' Position übersähe,

> daß der andere Pol der Entwicklung, die menschliche Natur, weder tabula rasa noch eine durchnormierte Matrix der Entwicklung ist. Die alte akademische Frage nach der Konstitution der Persönlichkeitsstruktur durch „Anlage oder Umwelteinfluß... . *Beide „Möglichkeiten“ verwirklichen sich im realen Zusammenspiel.* ... [V]ollzöge sich der Prozeß der Persönlichkeitsbildung als „ideeller Kommunikationsprozeß“ oberhalb der Körperbildung, dann ... könnte man Persönlichkeitsbildung als bloße „Prägung“ gelten lassen. Allerdings wären auch dann die einsozialisierten Verhaltensnormen keineswegs der reine Abklatsch der objektiven Muster. Eben weil sich die fundamentalen Erinnerungsspuren in konkreten Situationen (also szenisch) niederschlagen, tragen sie die Züge dieser situativen Zufälligkeit an sich. Je mehr der Organismus aber entfaltet wird, ... desto mehr schlagen diese Zufälligkeiten des täglichen Lebens sich in der lebensgeschichtlich gewordenen Individualität nieder. Rechnet man zu diesen Individualisierungsfaktoren nun noch die Besonderlichkeiten aus der mütterlichen Vermittlung hinzu, deren Einbettung

---

5 Es war im Rahmen dieser Arbeit nicht möglich, der Frage nachzugehen, inwieweit sich diese Formulierung von der 1972 formulierten Sozialisationstheorie unterscheidet oder auf ihr aufbaut.

6 Zum Lorenzer'schen Interaktionsbegriff siehe Lorenzer (1970/1973).

> nicht nur in der allgemeinen Sprachgemeinschaft und gesellschaftlichen Praxiszusammenhängen, sondern auch in familialen und mikrokulturellen Gruppierungen, so schwindet alle Hoffnung auf eine objektivistische Einschätzung der Matrix menschlichen Verhaltens... . (Somit läuft) Persönlichkeitsbildung als Einsozialisierung von Verhaltensabläufen in Niederschlägen eines *Wechselspiels gesellschaftlicher Formgebung* (ab). (1986, S. 45-46)

Lorenzers psychoanalytische Perspektive zum Verhältnis von Person und Kultur prägte auch oder zeigte zumindest Parallelen zur Ethnopsychoanalyse und Ethnohermeneutik. Auch eine Ethnohermeneutik des Sprechens kann nicht umhin, sich mit dem Verhältnis von 'Personellem' und 'Kulturellem' auseinanderzusetzen. In diesem Kontext scheinen Sozialisationstheorien insofern relevant, als kulturelle Formen der Kommunikation von konkreten Personen vollzogen werden, von Menschen, die neben ihren kulturellen Präferenzen notwendigerweise auch persönliche Präferenzen mitbringen (und in ihre Gespräche miteinbringen). Es bleibt somit immer eine Herausforderung in (inter-)kulturellen Begegnungen, zu erkennen bzw. verstehen zu lernen, *wie Personelles und Kulturelles miteinander vermittelt sind.* Für diese Fragestellung bietet Lorenzers Sozialisationstheorie anregende und brauchbare Überlegungen.

4.1.2. Tiefenhermeneutik als szenisches Verstehen und praktisch-ändernde Teilhabe

Die Anwendung der Lorenzer'schen TH auf andere soziale Phänomene als die der Psychopathologie stützt sich vor allem auf den Begriff des 'szenischen Verstehens'[7]. Daß Lorenzer das szenische Verstehen nur als einen, und zwar als einen ergänzungsbedürftigen, Teil seiner TH verstand, übersahen oder ignorierten die meisten Autoren, die ihn rezipierten. Dieser andere Teil ist die 'praktisch-ändernde Teilhabe'.

4.1.2.1. Das szenische Verstehen

Das Konzept des szenisches Verstehens entspringt dem psychoanalytischen Kontext[8]. Im psychoanalytischen Setting werden Analytiker mit den Erzählungen ihrer Patienten konfrontiert. Lorenzer unterschied dabei verschiedene Verstehensebenen: die Ebene des 'logischen Verstehens' und die Ebene des 'Nacherlebens' bzw. 'psychologischen Verstehens'.

Das *logische Verstehen* reicht aus, die Bedeutung eines Satzes zu verstehen, so wie wenn wir eine Fremdsprache erlernen: Ich verstehe die Bedeutung dieser

---

7 Die meisten Autoren beziehen sich zwar auf die TH, gehen dann aber doch nur auf das szenische Verstehen ein!

8 Lorenzer merkte an, daß es darin "zwar eine begriffliche, aber keine sachliche Neuerung" darstellt (1970/1973, S. 143).

Wörter in dieser Anordnung[9]. Der Sinn dieser Äußerung - hier und jetzt, von dir zu mir gesprochen - bleibt jedoch an diesem Punkt noch offen. Der Sinn der Äußerung, als der einer kommunikativen Handlung muß erst noch kreiert werden (siehe 1970/1973, S. 84ff).

Das *psychologische Verstehen* bezieht sich auf jene zusätzlichen Ausdrucksformen, die über den Inhalt der Äußerung hinausgehen, z. B. Mimik und Gestik[10]. Diese 'Äußerungen' sagen nach Lorenzer mehr über den Sprecher als über das Gesprochene aus[11].

Lorenzer verstand unter dem, was er 'logisch' wahrnimmt, die „Sprachfiguren der Mitteilung des Patienten," unter dem, was er 'psychologisch' wahrnimmt, die „Handlungsfiguren seiner Gestik" (1974/1976, S. 111). Im psychoanalytischen Prozeß münden die Ebenen des logischen und des psychologischen Verstehens in eine weitere, dritte Ebene, die des szenischen Verstehens. Bildlich ist diese dritte Ebene gleichweit entfernt von den beiden anderen zu denken; „Sprachfiguren wie Handlungsfiguren erweisen sich in the long run als Ausdruck von Interaktionsformen" (S. 111).

Bei dieser Beschreibung ging Lorenzer auf den Unterschied zwischen dem psychoanalytischen Verfahren und der historischen und auch geisteswissenschaftlichen Textinterpretation ein. Der PA geht es nicht um die Überprüfung dessen, was Patienten berichten, es geht auch nicht um die Vollständigkeit dieser Berichte. Es geht somit weniger um „Faktenprüfung" als um „eine für die *Strukturanalyse des Textes notwendige* Konsistenzprüfung" (1974/1976, S. 108). Nach Lorenzer besteht ein wesentlicher Unterschied zur geisteswissenschaftlichen Textinterpetation darin, daß die PA sich z. B. nicht um eine lückenlose Sammlung von Gesprächsprotokollen bemüht, sondern „nur eine zwanglos-

---

9 Lorenzer sah den Begriff "logisches Verstehen" als problematisch an, wies jedoch daraufhin, daß er dies im gegebenen Rahmen nicht verfolgen kann (1970/1973, S. 100).

10 Diese von Lorenzer getroffene bzw. so beschriebene Unterscheidung könnte eine Parallele zu der platten Dichotomie Verbal : Nonverbal nahe, wo Verbales Inhalte vermittelt, Nonverbales die Emotionen. Eine ähnliche Zuordnung führt häufig in die ebenso platte wie falsche Analogie von Inhalts-und Beziehungsebene, wo wiederum verbal mit Inhalt und nonverbal mit Beziehung verknüpft werden, wo also auch Emotionen nur als auf Personen bzw. Beziehungen bezogen verstandene werden. Was hierbei übersehen (überhört) ist, sind die sprecherischen Ausdrucksmerkmale, die ja sowohl zum Inhalt wie auch zu den dazugehörigen Emotionen gehören können.

11 Auch hier scheinen mir die in der Sprechwissenschaft entwickelten Modelle differenzierter als die von Lorenzer getroffene Unterscheidung: ein Sprecher kann nämlich nicht nur mit Gestik etwas über sich zum Ausduck bringen (oder es kommt zum Ausdruck), sondern auch mit Sprechausdruck, ja auch mit Sprachlichem (semantisch oder syntaktisch). Wichtig scheint mir hierbei auch, daß das, was nach Lorenzer 'psychologisch' zu verstehen ist, also, daß was eher etwas über die Person als über die Sache etwas sagt, nicht nur unbewußt geäußert wird (also zum Ausdruck kommt, sondern durchaus auch bewußt zum Ausdruck gebracht wird (vgl. Geißner, 1990).

nachlässige Sammlertätigkeit in der bloßen Erinnerung des Psychoanalytikers" (S. 108) als Grundlage der Interpretationen dient.

Diese Nachlässigkeit hat Methode: Wie Freud schon heraushob, befindet sich der Analytiker in der Rolle der schlafenden Mutter, lauscht in 'freischwebender Aufmerksamkeit' den Mitteilungen des Patienten, womit sich eine eigentümliche Begrenztheit im Gebrauch des logischen Verstehens andeutet. Im Gegensatz zum geisteswissenschaftlichen Ziel, das logische System des Untersuchungsgegenstandes (z. B. das 'Werk' eines Philosophen) herauszuarbeiten, weicht die Fährte des Analytikers immer wieder ins psychologische Verstehen ab: Die Gedankenfiguren werden als Momente der aktuellen Befindlichkeit des Sprechers verstanden. Das Verstehen des Gesprochenen steht im Dienst des „Verstehens des Sprechers" (S. 108)[12].

Diese Hervorhebung des psychologischen Verstehens scheint verwirrend, da es sich auf Gestik und Mimik bezieht, soweit Analytiker diese wahrnehmen oder beobachten können. Genau um dies jedoch geht es in der PA eigentlich nicht. Schon allein das Setting (der Patient liegt auf der Couch und der Analytiker sitzt in einem Sessel dahinter) eignet sich kaum für eine Verhaltensbeobachtung: „Kern des Untersuchungsgegenstandes in der Psychoanalyse sind die Sprachfiguren des Patienten, die der Analytiker im logischen Verstehen aufnehmen muß" (S. 106). Doch, „(t)atsächlich wird diese nicht *grundsätzlich* ausgeschlossen: Bewegungen des Patienten ... gehen in die Wahrnehmung des Analytikers ein. Nur, die Eingeschränktheit der Beobachtung verweist das psychologische Verstehen von vornherein auf den zweiten Platz. Dem logischen Verstehen gebührt methodischer Vorrang" (S. 108-109).

Beide Verstehensmodi sind dem szenischen Verstehen untergeordnet[13]: der Analytiker „deutet die Materialien der beiden anderen Verstehensarten erst im Verständnis der Szene. Indem die beiden ersteren in den Dienst des szenischen Verstehens gestellt werden, wird der Sinn ihrer Aussage von selbst szenisch" (S. 111). Szenisches Verstehen ist „zugleich 'Verstehen des Gesprochenen' wie 'Verstehen des Sprechers'„ (1970/1973, S. 138). Auf diese Weise zielt szenisches Verstehen auf mehr als auf das Verstehen des bewußt Geäußerten, es zielt darauf, die Bedeutung des Gesagten in die konkreten Lebenszusammenhänge der Patienten zu stellen. So verstanden, ist psychoanalytisches Verstehen „im 'Verstehen der Situation' zentriert... . 'Sinn' interessiert dieses Verstehen nicht als ein von den Subjekten abgelöstes Objektives... . Vielmehr betrachtet es die

---

[12] Für eine Erkenntnismethode auf wissenschaftlichem Niveau müßte ein Analytiker explizieren können, wann er warum 'nachlässig' ist.

[13] Insbesondere im Zusammenhang von Interkulturellem Verstehen (Fremdverstehen) wird dieser Aspekt bedeutsam: Z. B. EPA beruht auf szenischen und somit auf logischem und psychologischem Verstehen. Somit sind die Ethnopsychoanalytiker zumindest zu einem gewissen Teil abhängig vom Wissen über cultural ways of speaking, and ways of interpreting, somit bedürften auch sie ethnorhetorischen/ethnohermeneutischen Wissens.

Vorstellungen des Subjektes) ... als Realisierung von Beziehungen, als Inszenierung der Interaktionsmuster. Diese Verstehensart soll deshalb ‘szenisches Verstehen’ genannt werden“ (1970/1973, S. 141-142). *‘Szenisch’ impliziert, das, was die Patienten sagen, ist verstehbar allein im Kontext sozialer Szenen.*

Probleme und offene Fragen

Die terminologische Unterscheidung von logischem und psychologischem Verstehen ist z. T. problematisch. Einerseits ist das ‘Beobachten’ eingeschränkt und die sprachlich vermittelten Äußerungen steht im Kern der Untersuchung (s. o.: das logische ist methodisch primär); andererseits sollen diese eben doch psychologisch verstanden werden (s. o.: das Verstehen des Gesprochenen steht im Dienste des Verstehens des Sprechers). Psychologisches Verstehen, so Lorenzer, richtet sich auf das nicht-sprachlich Mitgeteilte, auf das, was der Analytiker beobachten kann. Wie diese Spanne zu bewältigen ist, läßt Lorenzer meinem Lesen nach offen.

Sie hebt sich jedoch möglicherweise auf, wenn man psychologisches Verstehen anders faßt als Lorenzer. Er beschränkte es (zumindest theoretisch) auf Mimik und Gestik. Was hierbei übersehen, bzw. überhört, ist, sind z. B. die sprecherischen Ausdrucksmerkmale, die nicht nur zum Inhalt gehören, sondern die auch der Befindlichkeit, Emotionalität, Betroffenheit von Sprechern Ausdruck geben. Hier scheinen mir die in der Sprechwissenschaft entwickelten Modelle differenzierter: eine Sprecherin kann nämlich nicht nur durch Gestik etwas über sich ausdrücken, sondern auch durch Sprechausdruck (z. B. Klangfarben), ja auch durch Sprachliches (semantisch oder syntaktisch).

Wichtig scheint mir hierbei auch, daß das, was nach Lorenzer ‘psychologisch’ zu verstehen ist, also das, was eher etwas über die *Person* als über die Sache sagt, nicht nur unbewußt geäußert wird (also zum Ausdruck *kommt*), sondern durchaus auch bewußt (oder zumindest bemerkt, wenn auch nicht beabsichtigt/geplant) geäußert (also zum Ausdruck *gebracht*) wird. Dies kann auf allen Ebenen einer Äußerung wahrgenommen werden, sprachlich, sprecherisch und mimisch-gestisch (vgl. Geißner, 1990).

Dann nämlich werden Sätze, die Lorenzer dem logischen Verstehen zuordnete (S. 106), auch ‘abklopfbar’ dahingehend, ob und was/wie der Klient etwas aussagt über sich, indem er diese Wörter in dieser Ordnung auf diese Weise äußert. So kann der Analytiker über das logische Verstehen hinausgehen, ist jedoch nicht auf Direktbeobachtung angewiesen; er kann auch auf Stimme hören. Das Verstehen des Sprechers begrenzt sich somit nicht mehr auf *beobachtbare Körperbewegungen*, sondern bezieht *hörbare Elemente des Sprechausdrucks* sowie der *sprachlichen Struktur* mit ein.

Bei all dieser Kritik an Lorenzers Beschreibung von logischem und psychologischem Verstehen darf eines nicht vergessen werden: Lorenzer greift auf sprachphilosphische Modelle zurück, jedoch hat er keinen *Kommunikations*begriff. Er verbindet das 'Interaktive' (wenn auch mit einer besonderen Note) mit dem Sprachlichen, indem er die Symbolbildung an sein Konzept der 'bestimmten Interaktionsformen' anbindet.

Daß aus sprechwissenschaftlicher Perspektive seine Einteilung in logisches und psychologisches Verstehen nicht haltbar scheint[14], darf jedoch nicht darüber hinwegtäuschen, daß er beide Verstehensformen so darstellt, um zu beschreiben, was es mit dem ganzheitlichen szenischen Verstehen auf sich hat. Mit dem 'szenischen Verstehen' wird deutlich, daß logisches und psychologisches Verstehen nicht alleine stehen können (das gilt nicht nur im Kontext der PA). Beide Verstehensebenen müssen *zusammengedacht* werden im szenischen Verstehen. Dies ist keine bloße Addition, sondern eine qualitative Interpretationsleistung.

Dieses szenische Verstehen ist, wie Lorenzer selbst sagte, „eine begriffliche, aber keine sachliche Neuerung" (1970/1973, S. 143). Es steht dem nahe, was auch die EM aus soziologischer, die EdK aus linguistisch-anthropologischer bzw. soziolinguistischer, Philipsen und Geißner aus sprechwissenschaftlicher Perspektive[15] über das Verstehen kommunikativer Prozesse formulierten.

4.1.2.2. Praktisch-ändernde Teilhabe

Die Aufgabe einer psychoanalytischen Hermeneutik ist das Enthüllen unbewußter Motive und Sinnschichten. Das Unbewußte ist gekennzeichnet durch sein Unsagbarsein. Die psychoanalytische Aufgabe besteht darin, das Unsagbare sagbar zu machen. Dies will die Lorenzer'sche TH leisten.

Dies ist nicht allein mit szenischem Verstehen zu leisten. Denn, das szenische Verstehen bezieht sich nur auf das Sagbare, Sprachliche (vgl. 1974/1976, S. 140). Lorenzer ordnete das szenische Verstehen somit eher den Interaktionsformen zu, die seiner Meinung nach noch in Sprache gefaßt und zu fassen sind. Er unterschied innerhalb der Interaktionsformen die *symbolischen* und die *bestimmten Interaktionsformen* (bestimmt durch die Mutter-Kind Interaktionen), die zwar nicht außersprachlich, aber dennoch nicht-symbolisch sind (1970/1973).

Ausgehend von der Lorenzer'schen Theorie der 'Krankheits'bildung wird es erforderlich für die Analytiker, das, was für ihre Patienten desymbolisiert (klischeehaft oder zeichenhaft), aus Sprache exkommuniziert ist, für sie wieder begreifbar, in Sprache faßbar und somit bewußt zu machen (1970/1973; vgl. auch 1974/1976, S. 294-296). An dieser Stelle wird das szenische Verstehen unterstützt durch die *praktisch-ändernde Teilhabe. Beide zusammen konstituieren den tiefenhermeneutischen Prozeß.*

---

[14] Bosse z. B. arbeitete mit anderen Verstehensebenen (s. u.).

[15] vgl. hier auch Agar (1985, 1991a, b, 1992), sowie das 'performance paradigm' bei Conquergood (1984, 1985, 1986, 1987, 1989, 1992a, b).

Der Analytiker braucht die praktisch-ändernde Teilhabe, um die nichtsprachlichen Anteile dem Patienten zum Bewußtsein bringen. Dies gelingt durch die konkrete Beziehung zum Analytiker, dessen Mit-Agieren, seine Bewegung in Übertragung und Gegenübertragung (vgl. S. 140-141).

Die praktisch-ändernde Teilhabe hat mehrfache Funktion: Sie dient dazu, dem Patienten zur 'Einsicht' zu verhelfen (heilender Effekt); und gleichzeitig ist sie auch Vorraussetzung für den Erkenntnisprozeß des Analytikers (1974/1976, S. 188). Für die praktisch-ändernde Teilhabe wird die Beziehung Patient-Analytiker relevant, Gegenstand sind aktuelle Szenen. Das was durch die Teilhabe bewirkt werden soll, ist zumindest beim Patienten noch nicht (oder nicht mehr) begriffen, nicht in Begriffe gefaßt, somit nicht symbolisch.

„Während das (szenische) Verstehen sich im Netz des sprachlichen Systems der Lebensregeln aufhält, bewegt sich unmittelbar lebenspraktische Teilhabe auf der Ebene der bewußtlos einsozialisierten Praxisregeln. Das Zusammenwirken von 'hermeneutischem Prozeß' dort und 'Zusammenspiel' hier identifiziert schließlich praktisch beide Systeme" (1974/1976, S. 139). Dieses Zusammenwirken bedarf jedoch auch einer Trennung der beiden Prozesse; nur so

> können wir uns den Operationsraum der Psychoanalyse klarmachen . . ., daß Psychoanalyse als Sprachoperation des Unbewußten innerhalb des gesellschaftlich Hergestellten liegt, obwohl sie außerhalb der Sprache ist. Psychoanalyse verläßt in der Tat den Bereich der Sprache, nicht aber der *gesellschaftlichen Regeln.* An der Grenze der Sprache hört die Reichweite des Verstehens auf, nicht aber der geregelten Interaktion, die in der Psychoanalyse auf dieses Verstehen wiederum *praktisch ändernd* so bezogen wird, daß das konkret Unverständliche verstehbar wird." (S. 139)

Das szenische Verstehen braucht hier eine Erfahrung der konkreten Lebenspraxis: nämlich die der Beziehung zwischen Analytiker und Patient.

Eine psychoanalytische Grundannahme ist, daß der Patient auch im Umgang mit dem Analytiker diese Interaktionsformen 'reinszenieren' wird[16], diesen Prozeß nennen die Analytiker 'Übertragung'. Der Analytiker wird seinerseits mit den ihm eigenen Mustern auf diese Handlungen des Patienten reagieren. Aufgrund dessen, was der Analytiker dabei empfindet und erlebt ('Gegenübertragung'), versucht er sich in den Patienten hineinzuversetzen oder zumindest nachzuerleben, was für Muster hinter diesen ihm entgegengebrachten Haltun-

---

[16] Im Rahmen der gegenwärtigen Arbeit kann ich grundlegende psychoanalytische Begriffe nur verkürzt erklären, bzw. muß sie bei den Lesenden vorraussetzen. Eine wichtige Voraussetzung für Lorenzer, die ich hier kurz erklären möchte, ist das Freud'sche Konzept des Wiederholungszwangs. Es beruht darauf, daß in einem bestimmten Lebenszusammenhang, in einer konkreten Szene der Patient etwas erlebt, was bei ihm zu einer Desymbolisierung führte, zu einer Abspaltung. Die aus diesem Originalvorfall entstandene Verdrängung führt dazu, daß der Patient in konkreten Szenen (Konstellation) immer wieder -musterhaft- agiert, d. .h nicht wissend, unter Zwang, handelt.

gen stecken. Indem der Analytiker selbst sich dieses Prozesses (des Sich-einlassens auf den Patienten und dessen Interaktionsformen) bewußt werden kann, sich aus ihm wieder herausnehmen und ihn reflektieren kann, ist es ihm möglich zu benennen, was dem Patienten verdrängt, unsagbar ist. Diese Benennung vollzieht sich in der Deutung, mit der der Analytiker dem Patienten ein *Sinnangebot* liefert.

In diesem Verständnis der PA spielt die Gegenübertragung eine wesentliche Rolle im Erkenntnisprozeß, sie wird nicht als Störfaktor gesehen. Übertragung und Gegenübertragung beziehen sich auf die konkrete Lebenspraxis zwischen Analytiker und Patient. Dieser Gegenwartsbezug und Selbstbezug auf die analytische Situation kommt auch in der Deutung heraus. Die Parallelen zwischen erzähltem Verhalten (in früheren, vertrauten Erlebnissen) und dem konkreten Jetzt-Verhalten zum Analytiker ermöglichen sowohl dem Analytiker wie auch dem Patienten die *Einsicht*. Praktisch-ändernde Teilhabe ist somit notwendig (für Patient und Analytiker), damit Nicht-sprachliches benennbar und verstehbar wird. Sie ist notwendiger Bestandteil der TH.

Es ist nicht immer leicht, die hier dargelegte Interpretation bei Lorenzer herauszulesen; szenisches Verstehen und praktisch-ändernde Teilnahme sind zwei verschiedene Prozesse. Doch auch wenn sie unterscheidbar sind, trennbar sind sie nicht:

> Die Doppelnatur psychoanalytischen Vorgehens, kritisch-hermeneutisch und praktisch-änderndes Verfahren zu sein, hängt ... mit einem doppelten Ansatz der Operation zusammen. Sie geht zugleich 'verstehend' und unmittelbar teilhabend vor. Die 'unmittelbare Teilhabe' verhält sich zum Verstehen als dessen andere Seite ... . Der doppelte Zugriff ist (jedoch) nicht die Benennung von zwei Seiten eines einzigen Vorgangs, sondern die Kennzeichnung zweier *untrennbar miteinander verflochtener ...*, aber *in verschiedenen Medien sich abspielender Operationen* (Hervorhebungen v. Verf.). (1974/1976, S. 138-139)

Praktisch ändernde Teilhabe bezieht sich darauf, daß der Analytiker nicht nur in der Position des distanzierten Zuhörens ist, sondern daß er immer auch in eine konkrete (hier und jetzt) Beziehung zu seinen Patienten tritt: *Teilhabe*[17]. Praktisch ändernde Teilhabe beinhaltet weiterhin, daß durch die gegenwärtige Beziehung zum Analytiker ein Handlungsraum geschaffen wird, in dem das Reflektieren (angeregt durch die Deutungen) über die konkrete Interaktionsformen (Übertragung, Gegenübertragung) und das Erkennen von Mustern bei den Patienten eine *Veränderung* hervorbringen kann.

Szenisches Verstehen und praktisch-ändernde Teilhabe sind zwar unterscheidbare Prozesse, jedoch auf unterschiedlichen Ebenen, die auch nicht als nachgeschaltet zu verstehen sind. Sie laufen durchaus parallel, wobei meinem

---

[17] Bei Geißner (1988a) heißt es 'communicare est participare', man könnte bei Lorenzer sagen, 'participare est communicare'.

Verständnis nach das szenische Verstehen als Prozeß eingebettet ist in den Gesamtprozeß der PA, der als wesentliches Moment eine Beziehung schafft zwischen Patient und Analytiker. Diese Beziehung wird hier nicht als 'Störfaktor' gesehen, sondern als (unabwendbare) und notwendige Bedingung therapeutischer Tätigkeit. Durch diese Beziehung werden Übertragungen und Gegenübertragungen möglich. Und genau die Auseinandersetzung mit diesen bildet nach Lorenzer den Fokus der praktisch ändernden Teilhabe. Dadurch, daß der Analytiker die gegenwärtigen Interaktionsformen seines Klienten miteinbezieht und in Beziehung setzt zu seinen anderen, wird TH wirksam: Nicht-sprachliches wird verstehbar, die Distanz zwischen symbolischen und desymbolisierten Interaktionsformen wird aufhebbar.

Das psychoanalytische Verstehen vollzieht sich nach Lorenzer in zwei hermeneutischen Zirkeln. Der eine betrifft die 'Einzelszene,' die aus den 'Gesamtszenen' einer Lebensgeschichte heraus verstanden werden muß: „der genaue Sinn der Einzelszene bestimmt sich aus der Kenntnis des Gesamt der Lebenssituation, der Gesamtstruktur der Interaktionsmöglichkeiten, die wiederum aus den Einzelszenen sich aufbauen" (Lorenzer, 1974/1976, S. 144). Der zweite Zirkel wird deshalb notwendig, weil es in der Tiefenhermeneutik nicht nur um den Aufbau dieser ersten 'hermeneutischen Spirale', nicht nur „um die Fremdheit zweier Menschen aus verschiedenen Lebenskreisen" (S. 144) geht, sondern auch um den „nur tiefenhermeneutisch zu bewältigenden Abbau der systematisch verderbten, 'zerstörten' Sprach- und Handlungsanteile. Zur 'horizontalen' muß deshalb die 'vertikale', die Tiefenhermeneutik hinzutreten" (S. 144). TH ist für Lorenzer eine 'Operation' an ansonsten unüberwundenen Verstehens- und Handlungsbarrieren[18].

4.1.3. Kritische Tiefenhermeneutik und die 'Idee einer psychoanalytischen Sozialforschung'

Die PA beschäftigt sich vorwiegend mit psychopathologischen Phänomenen, mit dem Ziel der Heilung, der Therapie. Im Selbstverständnis der Psychoanalytiker ist PA jedoch eher Analyse als Therapie, bzw. ihre therapeutische Wirkung beruht auf der Einsicht durch Erkenntnis: „Therapie und Erkenntnis (sind) *eins*" (Lorenzer, 1974/1976, S. 199). So erklärt sich auch, warum Psychoanalytiker beanspruchen, ihre Arbeit und Methode sei auf rein wissenschaftliche Fragestellungen übertragbar[19]9.

---

[18] Nicht zu verwechseln sind die zwei hermeneutischen Zirkel mit den zwei hermeneutischen Feldern, die Lorenzer (1974/1976, S. 164-170) beschrieb, um zu unterscheiden zwischen den Verstehensprozessen Analytiker/Analysand und Analytiker/andere Analytiker (zur 'Supervision').

[19] Kritik, daß Methodenbeschreibungen wie 'freischwebende Aufmerksamkeit' nicht genügen für eine intersubjektiv überprüfbare Vorgehensweise.

TH reflektiert in der therapeutischen Praxis die sozialen und kulturellen Einflüsse auf Personen, jedoch sucht sie dabei den Zugang zu den individuellen Verzerrungen[20]. Mit entsprechenden theoretischen und methodischen Anpassungen ist die TH nicht mehr nur im klassischen therapeutischen Kontext anwendbar. Lorenzer war um die Übertragung seines tiefenhermeneutischen Ansatzes auf die Sozialwissenschaften sehr bemüht. Er wurde auch auf psychoanalytisch orientierte Sozialforschung übertragen (Lorenzer et al., 1971; Lorenzer, 1986a, b; Belgrad et al., 1987). In „Kulturanalysen" (1986a) zeigten sich die Versuche, psychoanalytische Hermeneutik auf andere Forschungsfelder (Architektur, Medienanalyse) zu übertragen; Lorenzer selbst demonstrierte 'tiefenhermeneutische Kulturanalyse' am Beispiel der Literaturinterpretation (1986b).

4.1.3.1. Zur Doppeldeutigkeit von Sinn

Zentral für psychoanalytisches Verstehen ist die Doppeldeutigkeit von Sinn:

> Der Textinhalt muß doppeldeutig sein. Unter der manifesten Bedeutung muß im Text ein anderer, konkurrierender 'Sinn' enthalten sein - vergleichbar der verborgenen Figur eines Vexierbildes. Die Gegensätzlichkeit und *Eigensinnigkeit* ist entscheidend; der latente Sinn eines Textes ist ja nicht der 'Tiefsinn' des manifesten. Selbstverständlich läßt sich jeder einigermaßen gehaltvolle Text in seiner manifesten Bedeutung inhaltsanalytisch vertiefen, ... aber all das hat nichts mit dem latenten Sinn zu tun" (Lorenzer, 1986b, S. 32)

Sie unterscheidet sich hierin von anderen interpretativen Ansätzen, insbesondere auch von traditionellen linguistischen Interpretationsansätzen:

> Manifester und latenter Sinn sind an denselben Text gebunden. Diese Einsicht gewinnt einen besonderen Wert, wenn wir sie als Hinweis auf die Textform nehmen. Diese muß der Doppelbödigkeit der Mitteilung entsprechen. D. h. in erster Annäherung: Der Text muß den Rahmen einer diskursiv-denotativen Aussage überschreiten. Er muß die Qualität szenisch-bildhafter Symbolik haben. Er soll zwar die eine Mitteilung eindeutig aussprechen; es darf das tiefere Motiv aber nicht 'laut erörtert werden'. Wie beim Traum ist auch hier das Unsagbare ins Bild gefaßt" (Lorenzer, 1986b, S. 36)

Psychoanalytische Literaturinterpretation folgt der PA, indem sie das, „was im Alltag in der Regel als gesichert unterstellt werden darf, nämlich die Bedeutung der Mitteilung," (1986b, S. 25) in Frage stellen muß; „(d)er Psychoanalytiker ist mißtrauisch" (S. 25). Darin gleicht er dem Detektiv, doch im Unterschied zu ihm „hat er keinen 'Tatbestand' im Kopf, auf den hin er die Mitteilung seines

---

[20] Mit individuell ist hier nicht unbedingt ein bürgerlicher Individualismusbegriff verknüpft. Lorenzer betont hier vielmehr die Person als eine 'Einheit' mit eigener prägender Biografie.

Gegenübers überprüft". Beide haben einen 'Täter' vor sich, doch der Psychoanalytiker muß den 'Tatbestand' erst klären. Der 'Tatbestand' bei der Psychoanalyse dreht sich auch nicht um Realgeschehen, sondern „um Erlebnisse, um 'Tatentwürfe' ... Die Bedeutung der Erlebnisfiguren - das ist es, wonach der Psychoanalytiker fahndet. Und danach sucht auch die tiefenhermeneutische Literaturinterpretation" (S. 26). Dieses Interesse an Erlebnisfiguren, Lebensentwürfen, sozialen Szenen teilt die psychoanalytische Kulturanalyse mit anderen Ansätzen der Kulturforschung (symbolische Anthropologie, Ethnologie, auch EdK). Der Analytiker untersucht soziale Szenen, darin unterscheidet ihn sein 'szenisches Verstehen' nicht von anderen hermeneutischen Verfahren.

Nach Lorenzer unterscheidet die psychoanalytische Hermeneutik sich von der literaturwissenschaftlichen durch „die Ausrichtung auf den lebenspraktisch-sozialen Sinn der Figuren" (1986b, S. 27). Darin trifft sich die psychoanalytische Hermeneutik mit der sozialwissenschaftlichen Hermeneutik und so auch mit den in dieser Arbeit dargestellten Ansätzen, insbesondere der EdK, Philipsens ethnografischem Kommunikationsansatz und Geißners Sprechwissenschaft. Diese Ausrichtung macht Lorenzers Ansatz auch so bedeutend für die Entwicklung einer Ethnohermeneutik des Sprechens, die sich nicht, wie es Lorenzer der literaturwissenschaftlichen Hermeneutik zum Teil zusprach, „auf form- und ideengeschichtliche Figurationen beschränkt" (S. 27). Denn *auch eine Ethnohermeneutik des Sprechens hat nicht einfach 'sprechen' als Gegenstand, sondern je nach Schwerpunkt miteinander sprechende Menschen bzw. das 'Miteinandersprechen vergesellschafteter Menschen'* (Geißner). Ethnohermeneutik des Sprechens richtet sich auf Miteinandersprechen in der *Funktion des Entwurfs von 'lebenspraktisch-sozialem Sinn'*.

Im Unterschied zu den meisten sozialwissenschaftlichen und auch ethnografischen Ansätzen, sucht der Psychoanalytiker (und dies hat er doch mit dem Detektiv gemein!) den „verborgenen Hintersinn" (S. 26). Die psychoanalytisch-tiefenhermeneutische Textinterpretation ist davon überzeugt, daß der Text doppeldeutig ist. Wie in der Therapie kennt auch bei der kulturkritischen PA niemand den Sinn „und vermag ihn der 'Täter' zuallerletzt zu enträtseln" (S. 26). Die 'Enträtselung der unbewußten Bedeutung des Textes' ist für Lorenzer das wichtigste Merkmal der psychoanalytischen Hermeneutik.

Jedoch „trennt die Suche nach dem *unbewußten Sinn* die psychoanalytische Hermeneutik von *jeder anderen, auch der sozialwissenschaftlichen* (Hervorhebungen v. Verf.)" (1986b, S. 27). Die Enträtselung der unbewußten Bedeutungen des Textes ist für Lorenzer das wichtigste Merkmal der psychoanalytischen Hermeneutik bzw. Kulturanalyse; „deshalb nennen wir sie Tiefenhermeneutik" (S. 27).

4.1.3.2. Kritische Hermeneutik

Kritisch wird Lorenzers Hermeneutik unter anderem mit Rückgriff auf die kulturkritischen Anfänge der PA bei Freud; „das Unbewußte ist das Verbotene. Es sind Wünsche, die der allgemeine Konsens verpönte; sie widersprechen den Normen und Werten der geltenden Kultur. Vor allem widersprechen sie den jenigen Normen und Werten, die das Individuum sich aufzwängen ließ, ..." (Lorenzer, 1986b, S. 27). Psychoanalytische TH muß sich gegen

> jene Verbote wenden, die dagegen aufgerichtet sind, daß die Auseinandersetzung zwischen Wünschen, Normen und Werten offen und mit Bewußtsein geführt wird... . Gleichgültig, wie tief die Denkverbote ins Fundament der Persönlichkeit eingelassen, wie allgemein-menschlich oder kultur- oder familienspezifisch die Konflikte zugespitzt sind, allemal verlangt die Befreiung des Denkenkönnens vom Analytiker eine Parteinahme gegen die gesellschaftlichen Zwänge." (S. 27)

Somit kennzeichnete Lorenzer die psychoanalytische Hermeneutik „ohne Einschränkung als *'kritisch-hermeneutisches'* (Hervorhebung v. Verf.) Verfahren ... Das Unbewußte, auf das diese Hermeneutik zielt, sind die vom gesellschaftlichen Konsens ausgeschlossenen Lebensentwürfe. Die Wendung gegen den tabuisierenden Konsens ist mithin die Vorbedingung der psychoanalytischen Hermeneutik" (S. 27).

Kritisch ist für Lorenzer nicht nur gesellschaftskritisch, sondern auch

> selbstkritisch. Denn „(f)reilich nützt hier keine abstrakt-prinzipielle Abwendung 'ein für allemal'. Die Vorannahmen, die der Psychoanalytiker einsetzt, um den Patienten zu verstehen, sind selbst ja durchsetzt vom sozial approbierten Bewußtsein. Nur in der Auseinandersetzung um die 'konkreten Konflikte' gewinnt die Kritik einen freieren Blick" (1986b, S. 27-28).

Zu dieser nicht nur ideologiekritischen, sondern auch selbstreflexiven Haltung Lorenzers gehört meinem Verstehen nach notwendigerweise auch der Einbezug der praktisch-ändernden Teilhabe in die TH der psychoanalytischen Kulturanalyse. Will man Lorenzers Konzept der TH auf andere Anwendungsfelder, wie z. B. EPA oder Leithäuser & Volmergs Gesprächsanalysen, übertragen, sollte man nicht darüber hinweggehen, daß das szenische Verstehen nur einen Teil der Lorenzer'schen TH ausmacht, der von der praktisch-ändernden Teilhabe nicht zu trennen ist. Für den Anwendungsbereich der Literaturinterpretation nahm Lorenzer selbst explizit Stellung dazu:

> die Psychoanalyse ... (behält) auch da ihren Charakter als kritisch-hermeneutische und auf 'praktische Änderung' zielende Bemühung, als Projekt des Wandels... . (Allerdings) mit zwei kennzeichnenden Unterschieden: Während in der ... Therapie das Ziel des 'praktisch-ändernden' Impulses in erster Linie der Analysand ist, verhält es sich im Leser-Text-Verhältnis umgekehrt: Hier ist es der Leser/Analytiker, der zur Änderung ansteht. Indem er als Leser seine Betroffenheit

> 'anerkennt' und als Interpretierender 'nicht zurückschaudert', verändert er sein (oder sie ihr) Bewußtsein ... " (1986b, S. 28).

So beinhaltet die TH in der Therapie wie auch in der Kulturanalyse szenisches Verstehen *und* praktisch-ändernde Teilhabe.

4.1.4. Abschließende Bemerkungen

Lorenzers TH entstand freilich in einem besonderen Setting, keine eigentliche Forschungssituation, sondern ein Anwendungsbereich. Doch versteht sich die PA nicht als 'bloße' Therapie, sondern als wissenschafliche Methode mit einem entsprechenden Theoriegebäude. Der Fokus ist ein anderer als in den Sozialwissenschaften, der Linguistik oder der Sprechwissenschaft. Dennoch, wie auch oben schon erwähnt, wurde der TH-Ansatz auf sozialwissenschaftliche und kulturanalytische Perspektiven übertragen. Es geht bei der Anwendung der TH auch nicht um das Aufdecken 'individueller-pathologischer' Strukturen, sondern vielmehr um das Aufdecken von Sinnebenen, die verschleiert bleiben aufgrund *kulturell geformter* Tabus[21]. In diesem Sinn bietet Lorenzers TH auch Ansätze für eine *Ethno*hermeneutik des Sprechens.

Lorenzers vertikale Hermeneutik ist entwickelt am Subjekt und muß für die Sozialforschung und Sprechwissenschaft um weitere Dimensionen der Vertikale ergänzt werde, z. B. die Vertikale der Formen, der Sprechsituationen, der Gesprächstypen, etc. (vgl. Geißners hermeneutische Zirkel, Kap. 3.2.)

Im Hinblick auf die Diskussion deskriptive vs. kritische Ethnografie (Philipsen, Kap. 3.1.), erscheint es wichtig zu betonen, daß eine kritische Hermeneutik nicht per se ideologisch borniert und somit hermeneutisch begrenzt sein muß (Philipsen). Sie ist sehr wohl Teil des verstehend-beschreibenden (Erkenntnis-)
Prozesses. Lorenzer formulierte das Verhältnis von psychoanalytischer Theoriebildung und empirischer Forschung derart, daß in der Reflexion konkreter Erfahrungen die Wurzeln der Theoriebildung liegen. Hierin scheint mir seine Hermeneutik vorbildhaft für eine hermeneutische Kommunikationsforschung, die nicht von Modellen ausgeht, „die schon in sich schlüssig sein müssen, bevor sie überhaupt mit der Welt in Kontakt treten" (Günthner & Kotthoff, 1991, S. 16)[22]. In dieser empirischen Hermeneutik liegt auch die Chance, die Ethnozentrismen in der eigenen Theorie anzugehen. So scheint mir Lorenzers Ansatz rezeptionswürdig im Zusammenhang einer sich entwickelnden Ethnohermeneutik des Sprechens, so daß diese sich nicht als inhaltsleerer Neubegriff in die Kommunikationstheorie(n) einführt.

---

[21] Auch Leithäuser und Volmerg (1979) befaßten sich nicht mit individuellen 'Verzerrungen', sondern mit denen von Gruppen.

[22] Die Autorinnen bezogen sich hier auf Searle, Habermas und Wunderlich.

4.2. Leithäuser und Volmergs 'empirische Hermeneutik'

Mit ihrer empirischen Hermeneutik wandten Leithäuser und Volmerg (1979) Lorenzers TH auf die Untersuchung von Alltagsgesprächen an[23]. Sie boten damit einen nützlichen Rahmen für die Erforschung soziokultureller Prozesse in Alltagsgesprächen. Besonderes Augenmerk legten sie dabei auf die Aufdeckung von Klischees und gesellschaftlich unterdrückten Aspekten sozialer Wirklichkeit wie sie in und durch Alltagsgespräche (re-)produziert werden. Leithäuser und Volmerg (1979) untersuchten, wie kollektive Verdrängungen in diesen Gesprächen widergespiegelt sind und auf welche Weise gesellschaftliche Strukturen die soziale Interaktion, insbesondere auch die Gesprächsstruktur, beeinflussen. Ihr Ansatz zeigte eine interessante Anwendung psychoanalytischer Konzepte auf die Untersuchung sozialer Interaktion. Er kann verstanden werden als ein Ansatz, der zwischen Ideologiekritik auf der einen und PA auf der anderen Seite zu vermitteln versucht (Geißner, persönliche Mitteilung, März 1992), denn er zeigt 'emprisch', was sonst nur abstrakt der Ideologiekritik unterliegt.

Für das gegenwärtige Interesse an kultureller Kommunikationsforschung erweist sich die empirische Hermeneutik jedoch in mehrfacher Hinsicht als problematisch:

a) Leithäuser & Volmerg verstehen Gespräche nicht als Kokreation mehrerer Teilnehmer, sondern behandeln sie als 'Text' eines Autors, nämlich der Gruppe.

b) Sie distanzieren sich (zwar) von Oevermans objektiver Hermeneutik (1979, S. 108-119); dennoch sehen sie sich selbst keineswegs als Teil des hermeneutischen Prozesses. Als Mitglieder einer Gesellschaft und als Mitglieder von Sprechgemeinschaften haben sie jedoch keinen Standpunkt außerhalb ihrer eigenen Sprache, ihrer gesellschaftlichen und subjektiven Sozialisation, oder gar ihrer hermeneutischen Situation (vgl. Geißner, 1981/1988, S. 135-136). Scheinbar sahen sie sich als Handelnde mit besonderer Legitimation, da sie sich der 'Umgangssprache' bedienen. Die 'Umgangssprache' erlaube volle Rollenflexibilität. Sie sei sowohl reflexiv, als auch analytisch und assoziativ; sie sei dabei 'unverzerrt' (Leithäuser & Volmerg, 1979, S. 161-162). Mit Bezug auf Habermas verliehen sie der Umgangssprache einen „quasi-transzendentalen Status" (S. 162) und scheinen sich selbst dabei in einen (quasi-transzendentalen) Raum jenseits hermeneutischer Zirkel zu befördern.
An dieser Stelle, meine ich, diskreditierten Leithäuser und Volmerg ihr theoretisches Konzept als möglichen Anknüpfungspunkt für eine Herme-

23 Siehe auch Leithäuser, Volmerg, Salje, Volmerg und Wutka (1977).

neutik, die nicht nur ideologiekritisch, sondern auch selbstkritisch zu sein versucht. Kritische Hermeneutik ohne Selbstreflexivität wird unglaubwürdig.

c) Zum Punkte kultureller Variabilität verschiedener, wie sie sagen, 'Sprach'gemeinschaften, verwiesen sie auf Habermas und schlugen ein transzendentales Sprachspiel (1979, S. 178) vor. Mit Geißners sozialpragmatischem Ansatz möchte ich dem entgegenhalten, daß Kommunikation nicht im Abstrakten geschieht, sondern in sozialen, kulturellen, meist multikulturellen Wirklichkeiten. Somit zeigte sich die 'empirische Hermeneutik' als keine geeignete Grundlage für eine Ethnohermeneutik des Sprechens. Dennoch möchte ich sie als ein wertvolles Unternehmen hervorheben, insofern sie sich damit befaßt, wie kollektive Tabus und Verdrängungen Gruppengespräche und allgemeine öffentliche Kommunikation beeinflussen. Ihre Untersuchung subjektiver Perspektiven in 'betrieblichen Lebenswelten' (Volmerg, Senghaas-Knobloch, & Leithäuser, 1986; Volmerg, 1987) ist eine interessante Anwendung ihres Ansatzes. Sie zeigt, daß trotz der von mir vorgebrachten Kritik an ihrer Theorie die Methoden ihrer empirischen Hermeneutik sehr wohl nutzbar gemacht werden können für ethnografische Kommunikationsforschung.

4.3. Ethnopsychoanalyse

Die TH und zum Teil auch die empirische Hermeneutik haben jeweils interessante Ansatzpunkte geboten für eine zu entwickelnde Ethnohermeneutik des Sprechens. Doch keine dieser Hermeneutiken hat die Besonderheiten einer vergleichenden oder interkulturellen[24] Hermeneutik herausgearbeitet. Bevor ich zu Hans Bosses „Ethnohermeneutik und Ethnoanalyse" komme, stelle ich zunächst in Grundzügen dar, was Bosses Ansatz zu Grunde liegt: die EPA.

4.3.1. Allgemeine Grundzüge

Ethnopsychoanalytische Konzepte reichen von Georges Devereux bis zu Paul Parin. Devereux artikulierte eine eher naturwissenschaftlich orientierte Perspektive, hatte ein größeres Interesse an universalen Phänomenen und Eigenschaften und vertrat einen eher apolitischen Standpunkt. Die Züricher Ethnopsychoanalytiker um Paul Parin waren stärker an kulturellen Besonderheiten interessiert, formulierten EPA als eine kritische interpretative Sozialwissen-

[24] (vgl. Krusche & Wierlacher, 1990)

schaft und forderten politische Verantwortung der wissenschaftlichen Tätigkeit (vgl. z. B. Parin, 1948, 1978/1992; zur Einführung siehe Heinrichs, 1985a). Zu den ethnopsychoanalytischen Autoren aus dem Umfeld Parins zählen: Goldy Parin-Matthèy (Parin, Morgenthaler, Parin-Matthèy 1963; 1971/1991), Fritz Morgenthaler (1978/1981), Mario Erdheim (1982/1990; 1988/1991) und Maya Nadig (1986a; 1986b; 1987).

Die oben formulierte Opposition zwischen diesem Verständnis der EPA und dem Georges Devereux' darf nicht als absoluter Gegensatz verstanden werden. Devereux wird allgemein und auch von dieser Gruppe anerkannt, geschätzt und an vielen Stellen als zentrale Quelle herangezogen (Bosse, 1979; Nadig, 1986a; Erdheim, 1982/1990). Besonders bekannt wurde seine Arbeit über „Angst und Methode in den Verhaltenswissenschaften" (1967/1992). Im Zusammenhang der vorliegenden Arbeit beschränke ich mich in der Darstellung der EPA lediglich auf die Arbeiten der Züricher Ethnopsychoanalytiker um Paul Parin.

4.3.1.1. Die Verknüpfung von Ethnologie und Psychoanalyse

Eine grundsätzliche Übereinstimmung aller ethnopsychoanalytischen Ansätze ist, daß sie PA übertragen auf die Erforschung fremder Kulturen. Das Interesse der hier vorgestellten Ethnopsychoanalytiker ist dabei jedoch kein therapeutisches. Im Unterschied zur üblichen psychoanalytischen Praxis leiden ethnopsychoanalytische Klienten nicht und sind auch nicht 'krank'. Ihre Mitarbeit dient den ethnologischen und psychologischen Interessen der Forscher (s. a. Nadig, 1986a, S. 48-49).

Die gegenseitige Beeinflussung von Ethnologie und PA geht weit zurück in die Anfänge dieses Jahrhunderts, als der Austausch zwischen Vertretern beider Disziplinen in einem regen Dialog miteinander stand, der auf Seite der Anthropologen sowohl Interesse wie auch Skepsis beinhaltete. Besonders umstritten war die 'Universalität des Ödipuskomplexes' (Keesing, 1981). Parin verwies darauf, daß Anthropologinnen wie Ruth Benedict und Margaret Mead, zwei Hauptbegründerinnen der kulturellen Anthropologie, Beobachtungsschwerpunkte und -methoden aus der PA auf ihre Feldbeobachtungen anwandten (vgl. Parin, 1961, S. 143-149).

Die Entstehung der *Ethno*psychoanalyse[25] als *eigene Forschungsrichtung* erfolgte stückweise. Parin (1984) berichtete, daß er und seine Kollegen auf ihren beiden ersten Expeditionen (in Westafrika) ihre Materialien über die jeweiligen Kulturen mit Hilfe von Interviews sammelten. Erst später kamen sie darauf, die psychoanalytische Methode auch für ihre ethnologischen Studien zu nutzen. Das psychoanalytische Setting zielte darauf ab, eine vertrauensvolle Atmosphäre und Beziehung zu schaffen, wo sich Klienten offen, ohne Hemmungen aussprechen können. Ihre Überlegung war, daß es mit Hilfe der psychoanalytischen

[25] Nach Parin war Devereux der erste, der diese Bezeichung verwendete (1978/1992).

Methode möglich sein könnte, „ohne die Menschen auszufragen, ... die Menschen zum Reden zu bringen“ (Parin, Parin-Matthèy, & Morgenthaler, 1985, S. 37).

Die Ethnopsychoanalytiker verwenden die psychoanalytische Methode ebenfalls in einem dyadischen Setting. Sie haben mit einer größeren Anzahl verschiedener Personen wiederholte Sitzungen. Haupt'instrumente' sind dabei, wie auch in der PA, die Reflexion von Übertragung, Gegenübertragung und Widerstand (Parin, 1961). Auf diese Weise 'sammeln' sie einen 'pool' von Analysen, die sie nach kulturspezifischen Mustern in den individuellen Biografien 'abklopfen': „*Konflikte und Widersprüche der Gesellschaft sind von der Ethnopsychoanalyse als Konflikte und Widersprüche im Subjekt analysierbar* (Hervorhebung v. Verf.)“ (Heinrichs, 1985b, S. 122; vgl. Parin, 1978/1992; Parin & Parin-Matthèy, 1986). Die EPA untersucht sozio-kulturelle Bedingungen und deren Wirkungen auf individuelle Biografien; sie ist somit eine Sozialwissenschaft.

Die EPA (oder 'vergleichende Psychoanalyse', wie Parin (1978/1992) sie auch nannte) unterscheidet sich von anderen Theorien im wesentlichen durch zwei Grundannahmen:

> Einerseits schreibt sie den Triebenergien, die zum Teil aus dem Unbewußten wirken, die Bedeutung zu, die ihnen die Psychoanalyse gibt. Dadurch unterscheidet sie sich von den Lerntheorien, von fast allen soziologischen und ethnologischen Theorien, von der klassischen marxistischen Gesellschaftstheorie und auch von den Lehren der Strukturalisten. Andererseits nimmt sie an, daß die Kräfte, welche von Geschichtsschreibung, der Ethnologie und Soziologie studiert werden, die Evolution der Kulturen in Bewegung halten und daß sie nicht nur in der Makrosozietät ihre Wirkung entfalten, sondern bis in die verborgenen Regungen der individuellen Psyche hinein wirksam sind... . Dadurch unterscheidet sich die Ethnopsychoanalyse von den rein psychologischen Theorien, welche annehmen, daß es allein die Gesetze der menschlichen Psychologie sind, die - neben denen der Naturwissenschaften - die Natur und das Verhalten des Menschen erklären können.“ (1978/1992, S. 56)

4.3.1.2. Zur Unterscheidung 'persönlicher' und 'kultureller' Verhaltensweisen

Ein Problem bei der ethnopsychoanalytischen Forschung ist, daß die 'Norm', die dem beobachteten Verhalten zugrunde gelegt werden mußte, eine andere war als die vertraute eigene der Forscher. Ein bestimmtes Verhalten wirkte auf sie vielleicht 'auffällig', 'eigen', war jedoch möglicherweise der Sozialisation zuzuschreiben und weit verbeitet. Um trennen zu können zwischen 'persönlichem' und 'kulturellem' mußten die Ethnopsychoanalytiker erst einmal Grundlagen gewinnen, um bestimmte Verhaltensweisen miteinander zu vergleichen. Sie tun dies nicht mittels großangelegter Untersuchungen, sondern mit einer geringen Anzahl sehr ausführlicher Einzelfallanalysen (siehe unten das Bsp.

des Pflegepersonals). Erklärungen für 'abweichende' Gewohnheiten oder Verhalten suchten sie dann in der frühkindlichen Entwicklung: z. B. wurde in westafrikanischen Völkern oft bis zum Alter von 4 Jahren gestillt, dann aber abrupt abgestillt. Die Eltern übten keinen Druck oder Zwang auf ihre Kinder aus, ihre Ausscheidungen zu kontrollieren, 'sauber' zu werden, aber von anderen Kindern kamen Äußerungen dahingegen. Auch war Sexualität kein tabuisiertes Thema oder Verhalten wie in westlichen Kulturen. Die Ethnopsychoanalytiker versuchten, diese Verschiedenheiten in der Sozialisation in ihrer Wirkung auf die psychische Strukturen der Erwachsenen zu erforschen (vgl. Parin, Morgenthaler, Parin-Matthèy 1963; 1971/1991).

Nach wie vor problematisch war dabei,

> daß bei diesem Vorgehen unser Bezugssystem ein spezielles, unvermeidlich willkürliches war: die bekannte Psychodynamik des abendländischen Menschen, einschließlich unserer eigenen 'personality structure'... . In einer anderen Kultur mußten die aufzudeckenden, die Persönlichkeit teilweise formenden Konflikte notgedrungen andere sein als bei uns. (Parin, 1961, S. 149)

Doch Parin sah auch gerade in dieser kulturellen Distanz eine Chance, die der traditionellen PA verwehrt blieb, da die gemeinsame Sozialisation von Analytiker und Analysand zum „beinahe unüberwindlichen Hindernis“ (1978/1992, S. 55) wurde in der Erforschung des Zusammenspiels psychischer und gesellschaftlicher Prozesse.

4.3.1.3. Zum Selbstverständnis der Ethnopsychoanalyse

Es gibt viele Vorbehalte bzgl. der PA, insbesondere aus Reihen der Anthropologie. Die Behauptung eines universellen Oedipuskomplexes schien vielen der Gipfel ethnozentrischer Anmaßung. Auf die breite Literatur und Diskussion zu diesem Thema kann und möchte ich hier nicht eingehen. Diese Vorwürfe würden der EPA, wie sie Parin et al. entwickelten, nicht gerecht. Denn in dieser scheint mir ein Denkrahmen geschaffen, der grundlegende Überlegungen und Erkenntnisse der PA mit der relativierenden Perspektive kultureller Forschung verknüpfen läßt. Die Vorbehalte gegenüber Freuds Wiener Oberschicht-Herkunft und der damit verbundenen soziokultureller Beschränktheit seiner Theorie und Praxis, gewinnen unter kultureller Perspektive an Relevanz, verlieren gleichzeitig auch ihr vernichtendes Potential, was die PA als Ganzes betrifft.

Seit ihrer Entstehung war PA nicht bloß eine neue Form der Psychotherapie. Sie war in ihrem Kern Kulturtheorie und Kulturkritik: „In Fortsetzung von Freuds Kritik der bürgerlichen Ideologie hat die Ethnopsychoanalyse eine enorme aufklärerische Aufgabe, z. B. diesen Ethnozentrismus ... aufzudecken, wonach 'richtig' und 'ordentlich' das sein soll, was in den westlichen Industrienationen entwickelt wurde und eine andere menschliche Gesellschaft dem gegenüber als unentwickelt und primitiv erscheine und zu primitiven Persönlichkeiten, zu primitiven Gefühlen führe“ (Parin, Parin-Matthèy, & Morgenthaler, 1985, S. 43). Ethnopsychoanalytiker um Parin teilen eine gesellschaftskritische Perspektive, die die Freud'sche Kritik an Zivilisation und Bürgertum verbindet mit einer dialektisch-materialistischen Gesellschaftstheorie (Parin, 1978/1992, S. 34-54).

Mario Erdheim (1982/1990) verwies darauf, daß PA zwar in die Sozialwissenschaften integriert wurde (wie z. B. durch die Frankfurter Schule (Adorno, Marcuse und, in der Nachfolge, Habermas), Norbert Elias oder Talcott Parsons). Das Interesse schien sich jedoch nur auf die *Theorie* zu beziehen;

> in Vergessenheit geriet, daß der Zugang zum Unbewußten über die Neudefinition des Arzt-Patient-Verhältnisses möglich gewesen war. Eigentlich hätte man daraus schließen müssen, daß die Aufnahme der psychoanalytischen Erkenntnisse durch die anderen Wissenschaften eine entsprechende Veränderung im Verhältnis des Wissenschaftlers zu seinen Objekten *voraussetzte*.“ (S. 162)

Doch die oben erwähnten Rezeptionen

> „griffen Theorien der Psychoanalyse auf, ohne die Interaktion des Forschers mit seinem Objekt zu verändern... . Adornos (1971) und Habermas Forderungen nach dem Einbezug der Subjektivität in den Forschungsprozeß ist nie im psychoanalytischen Sinn realisiert worden.“ (S. 162).

Bosse (1985a) bemerkte übereinstimmend: „Man kann nicht wie die Frankfurter Schule über die Rettung des bedrohten bürgerlichen Subjektes nachdenken, in der Forschung aber die Menschen, die man untersucht, wie Objekte behandeln, die man ausfragt“ (S. 74). Bosse behauptete, daß „erst Ethnopsychoanalyse und -psychiatrie ... auch die psychoanalytische *Methode* in die Sozialwissenschaften eingeführt“ hat (S. 74).

4.3.1.4. Ethnozentrismen in der Psychoanalyse

Ethnopsychoanalytiker stellen sich somit gegen das universalistische Mißverstehen der PA. Ein Beispiel für ein unangemessenes, weil ethnozentrisches, psychoanalytisches Konzept, ist das der Entwicklung eines ‘autonomen Ichs’. Die Agni der Elfenbeinküste zeigen z. B. ihre „psychologisch autonomen Leistungen“ (Bosse, 1979, S. 22) am besten unter feld-abhängigen Bedingungen. Das bedeutet, daß die Agni im Unterschied zum westlichen Ideal kein ‘inneres Ich’ entwickeln, daß sich von seiner Außenwelt distanzieren kann. Sie gehen stattdessen in unserem Verständnis ‘abhängige’ Beziehungen mit den sie umgebenden Personen ein (vgl. Parin, Morgenthaler & Parin-Matthèy, 1971/1991).

Diese Andersartigkeit zur westlichen Ich-Entwicklung kam z. B. bei folgenden Situationen zum Vorschein: Es gab Berichte und Beobachtungen aus verschiedenen Krankenhäusern (Westafrika), daß das Pflegepersonal bei Wechsel ihres Vorgesetzten enormen Leistungsnachlaß zeigte. Selbst einfache, grundlegende Tätigkeiten, wie desinfizieren, wurden vernachlässigt. Parin et al. gingen diesen Berichten nach, führten Beobachtungen vor Ort und Befragungen durch und fanden bei hundert Personen verschiedener Stammeszugehörigkeit, die gleiche Verhaltensweise vor[26]. Die Nachlässigkeiten erfolgten „ohne Verstimmung, Trotz oder bösen Willen" (Parin, 1961, S. 158). Aufgrund umfangreicher Befragungen, fanden die Ethnopsychoanalytiker: Kam ein neuer Chef, der von ihnen Autorität und Anerkennung zugesprochen bekam, so war das Personal in der Regel wieder so zuverlässig wie zuvor. Was aus unserer Sicht vielleicht 'regressiv' war, war lediglich an die Situation bzw. Beziehung gebunden. Die notwendige Orientierung an einer Leitperson konnte als allgemeingültige verhaltensbestimmende Norm in diesen Kulturkreisen gefunden werden;

> aus der Analyse einer großen Zahl analoger Beobachtungen zeigt es sich, daß nur der Text der Gewissensforderungen - wie z. B. eine medizinische Arbeit zu verrichten ist - gleich lautet wie bei einer europäischen Person. An *der* Stelle, wo wir von Verläßlichkeit oder Charakterstärke in Erfüllung einer Pflicht reden würden, steht beim Afrikaner weitgehend das Verhältnis zum Chef (S. 159).

Parin et al. (1971/1991) konnten diese Eigenschaften, Verhaltensmuster in Verbindung bringen mit der anders verlaufenden Ich-Entwicklung, wie sie z. B. für die Agni beschrieben wurde (vgl. S. 537-542). Die Agni bilden demnach kein 'inneres Ich', das sich von den Bedingungen und Personen in der Außenwelt distanzieren kann. Sie gehen stattdessen 'abhängige' (in unserem Verständnis, vgl. S. 540) Beziehungen mit den sie umgebenden Personen ein[27].

Ein weiteres Beispiel für die Anstrengung der EPA, sich mit der Kulturgebundenenheit der psychoanalytischen Theorie auseinanderzusetzen, ist die Revidierung des Freud'schen Kulturverständnisses (vgl. auch Erdheim, 1991). Für Freud (1912-1913/1991) entstand Kultur durch die Unterdrückung von Trieben und Triebverzicht. Diese Sichtweise wird durch das Leben der Agni in Zweifel gestellt:

> Bei ihnen wie bei uns gehen alle kulturellen Leistungen von abgeleiteten Triebregungen aus, die 'durch das Ich gehen'... . Ihr Ich hat sich eine ungewöhnliche Beweglichkeit bewahrt. Es greift, beim Erwachsenen, auf die verschiedensten Entwicklungsstufen zurück und funktioniert dabei normal in seiner Gesellschaft. Den unterschiedlichen Triebfixierungen und Abwehrformen entsprechen *sozial sinnvolle* (!) Verhaltensweisen und Leistungen. Die Kultur der Agni beruht, so beschrieben, nicht auf Triebunterdrückung, sondern auf jeder Triebäußerung, die in

---

[26] Parin betonte, daß „die Zahl der Untersuchten gar nicht sicher anzugeben ist. Wenn man nur die rechnet, die wir persönlich kannten, sind es nur einige wenige, wenn man das entsprechende Personal der besuchten Spitäler rechnet, etwa 120. Wenn man noch die Angaben eines ... Schweizer Arztes mitberücksichtigt, der seit 6 Jahren an der Goldküste als Regierungsarzt tätig war, verdoppelt sich diese Zahl.

[27] US-amerikanische Untersuchungen zeigten ähnliche Leistungsmuster für Afro-Amerikanische Schüler (Anderson, 1989; Banks & Banks, 1989).

> das soziale Leben Eingang findet (Hervorhebung v. Verf.). (Parin et al., 1971/1991, S. 560-561)

Parin et al. fanden bei den Agni somit ein sehr anderes Verhältnis zu Trieben und einen anderen gesellschaftlichen Umgang damit, woraus sie schlossen, daß „das Muster einer Kultur vom gruppenspezifischen Gang der Ichbildung und den Eigenheiten der in dieser Gesellschaft gereiften Persönlichkeitsstrukturen abhängen wird. Die abendländische 'Triebunterdrückung', die den anal beeinflußten Untergang des Ödipuskomplexes, die Sexualtabuierung und Aggressionszentrierung meint, ist (lediglich) ein besonderer Fall ..." (S. 561).

Die Ethnopsychoanalytiker setzten auf diese Weise zumindest teilweise ihren Anspruch um, die PA zwar als Grundlage zu nehmen, sie jedoch von ihrer Eurozentrik stückweise zu befreien.

4.3.2. Maya Nadigs 'Verborgene Kultur der Frau'

Ein wichtiger Beitrag, die Ethnopsychoanalyse auf sozialwissenschaftliche Forschung übertragbar zu machen, ist die Arbeit Maya Nadigs. Unter dem Titel „Die verborgene Kultur der Frau: Ethnopsychoanalytische Gespräche mit Bäuerinnen in Mexico" (1986a) beschrieb Nadig ihre Untersuchungen in einem mexikanischem Bauerndorf[28]. Während der siebziger Jahre reiste Nadig mehrmals in ein mexikanisches Bauerndorf, in dem sie sich vorwiegend mit der Situation der dort lebenden Otomi-Frauen befaßte.

Westlich geprägte Frauen sehen Frauen in Zentralamerika leicht als ihren Rechten enthoben, unterdrückt und ohnmächtig. In einer Kultur, die von sogenanntem 'Machismo' gekennzeichnet ist, scheinen Frauen in der Öffentlichkeit Unterwürfigkeit zu zeigen. 'Machismo' (übertriebene Männlichkeit) scheint seine Entsprechung im sogenannten 'Marianismo' (übertriebene Weiblichkeit) zu finden. Doch im Gegenteil zu ihren anfänglichen Erwartungen fand Nadig bei den Otomi-Frauen eine 'verborgene Kultur'. Während vieler Gespräche, die Nadig mit Otomi Frauen führte, zeigten diese Selbstbewußtsein und Autonomie. Nadig mußte „angesichts der entschiedenen Durchsetzungsfähigkeit der Frauen ... (annehmen), daß sie 'irgendwo' in ihrer Kultur Bereiche haben, in denen sie sich positiv spiegeln, erkennen und ausdrücken können" (1986a, S. 387).

Diese für Nadig unerwarteten Haltungen waren insbesondere an die tägliche Arbeit der Frauen geknüpft: „in der Beziehung zwischen den Frauen und mir ist der Bezug zur Arbeit als vorherrschendes Thema aufgefallen" (1986a, S. 387). Besonders dann, wenn ihre Beziehung mit Maya Nadig abhängig, aggressiv oder amibivalent zu werden schien, setzten die Frauen ihre Arbeit ein, um Distanz und Autonomie herzustellen. Nadig fand, daß diese vermeintlich ohnmächtigen Frauen „über ganz andere, für das europäische Auge weniger eviden-

---

[28] Für eine Zusammenfassung siehe Nadig (1987).

te Möglichkeiten verfügen, um sich immer wieder stolz und wohl zu fühlen." (S. 387). Durch ihre besondere Arbeitsleistung, die sich von der der Männer unterscheidet, konnten sich die Frauen als stark und funktionstüchtig erleben und eine relativ autonome Identität ausbilden. (Die Männer gehen meist in größere Städte oder in die USA, um Geld zu verdienen, und leben nur phasenweise im Dorf.) Die Arbeit der Frauen ist „ökonomisch und psychisch ... geeignet, um Abhängigkeit zu vermeiden, sowohl von mir wie von den Männern oder der Familie (Schwiegermutter)" (S. 387). Arbeit steht für Autonomie und beinhaltet einen kulturellen Wert für die Otomi-Frauen.

Neben diesen beispielhaften Interpretationen bietet Nadigs Arbeit auch eine interessante Kombination ethnologischer und psychoanlytischer Methoden (vgl. 1986a, 1986b). Bemüht die Vielfalt ihrer Erfahrungen wiederzugeben, beschrieb sie sehr konkret ihren Umgang mit dem Material, theoretisch wie methodisch. Sie wechselte dabei zwischen Beschreibungen allgemeiner Art, ihres subjektiven Erlebens (während ihres Aufenthaltes und auch nach ihrer Rückkehr in die Schweiz) und methodischen Reflexionen. Theoretisch bezog sie sich außer auf die EPA auf verschiedenste soziologische, ökonomische und anthropologische Vorarbeiten über ihre Forschungsgruppe. Methodisch bezog sie sich vorwiegend auf die PA und die Ethnologie. Nadig wandte eine eigene Kombination von Verfahrensweisen an, die zum Teil auch für andere sozialwissenschaftliche Untersuchungen einsetzbar sind.

4.3.2.1. Die Subjektivität der Forscherin

Nadig ging davon aus, daß 'die Frau' ein soziokulturelles Konstrukt darstellt. Dieses theoretische Konzept des „fait social total" (Marcel Mauss, zitiert nach Nadig, 1986a) bedarf einer methodischen Entsprechung. Wenn man ethnologisch über Frauen forschen will, gibt es besondere Probleme: Zum einen wurden Frauen in der Ethnologie weitgehend ignoriert (vgl. z. B. Coates & Cameron, 1989; Golde, 1970; Trinh, 1989); zum anderen ist das Material, das über sie existiert, „sowohl empirisch wie theoretisch derart verzerrt abgehandelt, daß wir uns dabei nur auf wenig stützen können" (Nadig, 1986a, S. 37)[29]. Dies gilt auch für das von Frauen gesammelte Material,

> denn sie sind in den ethnologischen Problemstellungen, die von Männern entwickelt wurden, ausgebildet, und zwar meistens von eben diesen Männern ausgebildet oder doch zumindest in einem gesellschaftlichen Kontext, der der Sache der Männer wesentlich mehr Bedeutung zumißt als der der Frauen. Unser ganzes analytisches Instrumentarium ist in einer von Männern dirigierten Welt von Männern für die Untersuchung jener Modelle erstellt, die sich Männer von ihrer Kultur und Gesellschaft machen.... (Löffler, 1979 zitiert nach Nadig, 1986a, S. 37)

---

29 Kürzlich erschienene Publikationen zur kulturellen Kommunikationsforschung von Frauen sind Günthner und Kotthoff (1991, 1992).

Forscherinnen und Forscher können sich nicht den eigenen Erfahrungen, z. B. was 'Frauen sind', entfremden oder sie 'überspringen'. Das Aufeinandertreffen zweier Kulturen im Forschungsprozeß stellt sowohl ein erkenntnistheoretisches wie ein methodisches Problem dar. Mit Lorenz Löffler formulierte Nadig das Problem des Ethnozentrismus in der ethnologischen Forschung: „Da wir nun aber in unserer Kultur großgeworden sind, mit unseren Kategorien verstehen gelernt haben, besteht die Gefahr, daß wir die fremden Phänomene, unseren Vor-Urteilen folgend, falsch interpretieren. Und dies gilt nicht nur einmal, sondern in bezug auf jede fremde Kultur aufs neue." (S. 36).

Nadig beschrieb hier, mit Löffler, das von mir dargestellte Ausgangsproblem des impliziten Ethnozentrismus. Die Antwort auf dieses Problem lag für Nadig nicht in „einer endgültigen und meßbaren Technik" (1986a, S. 36), auch nicht in einer „kulturrelativistischen Position, die jede Kultur zu einer einzigartigen und unvergleichlichen Einheit hochstilisiert" (S. 36). Ihre Antwort ist

> die differenzierte Darstellung des Kulturschocks, die nachvollziehbare Darlegung des Erkenntnis- und Theoriebildungsprozesses, die keinen Anspruch auf feste Wahrheit, endgültiges Urteil erhebt. Die transparente Darstellung eines Forschungsprozesses erlaubt den Lesern und Leserinnen, den unvermeidlichen Einfluß der Kulturzentriertheit und der Subjektivität der Forscherin nachzuvollziehen. *„Dichte Beschreibungen"* (Geertz) *enthalten oft Bedeutungen und Zusammenhänge, die manchmal erst durch andere Menschen als die Autorin verstanden werden* (Hervorhebung v. Verf.)." (S. 36)

Den letzten Punkt formulierte auch Schleiermacher (1838/1990) in seiner Hermeneutik mit seinem Konzept des divinatorischen Verstehens (in Anlehnung an Schlegel): den Autor „besser verstehen" als er oder sie sich selbst[30].

Ein Grund'problem' der Subjektivität ist: sie ist „nicht meßbar, nur erlebbar und mit Hilfe der eigenen Subjektivität interpretierbar. Somit hat wie das Sprechen auch das Verstehen einen Doppelbezug, nämlich 'etwas' *und* 'sich' verstehen, so daß wohl oft das 'etwas' verstehen ein 'sich' verstehen vorraussetzt bzw. mit sich bringt."

4.3.2.3. Methodische Konsequenzen

Nadig verwies darauf, daß das Einbeziehen der Subjektivität auch von Anthropologen wie z. B. Levi-Strauss, in Betracht gezogen worden war (zumindest theoretisch):

> wir können niemals sicher sein, den Sinn und die Funktion einer Institution getroffen zu haben, wenn wir nicht imstande sind, ihre Einwirkung auf ein individuelles

---

[30] Hellmut Geißner stellte die Überlegung an, ob nicht das divinatorische Verstehen bei Schleiermacher ein 'Vorläufer' sei zum psychoanalytischen Verstehen des Unbewußten (persönliche Mitteilung, Juni, 1992).

> Bewußtsein wieder zu beleben. Da diese Einwirkung ein integrierender Bestandteil der Institution ist, *muß jede Interpretation die Objektivität der historischen oder vergleichenden Analyse mit der Subjektivität der gelebten Erfahrung zur Koinzidenz bringen.* (Levi-Strauss, 1950, zitiert nach Nadig, 1986a, S. 38)

Dies gilt auch für den Forschungsprozeß selbst: „Daß die totale Tatsache total zu sein hat, bedeutet nicht nur, daß alles, was beobachtet wird, Teil der Beobachtung ist, sondern auch, und vor allem, daß ... der Beobachter selbst ein Teil seiner Beobachtung ist" (Levi-Strauss, 1950, zitiert nach Nadig, 1986a, S. 38).

Nach Nadig wurde in der Anthropologie bislang jedoch keine entsprechende Methode entwickelt, die eine solche explizite Reflexion erlauben würde. In der ethnopsychoanalytischen Methode sah Nadig einen möglichen Ansatz, Subjektivität in den Forschungsprozeß bewußt einzubeziehen. Als zentrales Moment der ethnopsychoanalytische Methode stellte sie die Reflexion der Gegenübertragung heraus[31]. Mit Verweis auf Krüger-Zeul, sah sie die Möglichkeit, „durch Selbstbeobachtung und Selbstanalyse" unbewußte Reaktionen bewußt zu machen. Ansonsten bezog sich Nadig vor allem auf Devereux, der bereits 1967 vorschlug, die Reflexion der Gegenübertragungen, die unbewußten Reaktionen des Analytikers auf den Analysanden, für die ethnologische, sozialwissenschaftliche Forschung nutzbar zu machen (1967/1992). Devereux argumentierte, daß die Psychodynamik des Forschungs*prozesses* das Forschungs*produkt* grundlegend beeinflussen und verzerren kann. Aus diesem Grunde plädierte er dafür, sich als Forscher selbst zum Teil der Beobachtung zu machen und seine subjektiven Haltungen und Reaktionen auf Menschen und Forschungsprozess zu reflektieren.

Nadig unterschied hierbei zwei Ebenen: a) eine allgemeine, sozialwissenschaftliche, in der die EPA begleitend als Mittel dient, die Subjektivität der Forscherin zu berücksichtigen, ohne sie „ins Zentrum der Fragestellung oder des Forschungsziels" (1986a, S. 40) zu setzen; b) eine spezifisch ethnopsychoanalytische, bei der eine ethnopsychoanalytische Beziehung eingegangen und aufgearbeitet wird.

4.3.2.4. Zur Methodik Maya Nadigs: Forschungstagebuch, selbstreflexive Gespräche und sozialer Tod

Nadig arbeitete mit unterschiedlichen Methoden; zwei zentrale Methoden ihrer Forschung in Mexiko waren das Forschungstagebuch und die selbstrefle-

---

[31] Gegenübertragung scheint sich bei Nadig (1986b) auf die psychoanalytische Beziehung zu beschränken. Bei Lorenzer jedoch ist zumindest der Prozeß der praktisch-ändernden Teilhabe (wenn auch damit nicht notwendigerweise die psychoanalytische Beziehung) übertragbar auf die Kulturanalyse. Somit müßte die TH (ohne die spezifische psychoanalytische Beziehung) auf sozialwissenschaftlich Forschung anwendbar sein.

xiven Gespräche. Erstere ist insbesondere auch für die oben genannte allgemeine sozialwissenschaftliche Forschung anwendbar, die zweite ist eher spezifisch ethnopsychoanalytisch. Das Konzept vom 'sozialen Tod' (Erdheim & Nadig, 1979) liegt den Reflexionsprozessen beider Methoden zugrunde.

Das Forschungstagebuch

Zentral für Nadigs Methode - und von ihr für sozialwissenschaftliche Forschung empfohlen - ist ein den Forschungsprozeß begleitendes Tagebuch. Sie führte ein Tagebuch über ihre subjektiven Reaktionen während ihrer täglichen Arbeit im Feld, „Freuden, Assoziationen, Verunsicherungen, Größenphantasien, Hoffnungen, Bedrohungen, etc." (1986a, S. 40); dabei notierte sie auch ihre Empfindungen beim Niederschreiben ihrer Materialien. Nadig empfahl, trotz auftauchender Widerstände das Tagebuch allabendlich zu nutzen. Auf diese Weise arbeitete sie nicht nur mit ihren üblichen Feldnotizen, sondern nahm ihre Tagebücher als einen zweiten Datenbestand über die jeweilige Kultur hinzu. Zusätzliche Supervision mit einem Psychoanalytiker oder auch einem Ethnologen unterstützte ihre Auswertung der Tagebücher.

Die selbstreflexiven Gespräche

Nadig sprach zwar von ethnopsychoanalytischen Beziehungen zu ihren Gesprächspartnerinnen, betonte jedoch, daß sie kein psychoanalytisches Setting herstellen wollte: „Die Gefahr der Fehlinterpretationen und der Mißverständnisse durch kulturelle Unterschiede wäre zu groß gewesen" (1986a, S. 51). Sie verzichtete auf „Deutungen der *unbewußten* Psychodynamik und arbeitet lediglich mit „Hypothesen und Gedanken in Form von konfrontativen Fragen oder spiegelnden Feststellungen" (S. 52). Ihre Gespräche mit den Otomi-Frauen wurden von einem Reflexionsprozeß begleitet, den sie mit den Frauen gemeinsam und auch alleine führte; daher die Bezeichuung *'selbstreflexive Gespräche'* (zur genaueren Beschreibung der einzelnen methodischen Schritte vgl. S. 56-57). Zur nachträglichen Verarbeitung der Gespräche mittels Protokollen bezog Nadig sich auf Lorenzers Tiefenhermeneutik. Leider scheint sie TH auf Textinterpretion reduziert zu haben (vgl. auch Nadig, 1986b), obwohl diese für Lorenzer lediglich *ein Anwendungspunkt* einer tiefenhermeneutischen Kulturanalyse war. Es scheint, als ob Nadig Lorenzers TH nur auf das Verstehen von 'Text', nicht auf die Gesamtheit psychoanalytischer Interpretationsprozesse bezog[32].

---

[32] In einem 1983 geschriebenen Artikel (Nadig, 1986b) versuchte Nadig eine Abgrenzung zwischen EPA und ethnopsychoanalytisch orientierter sozialwissenschaftlicher Forschung, in der sie die Begriffe „tiefenhermeneutisch" und „ethnohermeneutisch" auf bloße Textinterpretation zu reduzieren schien. Zudem verwandte sie sie auch noch synonym (ohne Bezug auf den von Bosse so benannten Ansatz der Ethnohermeneutik).

Der 'soziale Tod'

Nadig sah in der differenzierten Darstellung des Kulturschocks der Ethnologin einen Zugang zum kulturellen Verstehen ihrer selbst und so auch der 'anderen'. Hierzu gehört auch die Schilderung dessen, was Erdheim und Nadig (1979) als 'sozialen Tod' beschrieben: „(w)ie die Lehranalyse, so sollte auch die Feldforschung eine Umstrukturierung der Erfahrungen zustande bringen und zwar dadurch, daß in beiden Fällen die Rollensysteme, die unsere Identität stützen und unsere Wahrnehmung lenken, durch die Konfrontation mit dem Fremden erschüttert werden" (Erdheim & Nadig, 1979, S. 122). Der 'soziale Tod' bezieht sich auf die Veränderungen, die die Ethnologin durchmachen muß, um zu einem besseren Verstehen zu kommen. Nadig schilderte einige Konfrontationserfahrungen, wie z. B. daß sie einem Dorfbewohner aus Mitleid Geld schenkte. Erlebnisse dieser Art brachten sie dazu, sich mit ihrer Forschungsmotivation und ihren, zum Teil paternalistischen Reaktiosmustern auseinanderzusetzen. Auch die Konfrontation mit einem anderen Umgang mit Raum und Zeit ließen Nadig 'umlernen': „warten, schweigen und mich anders bewegen" (1986a, S. 42-43). Sie stand nicht mehr mit Notizblock und „gezielter Eifrigkeit" (S. 43) in der Küche, sondern konnte dann auch mal in der Ecke sitzend 'vergessen' werden. „Dieses Eingetauchtsein in den dämmrigen Raum der Küche und den gemächlichen Arbeitsrhythmus der Hausarbeit gehören zu den intensivsten Augenblicken meiner Aufenthalte im Dorf... . (Sie wurden) mehr und mehr zu einer Entdeckung, ... zu eigentlicher Lebenszeit" (S. 43); „(di)e Wende zum Alltag und zur eigenen Subjektivität erlaubt eine sukzessive Annäherung; für Momente entsteht eine wirkliche 'Teilnahme' am Lebensraum des anderen" (S. 44). Der Prozeß des Sich-einlassens auf eine andere Seinsform kann nur erfolgen durch ein „*'soziales Sterben'* ..., (bei dem) die klassen-, kultur- und zum Teil geschlechtsspezifischen Rollenidentifikationen zerfallen, so daß unbewußte Identifikationen und die dazugehörigen Werte bewußt werden (Hervorhebung v. Verf.)" (Nadig, S. 43).

4.3.2.5. Kritikpunkte

Unter 4.3.1.1. bechrieb ich, wie aus ethnopsychoanalytischer Sicht kulturelles von 'individuellem' Verhalten und Handeln unterscheidbar ist. Diese Unterscheidung ist jedoch nicht immer leicht zu treffen. Hans Bosse bestätigte dies und wies darauf hin, daß die Unterscheidung zwischen individuellen Übertragungen und kulturellen nicht ganz so einfach zu treffen ist, wie Nadig es beschrieb (persönliche Mitteilung, 19. Juni 1992). Sicher war sie mit ihren Gesprächspartnerinnen nicht in eine psychoanalytische Beziehung getreten und hat keine Regression in infantile Reaktionen herbeigeführt. Doch einfach ausschließen kann man diese Verwirrung von kulturellen und individuellen Übertragungen nicht [33].

Ebenfalls unklar bleibt bei Nadig, wie sie zu ihren Interpretationen kommt. Sie berief sich bei der Verarbeitung der Gesprächsprotokolle auf Lorenzers TH, beschrieb ihre Interpretationsschritte jedoch im einzelnen nicht explizit genug. Auch die sogenannte 'freischwebende Aufmerksamkeit', die Nadig bei ihrer Textinterpretation verwandte (1986a, S. 54-60) genügt meiner Ansicht nach nicht dem wissenschaftlichen Standard: 'transparent machen, vergleichbar machen, nachvollziehbar machen', den sie auch selbst postulierte. Die Analyse der Gesprächsprotokolle könnte durch Einbeziehung gesprächsanalytischer Ansätze verbessert werden. Das Wissen um kulturspezifische Sprechweisen könnten die Interpretationen unterstützen.

Der Unterschied zwischen ethnopsychoanalytischem und sozialwissenschaftlichem Vorgehen, das die Problematik der Subjektivität der Forschenden ebenfalls ernst nimmt und reflexiv angeht, ging -nach meinem Lesen- aus Nadig (1986a) leider nicht deutlich genug hervor. Nadig machte die Unterscheidung daran fest, daß aus ihrer Sicht eine ethnopsychoanalytische Forschung einer besonderen Ausbildung bedarf. Sie selbst arbeitete nach dem Modell der EPA. Sie verzichtete dabei jedoch auf die klassische psychoanalytische Beziehung (sie deutet den Frauen keine unbewußten Prozesse) und arbeitet an 'Irritationen' (so nennt sie Übertragungen, wenn sie außerhalb der psychoanalytischen Beziehung auftauchen[34]). Ob jedoch eine EPA- begleitende Forschung ebenfalls Übertragungen und Gegenübertragungen reflektieren könne, ohne EPA als Ziel zu haben, läßt sie offen bzw. unbegründet.

Die Arbeit Maya Nadigs bietet eine interessante Fortführung der ethnopsychoanalytischen Arbeiten, wobei sie stärker in Richtung ethnopsychoanalytisch orientierter Sozialforschung geht; sie bietet somit einen interessanten 'Übergang' von der EPA zur Ethnohermeneutik.

4.3.3. Abschließende Bemerkungen

Was können die ethnopsychoanalytischen Arbeiten zur Entwicklung einer Ethnohermeneutik des Sprechens beitragen? Ethnopsychoanalytiker versuchen eine Verbindung zwischen Psychologie und Gesellschaftstheorie herzustellen, aufgrund empirischer Studien das Verhältnis von Subjekt und Gesellschaft bzw.

---

33 Bosse verwies hier auf seine Forschungen bei den Sepiks in Papua Neu Guinea, bei denen es eine Unterscheidung wie bei uns zwischen privaten Rollen, z. B. Vater, und öffentlichen Rollen, wie z.B. Vertreter des Dorfes, nicht gibt. Somit sagt eine infantile Übertragung wahrscheinlich auch etwas über institutionelle (öffentliche) Rollenübertragungen aus, und vice versa (Bosse, persönliche Mitteilung, 18. Juni 1992, vgl. 1994).

34 Bosse kritisierte diese 'orthodoxe' Trennung zwischen Übertragung und Irritationen. Es sind auch nicht alle Irritationen Übertragungen.

Kultur theoretisch zu fassen. Bezug nehmend auf eine dialektisch-materialistische Gesellschaftstheorie, untersucht EPA subjektive und kulturelle Strukturen in ihren Wechselwirkungen mit ökonomischen Verhältnissen. In dieser Dialektik will die EPA sowohl vermeiden, soziales Leiden zu psychologisieren wie auch Subjektivität materialistisch zu reduzieren. Darin stimmt sie mit Lorenzers Verständnis von PA als kritische Sozialwissenschaft überein.

Auch Lorenzers Verständnis von PA als Erfahrungswissenschaft, deren Theoriebildung sich auf empirische Materialen stützt (s.o.), teilt die EPA[35]. Hiermit und mit einem gesellschaftskritischen Selbstverständnis kommt die EPA (wie die TH) Geißners sozialpragmatischem Verständnis der Sprechwissenschaft entgegen.

> Ethnopsychoanalyse geht von der Voraussetzung aus, daß jede seelische Entwicklung auf der Verarbeitung von Konflikten beruht, und daß jede Gesellschaft, selbst die einheitlichste, Konflikte zwischen Gruppen und Institutionen enthält. In diesem Modell ist für 'ideale' konfliktfreie Menschen und für eine Gesellschaft, die alle ihre Probleme gelöst hat, kein Platz." (Parin et al., 1971/1991, S. 561)[36]

Diese Sichtweise ist nicht vereinbar mit einem unkritischen Ausschluß ökonomischer und gesellschaftlicher Konflikte, die sich sowohl in wie auch zwischen den Subjekten widerspiegeln. So spiegeln sie sich auch zwischen Forschern und Forschungsteilnehmern wider; diese Einsicht führte Ethnopsychoanalytiker zu methodischen Konsequenzen in ihrer ethnologischen Arbeit. Ihre Methoden bieten wertvolle Ansätze zur wissenschaftlichen Reflexion von Subjektivität. Zum Teil sind diese Methoden in die allgemeine Sozialforschung übertragbar. Die Reflexion der Subjektivität birgt nicht nur die Möglichkeit, 'Verzerrungen' zu vermeiden, sondern meist eröffnet erst sie den Zugang zu unbewußten Sinnstrukturen, zum kulturellen Unbewußtsein.

Ethnopsychoanalytiker verfahren hermeneutisch; sie beanspruchen keine „Objektivität", indem sie kulturgebundene Einstellungen und Kriterien auszuschließen versuchen. Im Gegenteil, sie machen diese vielmehr zum Thema und schließen sie explizit in ihre Untersuchungen mit ein. EPA bietet somit beeindruckende Methoden im Umgang mit dem Ethnozentrismus im eigenen Verstehen. Insbesondere dadurch scheint mir die Verknüpfung ethnopsychoanalytischer Methoden mit gesprächshermeneutischen Methoden eine vielversprechende Bereicherung für kulturelle und vergleichende Kommunikationsforschung.

---

[35] Diese, wie mir scheint große, Übereinstimmung mit Lorenzers Ansatz wird nicht explizit herausgestellt, doch wird Lorenzer immer wieder zitiert und insbesondere in bezug auf seine Sozialisationstheorie und seine TH. Ansonsten weist auf ihre Gemeinsamkeiten der Band von Belgrad et al. (1987), in dem sowohl Erdheim wie auch Nadig publizierten.)

[36] Hier scheint sie sich auch von einer ideal-transzendentalen kritischen Theorie zu unterscheiden.

4.4. Ethnohermeneutik und Ethnoanalyse

Hiermit komme ich komme zu dem Ansatz, der meiner Arbeit ihren Namen 'stiftete', Hans Bosses *'Ethnohermeneutik'* (1979)[37]. Wie ich zeigen werde, verwendet Bosse dieses Konzept anders, als ich es hier mit der Ethnohermeneutik des Sprechens füllen möchte. Auch veränderte er den Stellenwert der Begrifflichkeiten im Laufe der Weiterentwicklung seines Forschungsansatzes, dessen Gesamtrahmen er heute als *'Ethnoanalyse'* (1987, 1991, in Druck) bezeichnet. Überraschend war jedoch zu sehen, daß sich seine Arbeit in eine Richtung entwickelt hat, die viele methodische Anhaltspunkte für eine sprechwissenschaftliche Gesprächshermeneutik liefert.

Unter dem Einfluß der oben vorgestellen ethnopsychoanalytischen Arbeit versuchte Bosse „als einer der ersten, das von der Ethnopsychoanalyse gelieferte Material, ihre Aussagen, Hypothesen und Fragen in seine viel breiter angelegte Analyse gesellschaftlicher Formationen und soziologisch erfaßbarer Zustände und Prozesse einzubeziehen" (Parin, 1979).

Bosse untersuchte soziale Veränderungsprozesse in Ländern der Dritten Welt. Dabei interessierten ihn insbesondere die Einflüsse von veränderten Sozialisationsbedingungen, wie westliche Produktionsweisen und Schulen, auf die psychische Entwicklung der Bevölkerung. Dazu trug er Materialien aus ethnografischen, soziologischen und ethnopsychoanalytischen Studien zusammen und versuchte, sie für eine breitere Analyse der gesellschaftlichen Zusammenhänge nutzbar zu machen.

Ethnohermeneutik untersucht Prozesse der Veränderung in sogenannten Entwicklungsländern. Sie versteht dabei die Menschen in diesen Ländern nicht nur als „Objekte und Opfer des Modernisierungsprozesse im Sozialiationsbereich" (S. 10), sondern vielmehr als Akteure, die „in einem aktiven Anpassungsprozeß ... die neuartigen Anforderungen an konkurrenzbestimtes soziales Verhalten auf der Folie ihrer eingespielten Interaktionsformen" (S. 10) interpretieren.

Somit implizierte Bosses Ansatz, Menschen unter kolonisierten Bedingungen nicht nur als Objekte zu betrachten. Er beschrieb sie vielmehr als aktive Subjekte, die - einige weniger, andere mehr erfolgreich - „ihren eigenen Gegenentwurf zur „modernen' Gesellschaft" (S. 9) entwickeln, deren Gegenkultur ihr kollektives Überleben bedingt. Ethnohermeneutik zielt auf die Enthüllung des

> latenten Sinn(s) von Gegenkultur, d. h. eines unterhalb der Oberfläche von Bewußtsein ablaufenden Vorgangs, der darauf zielt, die herrschende Besatzerkultur zu überwinden. Sie erschließt einen Prozeß, bei dem die Dummheit und Faulheit

---

[37] Bosse bemerkte, daß er mit Gunter Wegeleben diesen Begriff in einer gemeinsamen Diskussion prägte (1979, S. 113).

> sich in verfremdeter Symbolik ein gegen die herrschende Gewalt gerichtetes Selbst-„Bewußtsein“ offenbart. (S. 11)

4.4.1. Ethnohermeneutik im Verhältnis zur Ethnopsychoanalyse

In der Unterscheidung seines Ansatzes von der EPA hob Bosse zwei wesentliche Aspekte hervor:

(1.) daß die historischen Veränderungen von Gesellschaftsformationen und individuellen Strukturen *in ihrem Zusammenhang* zu untersuchen sind.
(2.) daß bei der Untersuchung individueller Strukturen - wie etwa Abwehrmechanismen und ihre individuelle und überindividuelle, kultur- oder schichtspezifische Formation und Konstellation - *stets der lebensgeschichtliche Sinn ernst genommen wird, der sich in ihnen ausdrückt - als Erfahrung von Leid und Glück, als Umgang mit Enttäuschungen und Hoffnungen* (Hervorhebung v. Verf.). (S. 19-20)

Bosse versuchte mit seiner Ethnohermeneutik zwei Ebenen miteinander zu ‘verklammern’: die Studien zur politisch-ökonomischen Entwicklung der Agni mit den ethnopsychoanalytischen Studien von Parin, Morgenthaler und Parin-Matthèy (1963; 1971/1991). Dabei stellte er die Ergebnisse politisch-ökonomischer Forschung kritisch dar, reinterpretierte die ethnopsychoanalytischen Materialien „um schließlich die Frage nach dem Resistenzpotential kollektiver psychischer Strukturen zu beantworten“ (S. 38).

Auf diese Weise konnte Bosse (1979) zum Beispiel zeigen, daß die von einigen nicht-industrialisierten Stämmen praktizierte ‘Verschwendung’ von Kapital durch großangelegte Feiern nicht pathologisch war. Im Gegenteil erfüllte sie spezifische gesellschaftliche Funktionen wie die des Widerstandes gegen die Kolonialkultur (am Beispiel der Agni, S. 48, wie auch bei den Tzotzil und Tzeltal, vgl. S. 15 ff).

Das sogenannte Phänomen der Abhängigkeit, der Passivität, der Widerstandslosigkeit in Ländern der Dritten Welt, wie es zum Teil von der Ersten Welt wahrgenommen wird, deckte Bosse nach und nach als Täuschung, als eine zu einseitige, wenn nicht gar ethnozentristische Betrachtungsweise dieser Gesellschaften auf. Die subtilen Formen des Widerstandes, der „Verweigerung“ werden sichtbar und können dann verstanden werden, wenn der „Zusammenhang von Gesellschaftsformation und Abwehrformation“ (S. 90) anhand der gesellschaftlichen und subjektiven Widersprüche erkannt wird (vgl. Kap. 3).

4.4.2. Forschungsgebiete der Ethnohermeneutik

Bosse untersuchte in der Folge die Bildungssituation von Schülern in Ländern der Dritten Welt, insbesondere der weiterbildenden Schulen in Kamerun (1985b) und Papua Neuguinea (1991, in Druck). Für diesen Anwendungsbereich sah Bosse die Vorteile ethnopsychoanalytischer und ethnohermeneutischer Arbeiten darin, daß sie im Unterschied zur Ethnopsychiatrie sich nicht darauf beschränken, „die Symptome der *drop outs* in psychiatrischen Hospitälern zu registrieren“ (1979, S. 10). Vielmehr versuchen sie das „Ausmaß der Vernichtung von Lebensmöglichkeiten auch bei ‘gesunden’ und ‘normalen’ Schülern, Lehrern und Eltern (zu) erfassen“ (S. 10). Ein Grundthema ethnohermeneutischer Forschung ist das Aufeinanderprallen traditionellen Lebens mit westlicher Kultur, wie sie sich z. B. in den institutionellen Strukturen von Schulen manifestiert. Der Schwerpunkt ethnohermeneutischer Untersuchungen liegt auf den psychodynamischen Mechanismen in Institutionen (Familie, Schule, Universität oder Krankenhaus), die ihre Mitglieder drängen, sich einheitlichen psychischen Prozessen anzupassen (Bosse, 1985a). Daß heißt auch, daß im Unterschied zur EPA für Bosse sekundäre Sozialisationsprozesse stärker in den Vordergrund rücken und unter dem Einfluß von Institutionen untersucht werden.

Ein Hauptaugenmerk ist somit der „Einfluß gesamtgesellschaftlicher Veränderungen auf jene Strukturen, die die Handlungs- und Leidenswelt des Individuums festlegen ...“ (1979, S. 20). Bosse versuchte hierbei Aspekte wie „die sozialisierende Kraft der Institutionen“ (S. 54) zu thematisieren, die in der EPA im allgemeinen weniger berücksichtigt wurden (siehe jedoch Erdheim, 1988/1991). Gleichzeitig vermied Bosse, individuelle Biografie auf soziale Strukturen zu reduzieren:

> Das ‘Eigene’ des Individuums ist zugleich das Nicht-Reduzierbare und die Quelle ... zum Kollektiven. Das ‘Eigene’ ist dabei nicht bloß forschungstechnisch belangvoll, sondern stellt eine Herausforderung an den Forscher dar, der er sich, kognitiv und emotional seine Lebensgeschichte riskierend, stellen muß (Morgenthaler 1978). (S. 21)

Wie die EPA wandte sich auch die Ethnohermeneutik gegen universalistische Mißverständnisse der PA; sie muß sich damit auseinandersetzen, „daß ihre Begriffe die einer bestimmten Gesellschaftsform sind, nicht nur die einer Profession, einer Schicht und Klasse, sondern die einer bestimmten eine ganze Lebenswelt bestimmenden Produktionsweise, nämlich der bürgerlich fortgeschrittenen“ (Bosse, 1979, S. 21). Somit ist „Ethnohermeneutik ... Theoriekritik, auch auf die Theorie des Autors angewendet... . auch ihr kritischer Umgang mit dem eigenen Denken (fällt) der Ideologiehaftigkeit (und somit dem Ethnozentrismus anheim), ... weil nur die ständige Kritik der eigenen Begriffe die Verfestigungen immer wieder auflösen kann.“ (S. 21).

Gleichzeitig nahm Bosse die Notwendigkeit wahr, jeder Kritik auch einen provisorischen Endpunkt zu setzen, wenn Forschung politische Praxis verändern helfen soll. 'Politisch' beinhaltet hier nicht Empfehlungen, „Ethnohermeneutik ist vielmehr politisch, weil sie ... die strukturelle Gewalt, der sie begegnet, nicht in ihrem eigenen Denken auch noch gelten lassen will und weil sie dieser Grenzverschiebung politische Folgen zutraut: für die Erkenntnis anderer und für ihre veränderte Praxis in den Institutionen" (Bosse, 1979, S. 22). Oder wie Heinrichs es formulierte: der politische Auftrag ist „Möglichkeiten und Sinn von Auflehnung und Gegenkultur zu beschreiben" (1985b, S. 127).

EPA und Ethnohermeneutik stimmen darin überein, individuelle und soziokulturelle Strukturen in ihrer wechselseitigen Bedingtheit verstehen zu wollen. Doch setzt die Ethnohermeneutik ihren Schwerpunkt mehr auf das Soziale als auf das Individuelle. Bosses Theorie und Methodik fußen ebenfalls in der PA. Im Unterschied zu den Ethnopsychoanalytikern untersucht Bosse das Verhältnis zwischen Individuen und ihrer Gesellschaft bzw. ihrer Kultur jedoch nicht an einzelnen, sondern an der *Gruppe*.

In der Weiterentwicklung seines Ansatzes führte Bosse die *'gruppenanalytische Methode'* 1983 als eine „Methode der Sozialforschung in einer fremden Kultur" (Bosse & Knauss, 1984, S. 69) ein. Bosse entwickelte diese Methode aus der Gruppenanalyse, ursprünglich ein Ausbildungs- und therapeutisches Verfahren[38].

4.4.3. Gruppenanalyse

Die gruppenanalytische Methode beinhaltet Gruppengespräche, deren Ziel darin besteht, „sich mit den Teilnehmern nicht nur über die manifesten Bedeutungen der Gesprächsäußerungen, sondern auch über den nicht-sprachlichen, intentionell-expressiven Gehalt (sinnlich-symbolisches Verstehen) sowie über ... Prozesse der kulturellen Unbewußtmachung von Mitteilungen der Teilnehmer und über die Motive dieser Unbewußtmachung zu verständigen" (Bosse, 1991, S. 201).

Bosse sprach hier auch vom 'sozialen Unbewußten' (Bosse, 1985a) der Teilnehmer. Viele Übertragungsprozesse versteht Bosse somit nicht als persönliche, infantile Übertragungen, sondern als „institutionelle Übertragungen" (persönliche Mitteilung, 19. Juni, 1992).

Gruppenanalytiker treffen sich mit einer Gruppe in regelmäßigen Abständen über mehrere Wochen oder Monate. Die Gruppengespräche sind „nicht durch Arbeits-, Themen- oder Fragevorgaben vorstrukturiert" (Bosse, 1994[39], S. 4;

---

[38] Bosse ist einer der Mitbegründer des Gruppenanalytischen Institutes, Heidelberg.

[39] Hans Bosse stellte mir freundlicherweise ein Manuskript seines noch nicht erschienenen Buches zur Verfügung.

vgl. auch Bosse & Knauss, 1984). Die sich über Wochen oder Monate entwickelnde Beziehung erlaubt den Teilnehmern, allmählich „die Gefühle, Phantasien und Meinungen assoziativ zu äußern, die in der Begegnung mit dem eigenen und dem anderen Geschlecht, mit Angehörigen 'fremder' (früher oft feindlicher) Sprachgruppen vom Sepik (vgl. Anmerkung 10), mit Erwachsenen und schließlich mit weißen Forschern auftreten" (in Druck/MS, S. 4). Es handelt sich dabei um Themen, die ansonsten „in der ethnischen Ordnung durch *traditionelle Tabus zwischen Geschlechtern, Alters- und Staatsgruppen unmöglich gemacht werden*" (in Druck/MS, S. 4). Während der Gespräche entpuppen sich bestimmte Tabus als Zensur des individuellen, insbesondere auch des kollektiven Ichs. Der Forscher gewinnt gemeinsam mit den Teilnehmern einen Zugang „zum individuellen und ethnischen Unbewußten; dieses wird als Widerspenstiges oder Unterdrücktes erkannt, und diese Sicht auf die Kultur gibt ihr erst eine Tiefendimension" (in Druck/MS, S. 4).

4.4.4. Von der Gruppenanalyse zur Ethnoanalyse

Die gruppenanalytische Arbeit mit Teilnehmern aus anderen Kulturen erfordert ein Einbeziehen ethnografischer Kenntnisse in die Interpretation der Gruppengespräche. Außerdem verarbeitet Bosse die Gruppengespräche nochmals in einem nachfolgenden Schritt: Die Aufnahmen der Gespräche werden transkribiert und rückblickend, z. T. auch gemeinsam mit anderen Personen, interpretiert.

In dieser Verknüpfung verschiedener Methoden wurde die gruppenanalytische Methode zu einem methodischen Kernstück in Bosses jüngerer Forschung, deren Gesamtansatz er als *Ethnoanalyse* bezeichnet (1987, 1991, 1994): „Unter Ethnoanalyse verstehe ich das Gesamt meines Forschungsansatzes, also einerseits einen bestimmten Typ von Feldforschung (Datenerhebung) und andererseits eine bestimmte Form der Textinterpretation der erhobenen Daten (Auswertung), die ich Ethnohermeneutik nenne" (1991, S. 200)[40].

Bosse unterschied bei der Ethnohermeneutik drei Interpretationsschritte: das *sinnlich-symbolische* Verstehen, das *ethnografische* Verstehen und das *im engeren Sinne ethnohermeneutische* Verstehen.

Das sinnlich-symbolische Verstehen meint hier „die unbewußte Dimension des Gesagten im Sinne des Repressionstheorems" (1991, S. 201). Das ethnografische Verstehen bezieht soziologische und ethnografische Daten und Wissen in die Analyse mit ein. Das „im engeren Sinne ethnohermeneutische Verstehen ... (rekonstruiert) die Gegenläufigkeit symbolisierender und desymboli-

---

[40] Leider fand ich bei Bosse keine Aussage über das Verhältnis von Analyse und Hermeneutik.

sierender[41], also unbewußt machender kommunikativer Handlungen der Forschungsteilnehmer“ (S. 201). Gegenübertragungs- und Übertragungsanalysen werden verknüpft mit Textanalyse und ethnografischem Verstehen.

Die Ethnoanalyse beinhaltet somit eine Vielfalt von Methoden wie teilnehmende Beobachtung, Interviews, Dokumentenanalyse (wie z. B. über die Initiationsrituale und Jugendmythen in Papua Neuguinea) und im besonderen die gruppenanalytische Methode. Wie bereits erwähnt werden zu einem späteren Zeitpunkt die aufgenommenen Gespräche transkribiert und in mehreren Schritten interpretiert. Diese Interpretation schließt die Analyse der Feldnotizen und auch die Supervision der Forscher ein. Die Supervision soll helfen, die institutionellen wie auch andere Übertragungen und Gegenübertragungen zwischen Gruppe und Analytikern zu reflektieren. Wie bei Nadig ist die Selbstreflexion hier nicht nur Teil der Forschung, sondern ein wesentlicher Schlüssel zum Verstehen der Kultur.

4.4.4.1. Selbstreflexion als Zugang zum Verstehen

In einem seiner Aufsätze berichtete Bosse von der Bearbeitung eines Gruppengespräches nach der Rückkehr von Papua. Es handelte sich um eine Gruppensitzung mit jugendlichen Schülern. Bosse und Knauss waren beteiligt; die Schüler machten sexuelle Andeutungen, lachten viel. Bosse bemerkte als auffällig „die chaotische Inszenierung von jugendlicher Sexualität und das jähe Umschalgen von Heiterkeit in Angst und die Stummheit der Forscher, besonders auffällig im Anschluß an die Frage ... , was denn ‘susu pumpkin’ bedeute.“ (1991, S. 203-204). ‘Susu pumpkin’ ist pidgin für ‘Kürbis-Brust’. Bereits das Transkribieren des Gespräches breitete Bosse Schwierigkeiten, denn die einzelnen Beiträge waren kaum verstehbar, geschweige denn voneinander zu trennen. Zudem sprachen die Gruppenteilnehmer „oft nur in Andeutungen, Anspielungen und nicht zu Ende gesprochenen Sätzen“ (S. 204). Bosse konnte sich „nur mit äußerster Mühe dazu zwingen, zumindest das erste Drittel dieses zweistündigen Gespräches so gut wie es ging zu verschriften.“ Er schilderte seinen Widerstand, bis hin zum Abbrechen des Transkribierens: dieser Prozeß „wiederholte sich auf verblüffende Weise, als ich mit meiner Supervisorin ... das Transkriptfragment durchsprach“ (S. 204). Sie entwickelte ebenfalls Gefühle von „Hilflosigkeit, Unwilligkeit und Wut und hätte die Arbeit an diesem Transkript am liebsten abgebrochen“ (S. 204). Diese Parallele verblüffte die beiden derart, daß sie sie zum Gegenstand ihrer weiteren Nachforschungen machten, womit sie „einen ersten Zugang zum Textverstehen gefunden“ (S. 204) hatten. Für die sich anschließenden Interpretationen verweise ich auf Bosses Aufsatz.

---

[41] Hier nahm Bosse, wenn auch nicht so explizit wie an anderen Stellen, Bezug auf Lorenzer (1970/1973).

Eine weitere aufschlußreiche und spannende Beschreibung seiner Forschungspraxis gab Bosse in seinem Aufsatz „Rituelle und strukturelle Gewalt im Forschungsprozeß“ (1987). In die Einzelheiten seiner gruppenanalytischen Treffen und seiner Interpretation zu gehen, würde zuviel Raum einnehmen. Deshalb greife ich hier nur einige Aspekte heraus.

Bosse berichtete von einem Forschungsprojekt, das er gemeinsam mit Werner Knauss mit Jugendlichen in Papua Neuguinea durchführte. Er schilderte recht detailliert sein Vorgehen bei der ethnohermeneutischen Textinterpretation (Text heißt hier: das Transkript eines Gruppengesprächs). Üblicherweise beginnt er mit seinen ‘Irritationen’, also mit dem, was ihn an seinem eigenen Vorgehen in der Situation verwirrt oder auffällt: Er und Knauss begannen die erste Gruppensitzung mit einem ‘herrischen Auftreten’ und einer ‘Strafandrohung’, daß der, der zu spät zu den Sitzungen käme, „‘... etwas von unserer Diskussion verpassen . .’„ (1987, S. 106) wird.

Bosses Forschungsseminar an der Universität interpretierte das Vorgehen der Forscher als „die Schüler ‘mit kalter Distanz behandeln’ und gleichzeitig ‘gewaltsam in sie eindringen’ „. Der letzte Eindruck entstand durch die vielen Fragen, die die Forscher gestellt hatten, was für die gruppenanalytische Methode sehr ungewöhnlich war (vgl. Fischer, 1993).

Trotzdem kam es unmittelbar danach zu einem sehr vertrauensvollen Gespräch mit einigen Jugendlichen, von denen einer vom Tod seiner Mutter erzählte:

> Nie hatte Peter ausführlich darüber sprechen und seiner Verzweiflung und seinem Schmerz Ausdruck geben können. Eben noch ‘kalte Forscher’ haben wir ein Klima schaffen können, das Peter genug Vertrauen ... gibt, so daß er seinen Tränen und seiner Verwirrung Lauf lassen kann. (1987, S. 106)

Dieser und andere „scheinbar inkonsistente Wechsel“ (1987, S. 106) ihrer Haltungen machte die Forscher ebenfalls stutzig. Dies sind einige Beispiele für die Art des Herangehens an die ethnohermeneutische Textinterpretation. Die an die Textinterpretation anschließenden Reflexionsprozesse (Ethnoanalyse) verbinden ethnografisches Hintergrundwissen mit der Textinterpretation und der Reflexion des Forschungsprozesses und der Beziehung zwischen Forschern und Gruppe.

Bosse und Knauss gerieten während ihrer Forschungen immer wieder in Krisen. Krisen zwischen sich und den Jugendlichen und Krisen zwischen ihnen selbst. Bosse sah, daß es für diese Krisen, deren Wirkung oft auch nach dem Forschungsaufenthalt spürbar war, zwei Ursachen gab:

> In den Krisen drückt sich ein kultureller Widerstand der Erforschten aus, die spüren, daß die ungleiche Beziehung zwischen Forscher und Informant vom Forscher zu Zwecken benutzt wird, die der Informant nicht mehr kontrollieren kann. *Der objektive Hintergrund dieser Situation ist, daß auch die bestgemeinte Forschung eingespannt ist in das Verhältnis ‘struktureller Gewalt’ zwischen Industrienatio-*

nen und Ländern der Dritten und Vierten Welt, von der die Friedensforschung spricht (Galtung, 1971; Senghaas, 1972; Bosse, 1970, 1973).
Meine These ist, daß die Informanten diese strukturelle Gewalt, die dem Forscher ganz unbewußt ist, weil sie mit seiner sozialen Rolle verschmolzen ist und weil das 'gewaltsame Handeln' vom Forscher gar nicht mehr als personale Aggressivität gefühlt werden kann, sondern habituell geworden ist, durchaus als offene, direkte, persönliche Gewalt erleben... . In den unerwarteten Reaktionen der Erforschten und in seinen eigenen befremdlichen Affekten treten ihm plötzlich seine eigene bisher unbewußte Aggressivität und strukturelle Gewalt ganz offen gegenüber. Seine verinnerlichten kulturellen und vor allem auch seine professionellen Kontrollen seiner Aggression versagen, was ihn hilflos macht. (Bosse, 1987, S. 100)

4.4.5. Abschließende Überlegungen

Im Verlauf der Weiterentwicklung seines Forschungsansatzes hat Bosse den Begriff der Ethnohermeneutik in einen Gesamtrahmen von Ethnoanalyse gestellt. Damit scheint seine Arbeit auf den ersten Blick keine Bestätigung zu sein für den Versuch, Ethnohermeneutik des Sprechens als übergreifenden theoretischen Rahmen zu setzen, der Analytik miteinschließt (vgl. 3.2.). Doch zeigte sich, daß Bosses Ethnohermeneutik 1979 keine 'bloße' Textauslegung, sondern sehr wohl ein Theorierahmen war, unter dem er seine stärker soziologische Perspektive in die Interpretation ethnopsychoanalytischer Studien mithinein brachte[42]. So erklärt sich auch seine Unterscheidung von Ethnohermeneutik als 'Textinterpretation' (wobei 'Text' hier weitergefaßt ist als Transkript und den Gesprächsverlauf und das Gesprächserleben miteinbezieht) innerhalb der Ethnoanalyse und dem 'im engeren Sinne ethnohermeneutischen Verstehen' (als dritte Verstehensebene).

Freilich müssen die hier vorgestellten Methoden (Kap. 4) übertragbar gemacht werden auf die Untersuchung kommunikativer Prozesse. Sprachliche Analysen, konversationsanalytische Aspekte, sowie EdK der untersuchten Ethnien fehlen[43]. Sprecherische Merkmale und Besonderheiten können nur auf-

---

42 Wie ich an anderer Stelle bemerkte: „Parallel to the dialectic view of the relationship between rhetoric, Parin criticizes the idea that psychoanalysis be a hermeneutic. He regards this as an error mostly originating from philosophical and sociological critics. Interpretation is of course one of the most important instruments of therapeutic analysis. Yet analysts also depend on *sharing* their suppositions, through this they change their patients: „it is a to and fro process which causes changes ..." (1984, p. 30). This sharing is the rhetorical complement in the process of psychoanalysis. In contrary to Parin, who regards Lorenzer's perspective as not going „beyond a hermeneutic" (p. 30), I see rhetoric functioning in the practically-changing component of Lorenzer's Tiefenhermeneutik." (Soraya, 1996)

43 In einer Gruppenanalyse von einer Schulversammlung (als nicht-analytisches Setting) und der Eröffnungsrede des Direktors fehlen rhetorisch-analytische Methoden; die Interpreta-

grund der Erinnerung an die erlebte life-situation berücksichtigt werden. Bosses Bemühen, die Interpretationsschritte transparent und intersubjektiv überprüfbar zu machen, durch die Transkription und das teilweise Einbeziehen anderer Interpreten und der Supervision, ist zu begrüßen. Diesem Bemühen würden sprechwissenschaftliche Methoden der Gesprächshermeneutik sehr entgegen kommen, insbesondere z.B. eine Einbeziehung paraverbaler Notationen. Wie die Übertragung im einzelnen aussehen könnte, ist die Frage, die als nächstes zu beantworten ist. Sie bedarf jedoch eines eigenen Umsetzungsfeldes und einer eigenen Arbeit.

4.4.5.1. Implikationen für eine Ethnohermeneutik des Sprechens

In Bezug auf Theorie ist zu sagen: Ergebnisse ethnopsychoanalytischer Studien wie die über die Ich-Entwicklung bei den Agni implizieren Konsequenzen für die psychoanalytische Theorie. Gleiches müßte für die Kommunikationsforschung geltend gemacht werden. Es gibt genügend kulturelle wie interkulturelle Untersuchungen, die die Allgemeingültigkeit westlicher Kommunikationstheorien in Frage gestellt haben (siehe auch Gudykunst, 1985). Michael Clyne (1994) gab zu Bedenken, ob wir nicht vielleicht solche Grundlagen wie die Grice'sche Prinzipien, z. B. 'brevity' in Frage stellen müßten, da in anderen Kulturkreisen andere Gesprächsmuster gelten[44]. In diesem Sinne sollte auch eine Ethnohermeneutik des Sprechens „ ... Theoriekritik (sein), auch auf die Theorie des Autors angewendet" (Bosse, 1979, S. 21).

In Bezug auf Methodologie ergeben sich ebenfalls mehrfache Anknüpfungspunkte: Zum einen stützt Bosses Hermeneutikverständnis das der Lorenzer'schen TH sowie das der von Geißner entwickelten sprechwissenschaftlichen Hermeneutik. Ihnen allen ist ein *kritischer* Ansatz gemein. Neben einer gesellschaftskritischen Position beinhaltet 'kritische Hermeneutik' hier auch *selbstkritische* Hermeneutik. Diese scheint mir für jeden 'ethnozentrismuskritischen' Ansatz unabdinglich: die Forschenden müssen sich -so bewußt als möglich- mit dem auseinandersetzen, was ihre Arbeit in ihnen auslöst, was sie mit ihnen macht. Dieses Erleben beeinflußt ihre Verstehensfähigkeit sowie den Fortlauf der Untersuchungen in wesentlichem Maße. Die methodische Reflexion dieses subjektiven Erlebens könnte und sollte zum selbstverständlichen Teil ethnohermeneutischer Kommunikationsforschung werden.

---

tion durch die gruppenanalytische Perspektive scheint hier zu kurz zu greifen (Bosse, 1985b).

[44] Für australische Gesprächsteilnehmer aus Ostasien schienen nach Clynes Untersuchungen Wiederholungen in Gesprächsbeiträgen Teil eines Musters, das unserem Verständnis von 'Kürze' widerspricht. Günthner (1993) beschrieb chinesische Gesprächsmuster, in denen 'Kernausagen' stückweise entwickelt werden und als Pointe am Ende eines Beitrages positioniert werden.

Im Bereich (inter-)kultureller Kommunikationsforschung sind Forscher möglicherweise weder interessiert noch ausgebildet, mit psychoanalytischen Modellen und Methoden unbewußte Strukturen einer Kultur aufzudecken. Doch was immer sie in Kommunikation, inklusive der Forschungskommunikation, erleben, erfahren, beeinflußt sie auf die eine oder andere Weise. Deshalb meine ich, auch wenn der methodologische Rahmen kein ethnopsychoanalytischer ist, gehört zum hermeneutische Prozeß nie nur das 'etwas verstehen', sondern immer auch das 'sich verstehen', sprich die Selbstreflexion. Hierin sehe ich keine Schwäche hermeneutischer Verfahren; im Gegenteil, vielmehr liegt darin ihre eigentliche Stärke. Im allgemeinen und insbesondere im Zusammenhang (inter-)kultureller Kommunikationsforschung gilt: „(v)iewing one's own cultural bias *as crucial part of the research material*, and thus consciously including it into the research process, provides a better safeguarding to deal with ethnocentrism than a so-called 'objectivity'" (Soraya, 1996).

4.5. Fazit

Um dem Problem des Ethnozentrismus in der Kommunikationstheorie etwas entgegensetzen zu können, suchte ich nach einer theoretischen Grundlage in der Hermeneutik. Mit diesem Anliegen wandte ich mich an sozialwissenschaftliche Hermeneutiken.

Lorenzers TH, einige Aspekte in Leithäuser und Volmergs empirischer Hermeneutik und insbesondere die EPA und Ethnohermeneutik/-analyse lieferten theoretische und methodische Ansätze, die die gegenwärtige kulturelle Kommunikationsforschung bereichern können. Sie sind wichtige Grundlagen, um den eigenen Ethnozentrismus zu reflektieren. Dieser Ethnozentrismus schlägt sich unvermeidbar sowohl in Forschung, in der Theorie und auch in der praktischen Anwendung dieser Forschung (therapeutisch, pädagogisch, u.s.w.) nieder.

4.5.1. Was kann kulturelle Kommunikationsforschung von den vorgestellten sozialwissenschaftlichen Hermeneutiken lernen?

1. EPA und Ethnohermeneutik zielen darauf ab, ökonomische Aspekte, Subjektivität und Kultur innerhalb einer sozialen Szene aufeinander zu beziehen. Dieser 'pluridisziplinäre' (Devereux nach Erdheim, 1982/1990, S. 9) Ansatz zu kulturellem Sinn scheint mir sehr inspirierend und theoretisch wie methodisch bereichernd für ethnografisch-hermeneutische Kommunikationsforschung.

2. Die sozialwissenschafltichen Hermeneutiken weisen auf eine neue Verstehensdimension neben dem traditionellen 'native's point of view', indem sie

sich verborgenen Aspekten einer Kultur nähern, die auch den Eingeborenen unbekannt sind (ein Anspruch, den auch Ethnografen erheben, z. B. Agar, 1991a). Das Konzept des 'Unbewußten in der Kultur' (Erdheim, 1988/1991) hilft, kulturell unbewußte Prozesse zu verstehen, die soziale Interaktion und Identifizierung beeinflussen. Auf diese Weise kann Kultur in einer anderen Tiefendimension verstanden werden.

3. Ethnohermeneutik und Ethnoanalyse teilen das Interesse, Gruppenphänomene in Beziehung zu einem (breiteren Verständnis) sozio-kultureller Prozesse zu setzen, mit vielen kommunikationswissenschaftlichen Ansätzen, wie u. a. auch der EdK, der DA (die nach Kallmeyer Institutionsanalyse miteinbezieht) und der Sprechwissenschaft nach Geißner.

4. Geißner wies immer wieder mit Nachdruck auf die prinzipielle soziokulturelle Begrenztheit aller Verstehenden, ob alltäglich oder wissenschaftlich, hin: „Auch der (oder die) 'von außen' (Habermas) kommende 'Versteher(/in)' kann nur verstehen in den Bedingungen und Beschränkungen seiner (oder ihrer) kommunikationsgeschichtlichen Verstehensfähigkeit" (1981/1988, S. 200). Diese Perspektive haben EPA und Ethnohermeneutik in ihren Theorien und Methoden in besonderem Maße berücksichtigt und ausgebaut. Sie haben Wege aufgezeigt, wie Selbstreflexion in sozialwissenschaftliche Forschung integriert werden kann, auch wenn der Forschungsrahmen kein analytischer ist.
Der Nutzen selbstreflexiver Methoden im Sinne Devereux' wurde von verschiedenen Anthropologen bestätigt (z. B. Agar, 1980; Clifford, 1988; Jackson, 1989; Marcus & Fischer, 1986). Innerhalb der Sprechwissenschaft kritisierte Dwight Conquergood (1991), daß sich Kommunikationswissenschaftler diesbezüglich kaum äußerten. EPA und Ethnohermeneutik bieten eine Vielfalt selbstreflexiver Methoden, die Sozialwissenschaftler und Kommunikationsforscher vermehrt anwenden sollten.

5. Es gibt eine Vielfalt interkultureller Studien, die die Allgemeinheit traditioneller Kommunikationstheorien und Rhetoriktheorien in Frage stellen (z. B. Gudykunst, 1985; Philipsen, 1989a; 1992b; Clyne, 1994). Ethno(psycho-)analytische und ethnohermeneutische Arbeiten konnten Teile traditioneller psychoanalytischer Theorie als ethnozentrisch erkennen. Was sie für die PA leisteten, sollte eine Ethnohermeneutik des Sprechens für die Sprechwissenschaft leisten. Ethnohermeneutik des Sprechens wird diese Funktion nur wahren können, wenn sie nicht nur ideologiekritisch ist, sondern auch bezüglich ihrer eigenen Theorie und Praxis kritisch wirkt. Selbstreflexive Kritik und kritische Selbstreflexion sind wesentliche Elemente einer Ethnohermeneutik des Sprechens.

5. SCHLUSS

5.1. Rückblick

Die EM und KA zeigten die Beschreibung und Erforschung konkreter Handlungsvollzüge als neue Möglichkeit empirisch soziologischer Forschung. Grundlegend für diesen interaktiven Ansatz waren die Kritik an Parsons a priori-Theorie, einer normativen Begründung von Handlungstheorie. (Ihre Wurzeln in der verstehenden Soziologie von Alfred Schütz herauszuarbeiten, scheint eine lohnenswerte Bereicherung in der Weiterentwicklung dieses von mir vorgeschlagenen Konzeptes.) Die von den Ethnomethodologen und Konversationsanalytikern demonstrierte bottom-up-Forschung ist eine wesentliche Grundlage für eine Ethnohermeneutik des Sprechens. Denn diese kann nicht auf abstrakt-ideale bzw. transzendentale Konstrukte wie die von Searle oder Habermas aufbauen, sondern will den konkreten Vollzug 'Miteinandersprechender' im Hinblick auf 'die gemeinsame Sinnkonstitution vergesellschafteter Menschen' (Geißner) untersuchen. Ethnohermeneutik des Sprechens will Geißners sprechwissenschaftlichen Ansatz unter (im weiteren Sinne) 'ethnotheoretischen' Perspektiven erweitern. Zu den grundlegenden 'Ethnoperspektiven' gehören neben der EM auch die EdK. Hier wurde im Vergleich zur interaktionszentrierten Forschung der EM das Augen(- bzw. Ohren)merk aufs Sprechen gelegt. Die EM war sowohl für Hymes wie auch für Gumperz entscheidende Argumentationsstütze gegen traditionelle linguistische Theorien, die *Sprache* zum Gegenstand machten und nicht *Sprechen.* Auf diesen soziologischen, anthropo-linguistisch/soziolinguistischen Grundlagen entwickelte Philipsen seinen Ansatz ethnografischer Kommunikationsforschung für die Sprechwissenschaft. Auch Geißners Sprechwissenschaft, die er „im Schnittpunkt zwischen Sprachtheorie und Handlungstheorie" als sozialpragmatische Sozialwissenschaft formulierte, knüpfte an diese Traditionen (EM und EdK) an.

Der spezifische Fokus auf mündliche Kommunikation, wie er bei den dargestellten Ansätzen größtenteils vorhanden ist, ist in den sozialwissenschaftlichen Hermeneutiken (Kap. 4) nicht gegeben. Diese Hermeneutiken sind als psychoanalytisch geprägte eher an der 'innerpsychischen' Wirkung von Interaktion und Kommunikation interessiert als am 'Zwischen', dem sich in der Interaktion und Kommunikation Vollziehenden. Ich meine, das eine kann nicht ohne das andere verstanden werden, oder anders gesagt, das eine kann *mit* dem anderen *besser* verstanden werden.

Bosse schlug mit seinem soziologischen Ansatz der Ethnoanalyse und Ethnohermeneutik eine interessante und vielversprechende Brücke zwischen dem ethnopsychoanalytischen Ansatz und der ethnografischen Kommunikationsforschung. In seiner gruppenanalytischen Methode konzentrierte sich Bosse auf die Interpretation von Gesprächen ohne sie nur als *Mittel* zum Verstehen 'individueller' Strukturen zu gebrauchen. Bei Bosse dient die Interpretation von Gesprächen vor allem auch dem Verstehen des 'kulturellen' (Erdheim, 1982/1990, 1988/1991) und 'sozialen Unbewußten' (Bosse, 1985a. Dies untersuchte er an seinen Manfestationen in der Interaktion und Kommunikation der Gruppe.

Diesen ethnoanalytisch/ethnohermeneutischen Ansatz Bosses mit der ethnografischen Kommunikationsforschung Philipsens und Geißners Hermeneutik des Sprechens zu verknüpfen, ist das Anliegen der hier vorgeschlagenen Ethnohermeneutik des Sprechens. In ihr sehe ich auch einen Beitrag .. ein Beispiel, wie 'linguistische' (im weiteren Sinne) Forschung mit psychoanalytischer Forschung verbunden werden kann (vgl. Günthner & Kotthoff, 1991, S. 17), wenn hier auch die praktische Umsetzung in ein konkretes Untersuchungsfeld ausbleiben muß.

Innerhalb der Sprechwissenschaft (Geißner'scher Prägung) scheint diese Integration weniger problematisch, wie auch die sozialwissenschaftliche Position hier wie in den USA eindeutig verankert ist. Leider scheint innerhalb der Linguistik „(e)ine sozialwissenschaftliche Position ... schon exotisch, bevor sie überhaupt feministisch wird“ (Günthner & Kotthoff, 1991, S. 16). Leider, und leider 'immer noch' muß man sagen, wenn man bedenkt, daß EM und EdK eine dreißigjährige (!) Tradition aufweisen können.

Ich hoffe, daß 'Ethnohermeneutik des Sprechens' nicht ein zu exotischer Begriff ist als daß sie nicht aufgegriffen, angegriffen, begriffen und vergriffen wird. Sie soll auch keine neue Disziplin begründen, aber die verstehende Kommunikationsforschung wie auch „the linguistics, anthropology, etc. of which one speaks will have changed“ (Hymes, 1962, S. 41).

5.1.1. Ergebnisse

Ausgangspunkt (wenn auch nicht 'Anfangspunkt') meiner Arbeit waren die sprechwissenschaftlichen Ansätze von Philipsen und Geißner. In der Rückverfolgung der ethnografischen und (ethnomethodologisch-) konversationsanalytischen Grundlagen des Philipsen'schen Ansatzes zeigten sich Parallelen und auch Unterschiede zu Geißners sprechwissenschaftlicher Theorie. Insgesamt erwiesen sich die gewählten sprechwissenschaftlichen Ansätze als einander ergänzende Perspektiven. Philipsens Schwerpunkt lag dabei auf der (Findung und) Entwicklung eines geeigneten Rahmens für empirische ethnografische Forschung; Geißner hingegen entwickelte aus der deutschen sprechkundlichen Tradition, ergänzt durch eine breite Rezeption aus der amerikanischen Sprechwissenschaft sowie anderer Disziplinen, eine eigene sprechwissenschaftliche Theorie. Dabei setzte er sich bewußt ab von einer objektivistischen KA und stellte eine Gesprächshermeneutik entgegen, deren Ziel eine Hermeneutik des Gesprochenen bzw. des Sprechens beinhaltet. Die Gegenüberstellung von Philipsens Ansatz mit Geißners sw-Ansatz brachte eine Reihe spannender Fragestellungen. Für eine zu entwickelnde Ethnorhetorik scheinen die hier vorgestellten Ansätze von Geißner, Philipsen und Hymes Anlehnungen an Burke interessante Quellen, deren Aufarbeitung noch aussteht.

Die hier vorgestellten sozialwissenschaftlichen Hermeneutiken zeigten beinahe übereinstimmend (mit Ausnahme der idealistischen Annahmen bei Leithäuser und Volmerg, 1979) ein Hermeneutikverständnis, das folgende Punkte betont:

- empirische Forschung als Grundlage für Theoriebildung
- die kritische, selbstreflexive Methode als Gegenkraft zum ethnozentrischen Bias
- eine gesellschaftskritische Perspektive, die die Legitimation von Wissenschaft in einer veränderbaren Praxis sieht.

Im ersten Punkt stimmen sie mit der EM überein, die sich ebenfalls als 'bottom-up'-Forschung verstand. In den anderen Punkten sind die hier vorgestellten Hermeneutiken mit Hymes' EdK 'kompatibel', der in ihren Anfängen ebenfalls den 'use of anthropology' als 'critical, personal, political' bestimmte (Hymes, 1969/1972). Was die Selbstreflexion und die Subjektivität des Forschers betrifft, machte die EdK meines Wissens nach keine Aussagen, jedoch gibt es in der allgemeinen Ethnografie, besonders in der kritischen, viele Ansatzpunkte in dieser Richtung, die noch zu untersuchen sind.

Mit Philipsen decken sich die Hermeneutiken insofern, als sie kulturspezifische Empirik mit universaltheoretischen Thesen allgemeiner Theorie in den Dialog bringen. In bezug auf die Subjektivität in der Forschung läßt sich Philipsens Ethnografie-Verständnis mit dem der hier vorgestellten Hermeneutiker nicht vereinbaren. Philipsens Wissenschaftsverständnis ist zwar interpretativ, doch eher objektivierend, vielleicht objektivistisch. Dies drückt sich auch in seiner Anlehnung an konversationsanalytische Ansätze aus. Hier ist für mich jedoch keine eindeutige Haltung erkennbar geworden. Auch in bezug auf kritische Positionen distanzierte sich Philipsen, der die kritischen Anteile des Hymes'schen Ansatzes ignorierte. Diese letzten beiden Differenzpunkte, die auch zu Geißners Ansatz bestehen, waren die 'rich points' (Agar, 1991b), die meine Arbeit vorantrieben. In Übereinstimmung mit einigen anderen Schülerinnen und Schülern Philipsens versuchte ich seinen Ansatz einer ethnografischen Kommunikationsforschung zu reformulieren.

Geißners sprechwissenschaftliche Hermeneutik hatte ja auf die hier vorgestellten Hermeneutiken explizit Bezug genommen, somit fanden sich hier keine überraschenden Parallelen. Das von Lorenzer explizierte Empirie-Theorie-Verhältnis findet sich auch bei Geißners Theorie-Praxis-Verständnis. Es schien mir bei Lorenzer jedoch klarer auf die Aufgaben empirischer Forschung bezogen. Was die kulturelle Perspektive(n?) anbelangt, die ich mit dieser Arbeit in die Sprechwissenschaft einbringen möchte, ließ sich Geißners sozialpragmatischer Ansatz mit den hier vorgestellten 'Ethnoperspektiven' gut in Einklang bringen. Sein Konzept der 'Hermeneutik des Sprechens' diente mit Hymes Ethnografie des Sprechens und Bosses Ethnohermeneutik als 'Namensgeber' zu der hier vorgestellten Idee von einer Ethnohermeneutik des Sprechens.

Ethnohermeneutik des Sprechens impliziert 'bottom-up'-Forschung, kein ideal-transzendentalistisches 'top-down'-Modell von Kommunikation, sondern ein sozialpragmatisches. Ethnohermeneutik des Sprechens ist kritische Hermeneutik in mehrfacher Hinsicht:

a) im Sinne Schleiermachers 'strengerer Praxis' ('Verstehen ergibt sich nicht von selbst'),
b) im Sinne von gesellschaftskritisch, weil sie außerkommunikative Einflüsse wie politische und wirtschaftliche Macht in ihrer Wirkung auf Kommunikationsweisen und Verstehensbarrieren berücksichtigen will,
c) im Sinne von selbstkritisch, weil sie die Grenzen des eigenen Verstehens anerkennt, aber auch veränderbar glaubt.

5.2. Ausblick und offene Fragen

Studien im Rahmen einer Ethnohermeneutik des Sprechens sollen Ansätze aus der EdK, der sprechwissenschaftlichen Gesprächsanalyse bzw. -hermeneutik und der EPA bzw. Ethnoanalyse kombinieren. Das Umsetzen in ein konkretes Untersuchungsfeld wird zeigen, welche weiteren Fragen geklärt werden müssen. Jedoch bereits während der theoretischen Beschäftigung ergaben sich vielerlei Fragen, denen ich nicht nachgehen konnte, die jedoch mit zu den 'Ergebnissen' dieser Arbeit gehören:

Inwiefern kann rhetorische Theorie als Paradigma von Kommunikationstheorien dienen (bei Geißner scheint sie dies implizit zu sein, vgl. z. B. 1988c) ohne einen Universalanspruch zu erheben? An welche rhetorischen Theorien kann für die Entwicklung einer Ethnorhetorik angeknüpft werden? Wie verändern ethnohermeneutische (oder auch ethnorhetorische) Untersuchungen rhetorische Theorie in ihrer abendländisch-griechischen Geprägtheit, und wie verändern sich somit auch unsere gängigen Kommunikationstheorien?

Der Ethniebegriff konnte in der vorliegenden Arbeit nicht grundlegend aufgearbeitet werden, ist jedoch eine Notwendigkeit für die Begriffsbildung der Ethnohermeneutik des Sprechens. Dies bedürfte der Einbeziehung von Literatur über Kultur, 'Ethnizität' sowie '(kultureller) Identität' (Krewer, 1992; lohnenswert scheint in diesem Zusammenhang auch die Vorlesung Hellmut Geißners, 1992-1993).

Eine Frage, die bei der empirischen Umsetzung der Ethnohermeneutik des Sprechens beantwortet werden muß, ist, 'wie können selbstreflexive Methoden (wie z. B. die Reflexion der Gegenübertragung) in gesprächshermeneutische Untersuchungen integriert werden'? Einen Ansatz dazu zeigte Edith Slembek, als sie die Reflexion eigener Reaktionen und Wertungen auf die zu transkribierenden Stimmen in eine von ihr angeleitete Übung zur Gesprächshermeneutik integrierte (Sommersemester, 1992, Universität Koblenz-Landau).

Ebenfalls offen bleibt, welche anderen ethnografischen Ansätze, die in die Ethnohermeneutik des Sprechens einfließen, sie theoretisch wie methodisch erweitern können. Zu diesen Ansätzen gehören z. B. die Arbeiten von Philipsens Schülerinnen und Schülern, die Philipsens Ansatz ethnografischer Kommunikationsforschung fortsetzen, die ethnografische KA nach Michael Moerman sowie die Arbeiten von kritischen Ethnografen und nicht zuletzt Clifford Geertz. Hierzu gehört auch die Frage, wie sich ethnografische Methoden verändern müssen bei der Anwendung in komplexen kulturellen Gefügen wie z. B. industrialisierte und städtische Gesellschaften, Migrationsgemeinschaften (vgl. z. B. Agar, 1991a).

Besonders hervorheben möchte ich auch die Arbeiten von Michael Agar und Dwight Conquergood. Beide Autoren lernte ich während des Schreibens an dieser Arbeit kennen und schätzen. Michael Agars methodischen Überlegungen begegnete ich bereits in Seminaren mit Gerry Philipsen. Seine Arbeiten fußen ebenfalls in den in Kapitel 1 und 2 vorgestellten Traditionen, er lehrt linguistische Anthropolgie. Darüberhinaus explizierte Michael Agar jedoch auch ein hermeneutisches Verständnis von Ethnografie (1985), das meiner Idee einer Ethnohermeneutik des Sprechens sehr verwandt ist. In mehreren gemeinsamen Gesprächen erfuhr ich viele Gemeinsamkeiten, die aufzuarbeiten ein eigenes Kapitel ergeben hätte, was ich mir jedoch für einen anderen Rahmen aufheben wollte. Dwight Conquergood ist einer der weiteren Sprechwissenschaftler neben Gerry Philipsen, der ethnografische Kommunikationsforschung betreibt. Mit seinem 'Performance'-approach und einem an die kritische Ethnografie anknüpfenden Wissenschaftsverständniss steht Conquergood Geißners Sprechwissenschaft sehr nahe. Agar und Conquergood praktizieren faszinierende ethnografische Kommunikationsforschung, die die Ethnohermeneutik des Sprechens um vieles bereichern kann. Das 'Wie?' birgt eine weitere Perspektive für die Erforschung kultureller Kommunikation.

LITERATURVERZEICHNIS

Mehrere der von mir verwendeten Bücher lagen mir in recht neuen Auflagen vor. Aus diesem Grund habe ich, wo es mir zum Nachvollziehen der historischen Entwicklungen sinnvoll schien, das Jahr der Erstpublikation hinzugefügt (z.B. 1982/1990). Zitate beziehen sich auf die jeweils jüngere Ausgabe einer Publikation.)

Abrahams, Roger (1974). Black talking on the streets. In Richard Bauman; Joel Sherzer (Hrsg.), Explorations in the ethnography of speaking (S. 240-262). Cambridge, MA.

Agar, Michael H. (1980). The professional stranger (An informal introduction to ethnography). Orlando, FL: Academic Press.

Agar, Michael H. (1985). Speaking of ethnography (Sage Univ. paper series on qualitative research methods, Vol. 2). Beverly Hills, CA: Sage.

Agar, Michael H. (1991a). Stretching linguistic ethnography over part of a state. Journal of Linguistic Anthropology, 1, 131-142.

Agar, Michael H. (1991b). The biculture in the bilingual. Language in Society, 20, 167-181.

Agar, Michael H. (1994). The intercultural frame. International Journal of Intercultural Relations, 18, 221-237.

Anderson, J.A. (1989, November). Enhancing the instructional competency of teachers through understanding the diverse cognitive and cultural assets of students (Paper presented at the 2nd National Conference on the Training and Employment of Teaching Assistants, Seattle, WA)

Apel, Friedrich (1993, Januar 30./31.). Süddeutsche Zeitung.

Arbeitsgruppe Bielefelder Soziologen (Hrsg.) (1973). Alltagswissen, Interaktion und gesellschaftliche Wirklichkeit (Bd. 1 Symbolischer Interaktionismus und Ethnomethodologie; Bd. 2 Ethnotheorie und Ethnografie des Sprechens). Reinbek: Rowohlt.

Banks, James.; Banks, Cheryll A. McGee (Hrsg.) (1989). Multicultural education: Issues and perspectives. Needham Heights, MA: Allyn & Bacon.

Barthel, Henner (1992, August). This was Lenin or the end of a social utopia (Vortrag auf dem 13th International Colloquium on Speech Communication: Ethnorhetoric and ethnohermeneutics.). Old Town Alexandria, VA.

Basso, Keith H. (1970). To give up on words: silence in the Western Apache culture. Southwestern Journal of Anthropology, 26, 213-230.

Bauman, Richard; Sherzer, Joel (Hrsg.) (1974). Explorations in the ethnography of speaking. Cambridge, MA: Cambridge, MA Univ. Press. (2. Aufl. 1989)

Bauman, Richard; Sherzer, Joel (1975). The ethnography of speaking. Annual Review of Anthropology, 4, 95-119.

Belgrad, Jürgen; Görlich, Bernard.; König, Hans-Dieter; Schmid Noerr, Gunzelin (1987a). Alfred Lorenzer und die Idee einer psychoanalytischen Sozialforschung - eine Einleitung. In Jürgen Belgrad; Bernard. Görlich; Hans-Dieter König; Gunzelin Schmid Noerr (Hrsg.), Zur Idee einer psychoanalytischen Sozialforschung (S. 9-24). Frankfurt a. M.: Fischer.

Belgrad, Jürgen; Görlich, Bernard.; König, Hans-Dieter; Schmid Noerr, Gunzelin (Hrsg.) (1987b). Zur Idee einer psychoanalytischen Sozialforschung: Dimensionen szenischen Verstehens (Alfred Lorenzer zum 65. Geburtstag). Frankfurt a. M.: Fischer.

Berger, Peter L.; Luckmann, Thomas (1966/1967). The social construction of reality. New York: Anchor Books.

Bergmann, Jörg R. (1981). Ethnomethodologische Konversationsanalyse. In Peter Schröder; Hugo Steger (Hrsg.), Dialogforschung (S. 9-52). Düsseldorf: Päd. Verl. Schwann.

Bilmes, Jack (1976). Rules and rhetoric: Negotiating the social order in Thai village. Journal of Anthropological Research, 37, 44-57.

Bilmes, Jack (1992). Mishearings. In G. Watson; R.M. Seiler (Hrsg.), Text in context. Contributions to ethnomethodology (S. 79-98). Newbury Park, CA: Sage.

Birus, Hendrik (Hrsg.) (1982a). Hermeneutische Positionen (Schleiermacher - Dilthey - Heidegger - Gadamer). Göttingen: Vandenhoeck.

Birus, Hendrik (1982b). Zwischen den Zeiten: Friedrich Schleiermacher als Klassiker der neuzeitlichen Hermeneutik. In (Hrsg.), Hermeneutische Positionen (Schleiermacher - Dilthey - Heidegger - Gadamer, S. 15-58). Göttingen: Vandenhoeck.

Blom, Jan-Petter; Gumperz, John J. (1972). Social meaning in linguistic structures: Code-switching in Norway. In John J. Gumperz; Dell Hymes (Hrsg.), Directions in sociolinguistics: The ethnography of speaking (S. 407-434). New York: Basil Blackwell.

Bosse, Hans (1979). Diebe, Lügner, Faulenzer: Zur Ethno-Hermeneutik von Abhängigkeit und Verweigerung in der Dritten Welt. Frankfurt a. M.: Syndikat.

Bosse, Hans (1985a). Die Chancen von Subkultur und Gegenkultur in der dritten Welt. In Hans-Jürgen Heinrichs (Hrsg.), Das Fremde verstehen (Gespräche über Alltag, Normalität und Anormalität, S. 71-84). Frankfurt a. M.: Fischer.

Bosse, Hans (1985b). The dynamics of understanding culture: A group-analytic approach in a non-analytic situation. Group Analysis, 18, 199-216.

Bosse, Hans (1987). Rituelle und strukturelle Gewalt im Forschungsprozeß: Ethnoanalytische Feldforschung mit Jugendlichen vom Sepik in Papua New Guinea. Curare, 10, 99-116.

Bosse, Hans (1991). Zugänge zur verborgenen Kultur der Jugendlichen: Ethnoanalyse in Papua Neuguinea und ethnohermeneutische Textinterpretation. In Arno Combe; W. Helsper (Hrsg.), Hermeneutische Jugendforschung: Theoretische Konzepte und methodologische Ansätze (S. 200-229) Opladen: Westdt. Verl..

Bosse, Hans (1994). Der fremde Mann: Ethnoanalyse von Jugend, Männlichkeit und Macht: Junge Sepiks in Papua Neuguinea. Frankfurt a. M.: Fischer.

Bosse, Hans; Knauss, Werner (1984). Erfahrungen mit Jugendlichen in Papua-Neuguinea: Die Gruppenanalyse als Methode. psychosozial (Der Spiegel des Fremden: ethnopsychoanalytische Betrachtungen), 23, 68-90. (Reinbek: rororo)

Brislin, Richard W. (1986). A culture general assimilator: Preparation for various types of sojourns. International Journal of Intercultural Relations (Special issue: Theories and methods in cross-cultural orientation), 10, 215-234.

Brown, Peter; Levinson, Stephen C. (1978). Universals in language usage: Politeness phenomena. In E. Goody (Hrsg.), Questions and politeness: Strategies in social interaction (S. 56-311). o.O.

Carbaugh, Donal (1987). Communication Rules in Donahue Discourse. Research on Language and Social Interaction, 21, 31-61.

Carbaugh, Donal (Hrsg.) (1990a). Cultural communication and intercultural contact. Hillsdale, NJ: L. Erlbaum.

Carbaugh, Donal (1990b). Toward a perspective on cultural communication and intercultural contact. Semiotica, 80 (1/2), 15-35.

Carbaugh, Donal (1993a). Competence as cultural pragmatics: Reflections on some Soviet and American encounters. In Richard L. Wiseman, Jolene Koester (Hrsg.), Intercultural communication competence. (International and Intercultural Communication Annual (Band 17). Newbury Park, CA: Sage.

Carbaugh, Donal (1993b). „Soul" and „self": Soviet and American cultures in conversation. Quarterly Journal of Speech, 79, 182-200.

Casmir, Fred (1983). Phenomenology and hermenutics: Evolving approaches to the study of intercultural communication. International Journal of Intercultural Relations, 7, 309-324.

Cazden, Courtney B.; John, Vera P.; Hymes, Dell (Hrsg.) (1972). Functions of language in the classroom. New York: Teachers College Press.

Cicourel, Aaron (1973). Basisregeln und normative Regeln im Prozeß des Aushandelns von Status und Rolle. In Arbeitsgruppe Bielefelder Soziologen (Hrsg.), Alltagswissen, Interaktion und gesellschaftliche Wirklichkeit: Symbolischer Interaktionismus und Ethnomethodologie (Band 1). o.O.

Cicourel, Aaron (1975). Sprache in der sozialen Interaktion. München: Paul-List-Verl..

Clifford, James (1988). The predicament of culture (Twentieth-century ethnography, literature, and art). Cambridge, MA: Harvard Univ. Press.

Clifford, James; Marcus, George E. (Hrsg.) (1986). Writing culture: The poetics and politics of ethnography. Berkeley, CA: Univ. of California Press.

Clyne, Michael (1994). Cultural variation in the interaction of speech acts and turn-taking. In Martin Pütz (Hrsg.), Language contact and language conflict (S. 205-221). Amsterdam: Benjamins.

Coates, Jennifer; Cameron, Deborah (Hrsg.) (1989). Women in their speech communities (New perspectives on language and sex). London: Longman.

Conquergood, Dwight (1984). Performance and dialogical understanding: in quest of the other. In J. Larsen McHughes (Hrsg.), Proceedings of the 9th International Colloquium on Speech Communication (S. 30-37). Tempe, AZ: Arizona State Univ..

Conquergood, Dwight (1985). Communication as performance: Dramaturgical dimensions of everyday life. In Ilse Schweinsberg (Hrsg.), Performanz (S. 11-28). Königstein: Scriptor.

Conquergood, Dwight (1986). Performing cultures: Ethnography, epistemology, and ethics. In Edith Slembek (Hrsg.), Miteinander sprechen und handeln (Festschrift für Hellmut Geißner, S. 55-66). Frankfurt a. M.: Scriptor.

Conquergood, Dwight (1987). Culture, communication, and narrative performance. In Hellmut Geißner (Hrsg.), On narratives (S. 42-55). Frankfurt a. M.: Scriptor.

Conquergood, Dwight (1989). Poetics, play, process and powerThe performative turn in Anthropology. Text and Performance Quarterly, 9, 82-95.

Conquergood, Dwight (1991). Rethinking critical ethnography: towards a critical cultural politics. Communication Monographs, 58, 179-194.

Conquergood, Dwight (1992a). Ethnography, rhetoric, and performance. Quarterly Journal of Speech, 78, 80-123.

Conquergood, Dwight (1992b). Street sense, multicultural rhetoric, and ethnohermeneutics (Vortag auf dem 13th International Colloquium on Speech Communication, Alexandria, VA, August 1992)

Corbett, Edward P. J. (1971). Classical rhetoric for the modern student (2. Aufl.). New York: Oxford Univ. Press.

Coulmas, Florian (1979). Einleitung: Sprache und Kultur. In Dell Hymes (Hrsg.), Soziolinguistik: Zur Ethnografie der Kommunikation (Eingeleitet und herausgegeben von Florian Coulmas, S. 7-25). Frankfurt a. M.: Suhrkamp.

Deetz, Stanley A. (1978). Conceptualizing human understanding: Gadamer's hermeneutics and American communication studies. Communication Quarterly, 12, 12-23.

Deetz, Stanley A. (1984). Metaphor analysis. In William B. Gudykunst; Young Yun Kim (Hrsg.), Methods for intercultural communication research (International and Intercultural Communication Annual, Band 8, S. 215-228). Beverly Hills, CA: Sage.

Devereux, Georges (1967/1992). Angst und Methode in den Verhaltenswissenschaften. Frankfurt a. M.: Suhrkamp. (Original erschienen in Englisch 1967: From anxiety to method in the behavioral sciences).

Diemer, Alwin (1977). Elementarkurs Philosophie: Hermeneutik. Düsseldorf: Econ.

Dittmann, Jürgen (1982). Konversationsanalyse - eine sympathische Form des Selbstbetrugs? Zur Methodologie der neueren Gesprächsforschung. Linguistic Agency Univ. of Trier, Series B, Paper No. 75.

Dorian, Nancy C. (1982). Defining the speech community to include its working margins. In Suzanne Romaine (Hrsg.), Sociolinguistic variation in speech communities (S. 25-33). London: Edward Arnold.

Drach, Erich (1922). Sprecherziehung.Die Pflege des gesprochenen Wortes in der Schule (Handbuch der Deutschkunde, Bd.3,). Frankfurt a. M.: Diesterweg.

Ehlich, Konrad; Rehbein, Jürgen (1976). Halbinterpretative Arbeitstranskription (HIAT). Linguistische Berichte, 21-41.

Ehlich, Konrad; Rehbein, Jürgen (1979). Erweiterte Halbinterpretative Arbeitstranskription (HIAT 2): Intonation. Linguistische Berichte, 51-75.

Erdheim, Mario (1982/1990). Die gesellschaftliche Produktion von Unbewußtheit: Eine Einführung in den psychoanalytischen Prozeß. Frankfurt a. M.: Suhrkamp.

Erdheim, Mario (1988/1991). Psychoanalyse und Unbewußtheit in der Kultur: Aufsätze 1980-1987. Frankfurt a. M.: Suhrkamp.

Erdheim, Mario (1991). Einleitung: Zur Lektüre von Freuds „Totem und Tabu". In Sigmund Freud (Hrsg.), Totem und Tabu. Frankfurt a. M.: Fischer.

Erdheim, Mario; Nadig, Maya (1979). Größenphantasien und sozialer Tod. Kursbuch, 58, 115-126.

Ervin-Tripp, Susan (1972). On sociolinguistic rules: Alternation and cooccurrence. In John J. Gumperz; Dell Hymes (Hrsg.), Directions in sociolinguistics: The ethnography of communication (S. 213-250). New York: Basil Blackwell.

Fischer, Martina (1993). Fragen fragen?. Diplomarbeit im Fach Psychologie, Universität Koblenz-Landau, Landau.

Frake, Charles O. (1972). Struck by speech: The Yakan concept of litigation. In John J. Gumperz; Dell Hymes (Hrsg.), Directions in sociolinguistics: The ethnography of speaking. (American Anthropologist special publication, S. 106-129). o.O.

Frake, Charles O. (1964). How to ask for a drink in Subanum. American Anthropologist, 66, 127-132.

Freud, Sigmund (1912-1913/1991). Totem und Tabu. Frankfurt a. M.: Fischer.

Garfinkel, Harold (1967). Studies in ethnomethodology. Englewood Cliffs, NJ: Prentice Hall.

Garfinkel, Harold (1991). Respecification: evidence for locally produced, naturally accountable phenomena of order, logic, reason, meaning, method, etc. in and as of the essential haeccity of immortal ordinary society (I) - an annoucement of studies. In Graham Button (Hrsg.), Ethnomethodology and the human sciences (S. 10-19). Cambridge, MA: Cambridge, MA Univ. Press.

Garfinkel, Harold; Sacks, Harvey (1976). Über formale Strukturen praktischer Handlungen. In Elmar Weingarten; Fritz Sack; Jim Schenkein (Hrsg.), Ethnomethodologie: Beiträge zu einer Soziologie des Alltagshandelns (S. 130-176). Frankfurt a. M.: Suhrkamp.

Geertz, Clifford (1973). The interpretation of cultures. New York: Basic Books.

Geertz, Clifford (1976). From the native's point of view: On the nature of anthropological understanding. In K. Basso; H. A. Selby (Hrsg.), Meaning in anthropology (S. 221-237). Albuquerque, NM: Univ. of New Mecixo Press.

Geertz, Clifford (1983). Blurred genres: The refiguration of social thought. American Scholar, 49, 165-179.

Geertz, Clifford (1988). Works and lives: The anthropologist as author. Stanford, CA: Stanford, CA Univ. Press.

Geißner, Hellmut (1960). Soziale Rollen als Sprechrollen. In (Hrsg.), Kongreßbericht der Gemeinschaftstagung für allg. und angewandte Phonetik (S. 194-204). Hamburg: Wartenberg.

Geißner, Hellmut (1968). Zur Hermeneutik des Gesprochenen. Sprache und Sprechen, 1, 13-30.

Geißner, Hellmut (1969). Rede in der Öffentlichkeit (Eine Einführung in die Rhetorik). Stuttgart: Kohlhammer.

Geißner, Hellmut (1970). Rhetorische Analytik. In (Hrsg.), Proc. 6th Int. Congr. Phonet. Sci. Prag 1967 (S. 361-363). o.O. [1973 in H.G. „rhetorik", bsv, 101-104]

Geißner, Hellmut (1977). Überzeugungshindernisse (Kommunikationsbarrieren). In H.F. Plett (Hrsg.), Rhetorik: Kritische Positionen zum Stand der Forschung (S. 239-251). München: Fink.

Geißner, Hellmut (1979). Rhetorische Kommunikation (Basisartikel). Praxis Deutsch (Rhetorische Kommunikation), 10-21.

Geißner, Hellmut (1981). Gesprächsrhetorik. In W. Haubrichs (Hrsg.), Perspektiven der Rhetorik (= lili, 11.Jg., H.43/44, S. 66-89). o.O.

Geißner, Hellmut (1981/1988). Sprechwissenschaft: Theorie der mündlichen Kommunikation. Frankfurt a. M.: Scriptor.

Geißner, Hellmut (1982). Gesprächsanalyse : Gesprächshermeneutik. In W. Kühlwein; A. Raasch (Hrsg.), Stil: Komponenten - Wirkungen (Band 1, S. 37-48). Tübingen: Narr.

Geißner, Hellmut (1982/1986). Sprecherziehung: Didaktik und Methodik der mündlichen Kommunikation. Frankfurt a. M.: Scriptor.

Geißner, Hellmut (1984). Über Hörmuster. Sprache und Sprechen (Frankfurt a. M.: Scriptor), 12, 13-56.

Geißner, Hellmut (1985). Rhetorik und Hermeneutik. Die Rede der Abgeordneten Hamm-Brücher vor dem Deutschen Bundestag am 1.10.1982. In (Hrsg.), Rhetorik. Ein Internationales Jahrbuch (Band 4, S. 85-100). o.O.

Geißner, Hellmut (1986). Rhetorik und politische Bildung (3. Aufl.). Frankfurt a. M.: Scriptor.

Geißner, Hellmut (1988a). 'mündlich' : 'schriftlich'. Sprechwissenschaftliche Analyse 'freigesprochener' und 'vorgelesener' Berichte. Frankfurt a. M.: Scriptor.

Geißner, Hellmut (1988b). communicare est participare. Sprache und Sprechen (Frankfurt a. M.: Scriptor), 19, 99-110.

Geißner, Hellmut (1988c). Rhetorik. In Ulrich Ammon; Norbert Dittmar; Klaus J., K. J. Mattheier (Hrsg.), Sociolinguistics/Soziolinguistik: An international Handbook of the Science of Language and Society (Band 2, S. 1768-1779). Berlin: De Gruyter.

Geißner, Hellmut (1990). Sinnkonstitution durch „Ausdruck" „Eindruck" (unveröffentlichtes Manuskript)

Geißner, Hellmut (1992a). Deutsch als Fremdkommunikation (am Beispiel mündlicher rhetorischer Kommunikation). In Alois Wierlacher; Dieter Eggers; Ulrich Engel; Hans-Jürgen Krumm; Dieter Krusche; Robert Picht; Kurt-Friedrich Bohrer (Hrsg.), Jahrbuch Deutsch als Fremdsprache (Band 18, S. 242-268). München: Iudicium.

Geißner, Hellmut (1992b, August). How to overcome the ethnic bias in rhetoric and hermeneutics?. Vortrag auf dem 13th International Colloquium on Speech Communication: Ethnorhetoric and ethnohermeneutics. Alexandria, VA (USA).

Geißner, Hellmut (1992-1993). Der Mitmensch in der Rolle des Individuums. Vorlesung Wintersemester 1992/93, Universität Koblenz-Landau, Landau.

Geißner, Hellmut; Schwandt, Bernd (1994). Bibliografie der deutschsprachigen Publikationen in Sprechwissenschaft und Sprecherziehung. St. Ingbert: Röhrig.

Görlich, B. (1987). „So muß denn doch die Hexe dran": Über die Erkenntnisfunktion der Freudschen Metapsychologie. In Jürgen Belgrad; Bernard. Görlich; Hans-Dieter König; Gunzelin Schmid Noerr (Hrsg.), Zur Idee einer psychoanalytischen Sozialforschung: Dimensionen szenischen Verstehens (S. 27-50). Frankfurt a. M.: Fischer.

Golde, Peggy (Hrsg.) (1970). Women in the field (Anthropological experiences). Chicago, IL: Aldine.

Goodenough, Ward H. (1956). Componential analysis and the study of meaning. Language, 32, 195-212.

Goodenough, Ward H. (1964a). Cultural anthropology and linguistics. In Dell Hymes (Hrsg.), Language in culture and society (S. 36-39). New York: Harper & Row.

Goodenough, Ward H. (1964b). Property and language on Truk: Some methodological considerations. In Dell Hymes (Hrsg.), Language in culture and society (S. 185-188). New York: Harper & Row.

Grießhammer, Rolf (1993). Konfliktfähigkeit. St. Ingbert: Röhrig. (Sprechen und Verstehen: Schriften zur Sprechwissenschaft und Sprecherziehung, Bd. 4)

Groeben, Norbert; Scheele, Brigitte (1977). Argumente für eine Psychologie des reflexiven Subjekts. Darmstadt: Steinkopff.

Grondin, Jean (1991). Einführung in die philosophische Hermeneutik. Darmstadt: Wissenschaftl. Buchges..

Gudykunst, William B. (1985). Intercultural communication: Current status and proposed directions. In Brenda Dervin; M.J. Voigt (Hrsg.), Progress in Communication Sciences (Band 6, S. 1-76). Norwood, NJ: Ablex.

Gudykunst, William B.; Kim, Young Yun (1984). Communicating with strangers: An approach to intercultural communication. Reading, MA: Addison Wesley.

Günthner, Susanne (1993). German-Chinese interactions: differences in contextualization conventions and resulting miscommunication. Pragmatics, 3, 283-304.

Günthner, Susanne; Kotthoff, Helga (Hrsg.) (1991). Von fremden Stimmen (Weibliches und männliches Sprechen im Kulturvergleich). Frankfurt a. M.: Suhrkamp.

Günthner, Susanne; Kotthoff, Helga (Hrsg.) (1992). Geschlechter im Gespräch. Stuttgart: Metzler.

Gumperz, John J. (1981). The linguistic bases of communicative competence. In Deborah Tannen (Hrsg.), Georgetown Univ. Round Table on Languages and Linguistics (S. 323-343). Washington, DC: Georgetown Univ. Press.

Gumperz, John J. (1982a). Discourse strategies (Studies in Interactional Sociolingustics Vol. 1). Cambridge, MA: Cambridge, MA Univ. Press.

Gumperz, John J. (Hrsg.) (1982b). Language and social identity (Studies in Interactional Sociolinguistics Vol. 2). Cambridge, MA: Cambridge, MA Univ. Press.

Gumperz, John J. (1984). Communicative competence revisited. In Deborah Schiffrin (Hrsg.), Georgetown Univ. Round Table on Languages and Linguistics (S. 278-289). Washington, DC: Georgetown Univ. Press.

Gumperz, John J.; Cook-Gumperz, Jenny (1982). Introduction: Language and the communication of social identity. In John J. Gumperz (Hrsg.), Language and social identity (S. 1-21). Cambridge, MA: Cambridge, MA Univ. Press.

Gumperz, John J.; Hymes, Dell (Hrsg.) (1972). Directions in sociolinguistics (rev. ed. 1986). New York: Basil Blackwell.

Gutenberg, Norbert (1984a). Hermeneutisch-Analytische Notation (HAN): Ein Verfahren zur Notation von Sprechausdruck in Gesprächen (Christian Winkler zum 80. Geburtstag). Sprache und Sprechen, 12, 177-208.

Gutenberg, Norbert (1984b). Sprechwissenschaftliches Hören und Beurteilen: Zur Konstruktion von Verfahren für die Notation mündlicher Kommunikation. Sprache und Sprechen, 12, 159-176.

Hannerz, Ulf (1992). Cultural complexity: Studies in the social organization of meaning. New York: Columbia University.

Heinrichs, Hans-Jürgen (Hrsg.) (1985a). Das Fremde verstehen: Gespräche über Alltag, Normalität und Anormalität. Frankfurt a. M.: Fischer.

Heinrichs, Hans-Jürgen (1985b). Die Ethno-Disziplinen. In Hans-Jürgen Heinrichs (Hrsg.), Das Fremde verstehen: Gespräche über Alltag, Normalität und Anormalität (S. 119-185). Frankfurt a. M.: Fischer.

Heritage, John (1984). Garfinkel and ethnomethodology. Oxford.

Hinnenkamp, Volker (1989). Interaktionale Soziolinguistik und interkulturelle Kommunikation (Gesprächsmanagement zwischen Deutschen und Türken). Tübingen: Niemeyer.

Humboldt, Wilhelm von (1963). Schriften zur Sprachphilosophie (Historische Werke Bd. III). Darmstadt: Wissenschaftl. Buchges.. [reprint]

Huspek, Michael (1991). Taking aim on Habermas's critical theory: On the road toward a critical hermeneutics. Communication Monographs, 58, 225-233.

Hyde, M.J.; Smith, C.R. (1979). Hermeneutics and rhetoric: A seen but unobserved relationship. Quarterly Journal of Speech, 65, 347-363.

Hymes, Dell (1962). The ethnography of speaking. In T. Gladwin; W. C. Sturtevant (Hrsg.), Anthropology and human behavior (S. 13-53). Washington, DC: Anthropol. Soc. of Washington.

Hymes, Dell (1964). Language in culture and society (A reader in linguistics and anthropology). New York: Harper & Row.

Hymes, Dell (1969/1972). The use of anthropology: Critical, political, personal. In Dell Hymes (Hrsg.), Reinventing anthropology (S. 3-79). New York: Random House.

Hymes, Dell (1972). Models of the interaction of language and social life. In John J. Gumperz; Dell Hymes (Hrsg.), Directions in sociolinguistics: The ethnography of speaking (2nd rev. ed. 1986, S. 35-71). New York: Basil Blackwell.

Hymes, Dell (1973). Speech and Language: On the origins and foundations of inequality among speakers. Daedalus: Journal of the American Academy of Arts and Sciences, 102.

Hymes, Dell (1974a). Foundations in sociolinguistics (An ethnographic approach). Philadelphia, PA: Univ. of Pennsylvania Press.

Hymes, Dell (1974b). Ways of speaking. In Richard Bauman; Joel Sherzer (Hrsg.), Explorations in the ethnography of speaking (S. 433-451). Cambridge, MA: Cambridge, MA Univ. Press.

Hymes, Dell (1980). Tonkawa Poetics: John Rush Buffalo'xy „Coyote and Eagle's daughter". In Jacques Maquet (Hrsg.), On linguistic anthropology: Essays in honor of Harry Hoijer 1979 by Joseph Greenberg, Dell Hymes, Paul Friedrich (S. 33-87). Malibu: Undena Publications.

Hymes, Dell (1981). „In vain I tried to tell you" (Essays in Native American ethnopoetics). Philadelphia, PA: Univ. of Pennsylvania Press.

Hymes, Dell (1992). The concept of communicative competence revisited. In Martin Pütz (Hrsg.), Thirty years of linguistic evolution: Studies in honor of René Dirven on the occasion of his 60th birthday. Amsterdam: Benjamins.

Jackson, Michael (1989). Paths toward a clearing (Radical empiricism and ethnographic inquiry). Bloomington, IN: Indiana Univ. Press.

Kallmeyer, Werner (1981). Aushandlung und Bedeutungskonstitution. In Peter Schröder; Hartmut Steger (Hrsg.), Dialogforschung (S. 89-127). Düsseldorf: Päd. Verl. Schwann.

Kallmeyer, Werner (1987). Konversationsanalytische Beschreibung. In Ulrich Ammon; Norbert Dittmar; Klaus J., K. J. Mattheier (Hrsg.), Sociolinguistics/Soziolinguistik: An international Handbook of the Science of Language and Society (S. 1095-1108). Berlin: De Gruyter.

Katriel, Tamar (1986). Talking straight. Dugri speech in Israeli Sabra culture. Cambridge, MA: Cambridge, MA Univ. Press.

Katriel, Tamar; Philipsen, Gerry (1981). „What we need is communication“: „Communication“ as a cultural category in some American speech. Communication Monographs, 48, 301-317.

Katriel, Tamar; Shenhar, A. (1990). Tower and stockade: dialogic narration in Israeli settlement ethos. Quarterly Journal of Speech, 76, 359-380.

Keesing, Roger M. (1981). Cultural anthropology (A contemporary perspective). New York: Holt, Rinehart & Winston.

Kilman, R. H.; Thomas, K. W. (1977). Developing a forced-choice measure on conflict-handling behavior: The MODE instrument. Educational and Psychological Measurement, 37, 309-325.

Kirst, W. D. (1981). Kurt Schumacher als Redner: Eine rhetoriche Analyse. Gießen.

Kochman, Thomas (1972). Toward an ethnography of Black American speech behavior. In Thomas Kochman (Hrsg.), Rappin' and stylin' out: Communication in urban Black America (S. 241-264). Urbana, IL, IL (USA): Univ. of Illinois Press.

Kochman, Thomas (1981). Black and white styles in conflict. Chicago, IL: Univ. of Chicago, IL Press.

Kochman, Thomas (1986). Strategic ambiguity in Black speech genres: Cross-cultural interference in participant-observation research. Text, 6, 153-170.

König, Hans-Dieter (1987). Verzeichnis der Schriften von Alfred Lorenzer. In Jürgen Belgrad; Bernard. Görlich; Hans-Dieter König; Gunzelin Schmid Noerr (Hrsg.), Zur Idee einer psychoanalytischen Sozialforschung: Dimensionen szenischen Verstehens (S. 398-407). Frankfurt a. M.: Fischer.

Krewer, Bernd (1992). Kulturelle Identität und menschliche Selbsterforschung (Die Rolle von Kultur in der positiven und reflexiven Bestimmung des Menschseins). Saarbrücken: Breitenbach.

Kroeber, Alfred Louis; Kluckhohn, Clyde (1952). Culture: A critical review of concepts and definitions. New York: Vintage Books.

Krusche, Dieter; Wierlacher, Alois (Hrsg.) (1990). Hermeneutik der Fremde. Bamberg: Iudicium.

Kuhn, Thomas S. (1962/1970). The structure of scientific revolution. Chicago, IL: Univ. of Chicago, IL Press.

Langellier, Kristin M.; Peterson, Eric E. (1992, August). Identity politics and the Franco-American difference. Vortrag auf dem 13th International Colloquium on Speech Communication: Ethnorhetoric and ethnohermeneutics. Alexandria, VA (USA).

Leeds-Hurwitz, Wendy (1984). On the relationship between the „ethnography of speaking" and the „ethnography of communication". .

Leeds-Hurwitz, Wendy (1990). Culture and communication: A review essay. The Quarterly Journal of Speech, 76, 85-116.

Lehtonen, Jaakko; Sajavaara K. (1985). The silent Finn. In Deborah Tannen; Muriel Saville-Troike (Hrsg.), Perspectives on silence (S. 193-201). Norwood, NJ: Ablex.

Leithäuser, Thomas; Volmerg, Birgit; Salje, G.; Volmerg, U.; Wutka, B. (1977). Entwurf zu einer Empirie des Alltagsbewußtseins. Frankfurt a. M.: Suhrkamp.

Leithäuser, Thomas; Volmerg, Birgit (1979). Anleitung zur empirischen Hermeneutik (Psychoanalytische Textinterpretation als sozialwissenschaftliches Verfahren). Frankfurt a. M.: Suhrkamp.

Loenhoff, Jens (1992). Interkulturelle Verständigung (Zum Problem grenzüberschreitender Kommunikation). Opladen: Leske & Budrich.

Lorenzer, Alfred (1970). Kritik des psychoanalytischen Symbolbegriffs. Frankfurt a. M.: Fischer.

Lorenzer, Alfred (1970/1973). Sprachzerstörung und Rekonstruktion: Vorarbeiten zu einer Metatheorie der Psychoanalyse. Frankfurt a. M.: Suhrkamp.

Lorenzer, Alfred (1972). Zur Begründung einer materialistischen Sozialisationstheorie. Frankfurt a. M.: Suhrkamp.

Lorenzer, Alfred (1974/1976). Die Wahrheit der psychoanalytischen Erkenntnis. Ein historisch-materialistischer Entwurf. Frankfurt a. M.: Suhrkamp.

Lorenzer, Alfred (Hrsg.) (1986a). Kultur-Analysen: Psychoanalytische Studien zur Kultur. Frankfurt a. M.: Fischer.

Lorenzer, Alfred (1986b). Tiefenhermeneutische Kulturanalyse. In Alfred Lorenzer (Hrsg.), Kultur-Analysen: Psychoanalytische Studien zur Kultur (S. 7-112). Frankfurt a. M.: Fischer.

Lorenzer, Alfred; Dahmer, Helmut; Horn, Klaus; Brede, Carola (Hrsg.) (1971). Psychoanalyse als Sozialwissenschaft. Frankfurt a. M.: Suhrkamp.

Marcus, George E.; Fischer, Michael M. J. (1986). Anthropology as cultural critique (An experimental moment in the human sciences). Chicago, IL: Univ. of Chicago, IL Press.

Masterman, Margaret (1970). The nature of a paradigm. In I. Lakatos; A. Musgrave (Hrsg.), Criticism and the growth of knowledge. Cambridge, MA.

McGuire, Michael; Slembek, Edith (1987). An emerging German critical rhetoric: Hellmut Geissner's Sprechwissenschaft. Quarterly Journal of Speech, 73, 349-358.

Mehan, Hugh; Wood, Houston (1976). Fünf Merkmale der Realität. In Elmar Weingarten; Fritz Sack; Jim Schenkein (Hrsg.), Ethnomethodologie: Beiträge zu einer Soziologie des Alltagshandelns (S. 29-63). Frankfurt a. M.: Suhrkamp.

Mitchell-Kernan, C. (1972). Signifying, loud-talking, and marking. In Thomas Kochman (Hrsg.), Rappin' and stylin' out: Communication in urban Black America (S. 315-355). Urbana, IL, IL (USA): Univ. of Illinois Press.

Moerman, Michael (1972). Analysis of Lue conversation: Providing accounts, finding breaches, and taking sides. In David Sudnow (Hrsg.), Studies in social interaction (S. 170-228). o.O.

Moermann, Michael (1988). Talking culture: Ethnography and conversational analysis. Philadelphia, PA: Univ. of Pennsylvania Press.

Moerman, Michael (1990). Exploring talk and social interaction. Research on Language and Social Interaction, 24, 173-187.

Moerman, Michael (1992). Life after C.A.: An ethnographers autobiography. In G. Watson; R. M. Seiler (Hrsg.), Text in context: Contributions to ethnomethodology (S. 20-34). Newbury Park, CA: Sage.

Morgenthaler, Fritz (1978/1981). Technik. Zur Dialektik der psychoanalytischen Praxis (2. Aufl.). Frankfurt a. M.: Syndikat.

Nadig, Maya (1986a). Die verborgene Kultur der Frau: Ethnopsychoanalytische Gespräche mit Bäuerinnen in Mexiko. Frankfurt a. M.: Fischer.

Nadig, Maya (1986b). Zur ethnopsychoanalytischen Erarbeitung des kulturellen Raumes der Frau. Psyche, 193-219.

Nadig, Maya (1987). Der Wahn der Männer - die Arbeit der Frauen; Thesen aus einer ethnopsychoanalytischen Studie. In Jürgen Belgrad; Bernard. Görlich; Hans-Dieter König; Gunzelin Schmid Noerr (Hrsg.), Zur Idee einer psychoanalytischen Sozialforschung: Dimensionen des szenischen Verstehens (S. 245-258). Frankfurt a. M.: Fischer.

Palmer, Richard E. (1969). Hermeneutics. Evanston, IL: Northwestern Univ. Press.

Parin, Paul (1948). Die Kriegsneurose der Jugoslawen. Schweizer Archiv für Neurologie und Psychiatrie, 61, 303-324.

Parin, Paul (1961). Die Anwendung der psychoanalytischen Methode auf Beobachtungen in Westafrika. Acta Tropica, 18, 142-167.

Parin, Paul (1978/1992). Der Widerspruch im Subjekt: Ethnopsychoanalytische Studien. Hamburg: Europäische Verl.-Anst.. (Original 1978, Frankfurt a. M.: Syndikat)

Parin, Paul (1979). Geleitwort. In Hans Bosse (Hrsg.), Diebe, Lügner, Faulenzer. Zur Ethno-Hermeneutik von Abhängigkeit und Verweigerung in der Dritten Welt. Frankfurt a. M.: Syndikat.

Parin, Paul (1984/1986). Die äußeren und die inneren Verhältnisse. Ethnopsychoanalytische Betrachtungen. In Hans-Martin Lohmann (Hrsg.), Die Psychoanalyse auf der Couch (S. 293-310). Frankfurt a. M.: Fischer.

Parin, Paul; Parin-Matthèy, Goldy (1986). Das Subjekt im Widerspruch. Frankfurt a. M.: Syndikat.

Parin, Paul; Morgenthaler, Fritz; Parin-Matthèy, Goldy (o.J.). Die Weißen denken zuviel (Psychoanalytische Untersuchungen in Westafrika). München: Kindler. („Original erschienen 1963, Zürich: Atlantis")

Parin, Paul; Morgenthaler, Fritz; Parin-Matthèy, Goldy (1971/1991). Fürchte deinen Nächsten wie dich selbst. Psychoanalyse und Gesellschaft am Modell der Agni in Westafrika. Frankfurt a. M.: Suhrkamp.

Parin, Paul; Parin-Matthèy, Goldy; Morgenthaler, Fritz (1985). Unsere Vorstellungen von normal und anormal sind nicht auf andere Kulturen übertragbar. In Hans-Jürgen Heinrichs (Hrsg.), Das Fremde verstehen: Gespräche über Alltag, Normalität und Anormalität (S. 33-50). Frankfurt a. M.: Fischer.

Patzelt, Werner J. (1987). Grundlagen der Ethnomethodologie (Theorie, Empirie und politikwissenschaftlicher Nutzen einer Soziologie des Alltags). München: Fink.

Pawlowski, Klaus (1986). Hermeneutische Distanzierung: Die Rede der Abgeordneten Marie-Luise Beck-Oberdorf (Grüne) am 22.11.1983 vor dem Bundestag. In Edith Slembek (Hrsg.), Miteinander sprechen und handeln. (Festschrift für Hellmut Geißner). o.O.

Philips, Susan U. (1976). Some sources of cultural variability in the regulation of talk. Language in Society, 5, 81-95.

Philipsen, Gerry (1972). Navajo world view and cultural patterns of speech: A case study in ethnorhetoric. Speech Monographs, 39, 132-139.

Philipsen, Gerry (1975/1990). Speaking 'like a man' in Teamsterville: Culture patterns of role enactment in an urban neighborhood. In Donal Carbaugh (Hrsg.), Cultural communication and intercultural contact (S. 11-20). o.O.

Philipsen, Gerry (1976). Places for speaking in Teamsterville. Quarterly Journal of Speech, 62, 15-26.

Philipsen, Gerry (1986). Mayor Daley's council speech: A cultural analysis. Quarterly Journal of Speech, 72, 247-260.

Philipsen, Gerry (1987). The prospect for cultural communication. In Lawrence D. Kincaid (Hrsg.), Communication theory from eastern and western perspectives (S. 245-254). New York: Academic Press.

Philipsen, Gerry (1989a). An ethnographic approach to communication studies. In Brenda Dervin; Lawrence Grossberg; Barbara O'Keefe; Ellen Wartella (Hrsg.), Rethinking communication (Band 2, S. 258-268). Newbury Park, CA: Sage.

Philipsen, Gerry (1989b). Some initial thoughts on the perils of 'critique' in the ethnography of communicative practices. Research on Language and Social Interaction, 23, 251-260.

Philipsen, Gerry (1989c). Speaking as a communal resource in four cultures. In Stella Ting-Toomey; Felipe Korzenny (Hrsg.), (International and Intercultural Communication Annual, Band 13, S. 79-92). Newbury Park, CA: Sage.

Philipsen, Gerry (1990a). Reflections on 'communication' as a cultural category in some American speech. In Donal Carbaugh (Hrsg.), Cultural communication and intercultural contact (S. 95-97). o.O.: L. Erlbaum.

Philipsen, Gerry (1990b). Situated meaning, ethnography, and conversation analysis. Research on Language and Social Interaction, 24, 225-236.

Philipsen, Gerry (1992a). Opening address to the 'Ethnography of Communication Conference'. Portland, OR.

Philipsen, Gerry (1992b). Speaking culturally: Explorations in social communication. o.O.: State Univ. of New York Press.

Philipsen, Gerry; Carbaugh, Donal (1986). A bibliography of fieldwork in the ethnography of communication. Language in Society, 15, 387-397.

Pike, Kenneth L. (1964). Towards a theory of the structure of human behavior. In Dell Hymes (Hrsg.), Language in culture and society. (A reader in linguistics and anthropology., S. 54-62). o.O.

Pollner, Melvin (1976). Mundanes Denken. In Elmar Weingarten; Fritz Sack; Jim Schenkein (Hrsg.), Ethnomethodologie: Beiträge zu einer Soziologie des Alltagshandelns (S. 295-326). Frankfurt a. M.: Suhrkamp.

Romaine, Suzanne (1982). What is a speech community?. In Suzanne Romaine (Hrsg.), Sociolinguistic variation in speech communities (S. 13-24). London: Edward Arnold.

Rosaldo, Michelle Z. (1982). The things we do with words: Ilongot speech acts and speech act theory in philosophy. Language in Society, 203-237.

Rosaldo, Renato (1989). Culture and truth: The remaking of social analysis. Boston, MA: Beacon.

Ruud, Gary; Sprague, Jo (1992, August). Can't see the (Old Growth) forest for the logs: Dialectical tensions in the interpretive pracitices of environmentalists, loggers, and communication researchers. Vortrag auf dem 13th International Colloquium on Speech Communication: Ethnorhetoric and ethnohermeneutics. Alexandria, VA (USA).

Sacks, Harvey (1972a). An initial investigation of the usability of conversational data for doing sociology. In David Sudnow (Hrsg.), Studies in social interaction (S. 31-74). New York: Free Press.

Sacks, Harvey (1972b). On the analyzability of stories by children. In John J. Gumperz; Dell Hymes (Hrsg.), Directions in sociolinguistics: The ethnography of speaking. (S. 325-345). New York: Basil Blackwell.

Sacks, Harvey (1974). An analysis of the course of a joke's telling in conversation. In Richard Bauman; Joel Sherzer (Hrsg.), Explorations in the ethnography of speaking (S. 337-353). Cambridge, MA: Cambridge, MA Univ. Press.

Sacks, Harvey; Schegloff, Emanuel A.; Jefferson, Gail (1974). A simplest systematics for the organization of turn-taking for conversation. Language, 50, 696-735.

Saville-Troike, Muriel (1982). The ethnography of communication: an introduction. Oxford: Basil Blackwell.

Saville-Troike, Muriel (1987). The ethnography of speaking. In Ulrich Ammon; Norbert Dittmar; Klaus J., K. J. Mattheier (Hrsg.), Sociolinguistics/Soziolinguistik: An international Handbook of the Science of Language and Society (Band 1, S. 660-671). Berlin: De Gruyter.

Schegloff, Emanuel A. (1972). Sequencing in conversational openings. In John J. Gumperz; Dell Hymes (Hrsg.), Directions in sociolinguistics: The ethnography of speaking. (S. 346-380). New York: Basil Blackwell.

Schegloff, Emanuel A. (1987). Some sources of misunderstanding in talk-in-interaction. Linguistics, 25, 201-218.

Schenkein, Jim (1976). Letzte Bemerkungen zur Ethnomethodologie. In Elmar Weingarten; Fritz Sack; Jim Schenkein (Hrsg.), Ethnomethodologie: Beiträge zu einer Soziologie des Alltagshandelns (S. 416-424). Frankfurt a. M.: Suhrkamp.

Schleiermacher, Friedrich (1838/1990). Hermeneutik und Kritik (Hrsg. und eingeleitet von Manfred Frank, 4. Aufl.). Frankfurt a. M.: Suhrkamp.

Schneider, David M. (1968/1980). American kinship: A cultural account (2nd ed.). Chicago, IL: Univ. of Chicago, IL Press.

Schwandt, Bernd (1992, August). Ethnohermeneutics as organizational hermeneutics?. Vortrag auf dem 13th International Colloquium on Speech Communication: Ethnorhetoric and ethnohermeneutics. Alexandria, VA (USA).

Schwandt, Bernd; Soraya, Semira (1990). Reflections on 103: A comparison of two basic courses: Forms of dialog - Speech 103. Univ. of Washington, Seattle, WA, WA (USA).

Searle, John R. (1976). A classification of illocutionary acts. Language in Society, 5, 1-23.

Seiffert, H. (1992). Einführung in die Hermeneutik. Tübingen: Francke.

Sherzer, Joel (Hrsg.) (1983/ 1990). Kuna ways of speaking (An ethnographic perspective). Austin, TX: Univ. of Texas Press.

Sherzer, Joel; Darnell, Regna (1972). Outline guide for the ethnographic study of speech use (Appendix 2). In John J. Gumperz; Dell Hymes (Hrsg.), Directions in sociolinguistics: The ethnography of speaking. (S. 548-554). New York: Basil Blackwelll.

Shimanoff, Susan (1980). Communication rules: Theory and research. Beverly Hills, CA: Sage.

Slembek, Edith (1982). Zur Rhetorizität des „Berlin-Zyklus" von Aras Ören. In (Hrsg.), Proceedings of the 8th International Colloquium on Speech Communication (S. 136-147). Kopenhagen.

Slembek, Edith (1983). 'Gastarbeiterdeutsch' als Kommunikationsstörung?. Sprache und Sprechen (Frankfurt a. M.: Scriptor), 11, 105-112.

Slembek, Edith (1984). Zur Beurteilung mündlicher Leistungen im Ausländerunterricht [Leseleistung]. Zielsprache Deutsch, 4, 16-22.

Slembek, Edith (1985). Über den Prozeß des Mißverstehens. Sprache und Sprechen (Frankfurt a. M.: Scriptor), 15, 133-146.

Slembek, Edith (1986a). Gespräch und Argumentation im Unterricht Deutsch als Fremdsprache. In (Hrsg.), Tagungsbericht. VIII. Internat. Deutschlehrertagung, Bern 4.-8. August 1986 (S. 95-100). Bern.

Slembek, Edith (1986b). Performance of misunderstanding. In J. Larsen-Palmer (Hrsg.), Communication as performance (S. 160-165). Pomona, CA.

Slembek, Edith (1988). Zur Lehrbarkeit interkultureller Argumentation und Kooperation. Sprache und Sprechen (Frankfurt a. M.: Scriptor), 19, 177-188.

Slembek, Edith (1990). Sie werden schon sehen, wohin das führt. Was Metaphern verraten. Etudes de Lettres (Lausanne).

Slembek, Edith (Hrsg.) (1991a). Culture and Communication. Frankfurt a. M.: Verl. f. interkulturelle Kommunikation.

Slembek, Edith (1991b). Was dem einen sein Uhl, ist dem andern seine Nachtigall. Aspekte interkultureller Kommunikation. In Püschel; Barbara Sandig (Hrsg.), Argumentationsstile. o.O.

Slembek, Edith (1992, August). Clarifying - a central method in ethnohermeneutic processes. Vortrag auf dem 13th International Colloquium on Speech Communication: Ethnorhetoric and ethnohermeneutics. Alexandria, VA (USA).

Slembek, Edith (1993). Vorüberlegungen zu Sprechtempo und Pausierungen in verschiedenen Kulturen. In Bonner; Braun; Fix (Hrsg.), Nachbarschaften (Festschrift für Max Mangold, S. 381-394). Saarbrücken: Saarbrücker Druckereien Verl..

Smith, D. K. (1954). Origin and development of departments of speech. In K. R. Wallace (Hrsg.), History of speech education in America (S. 447-470). New York: Appleton-Century-Crofts.

Smitherman, Geneva (1977). Talkin and testifyin: The language of Black America. Boston, MA: Houghton Mifflin.

Soeffner, Hans-Georg (Hrsg.) (1979). Interpretative Verfahren in den Sozial- und Textwissenschaften. Stuttgart.

Soraya, Semira (1990). Ong's psychodynamics, residual orality, and Afro-American Speech. Univ. of Washington, Seattle, WA, WA (USA).

Soraya, Semira (1992, August). Ethnohermeneutics - origins and perspectives. Vortrag auf dem 13th International Colloquium on Speech Communication: Ethnorhetoric and ethnohermeneutics. Alexandria, VA (USA).

Soraya, Semira (1994). Zum Kulturbegriff in der Multikultur. In Alexander Thomas (Hrsg.), Multikulturelle Gesellschaft: Beiträge der Psychologie zum interkulturellen Verstehen und Handeln. Göttingen: Hogrefe.

Soraya, Semira (1996). Ethnohermeneutics: A perspective of intercultural understanding. L.A.U.D. Series B: Applied & Interdisciplinary, Duisburg.

Sperber, Dan (1989). Das Wissen des Ethnologen. Frankfurt a. M.: Campus.

Stewart, John (1978). Foundations of dialogic communication. Quarterly Journal of Speech, 64, 183-201.

Stewart, John (1986). Speech and human being: A complement to semiotics. Quarterly Journal of Speech, 72, 55-73.

Stewart, John; Philipsen, Gerry (1984). Communication as situated accomplishment: The cases of hermeneutics and ethnography. In Brenda Dervin; M. Voigt (Hrsg.), Progress in communication sciences (Band 5). Norwood, NJ: Ablex.

Streeck, Jürgen (1987). Ethnomethodologie. In Ulrich Ammon; Norbert Dittmar; Klaus J. Mattheier (Hrsg.), Handbuch der Soziolinguistik (Band 1, S. 672-679). o.O.

Streeck, Jürge (1983). Konversationsanalyse - ein Reparaturversuch. Zeitschrift für Sprachwissenschaft, 2, 72-104.

Streeck, Jürgen (1990). Tao/Sao: Talking culture with Rousseau. Research on Language and Social Interaction, 24, 241-261.

Strine, Mary (1991). Critical theory and „organic" intellectuals: Reframing the work of cultural critique. Communication Monographs, 58, 195-201.

Tamar, Katriel & Philipsen, Gerry (1981). 'What we need is communication': Communication' as a cultural category in some American speech. Communication Monographs, 48, 302-317.

Tannen, Deborah (1982). The oral/literate continuum in discourse. In Deborah Tannen (Hrsg.), Spoken and written language (Advances in discourse Processes, Band 9, S. 1-16). Norwood, NJ: Ablex.

Tannen, Deborah (1989). Talking voices: Repetition, dialogue, and imagery in conversational discourse (Studies in Interactional Sociolinguistics Vol. 6). Cambridge, MA: Cambridge, MA Univ. Press.

Tannen, Deborah (1991). Du kannst mich einfach nicht verstehen. Hamburg: Kabel.

Tannen, Deborah (1992). Das hab ich nicht gesagt. Hamburg: Kabel.

Tannen, Deborah (1985). Cross-cultural communication. In T.v. Van Dijk (Hrsg.), Handbook of discourse analysis (Discourse analysis in society, Band 4, S. 203-215). London: Academic Press.

Thomas, Alexander (1990). Interkulturelles Handlungstraining als Personalentwicklungsmaßnahme. Zeitschrift für Arbeits- und Organisationspsychologie, 3, 149-154.

Thomas, Alexander (1990). Fremdheitskonzepte in der Psychologie als Grundlage der Austauschforschung und der interkulturellen Managerausbildung. In (Hrsg.), Hermeneutik der Fremde (S. 257-280). Bamberg: Iudicium.

Thomas, Jim (1993). Doing critical ethnography (Qualitative Research Methods Series No. 26). o.O.

Trinh, T. Minh-Ha (1989). Woman, native, other. Writing postcoloniality and feminism. Bloomington, IN: Indiana Univ. Press.

Turner, Roy (1972). Some formal properties of therapy talk. In David Sudnow (Hrsg.), Studies in social interaction (S. 367-396). New York: Free Press.

Volmerg, Birgit (1987). Verkehrsformen und Interaktionsformen - ein sozialpsychologischer Ansatz zur Vermittlung von Arbeit und Sozialisation. In Jürgen Belgrad; Bernard. Görlich; Hans-Dieter König; Gunzelin Schmid Noerr (Hrsg.), Zur Idee einer psychoanalytischen Sozialforschung: Dimensionen szenischen Verstehens (S. 180-195). Frankfurt a. M.: Fischer.

Volmerg, Birgit; Senghaas-Knobloch, Eva; Leithäuser, Thomas (1986). Betriebliche Lebenswelten. Opladen: Westdt. Verl..

Warnick, Barbara (1979). Structuralism vs. phenomenology: Implicatiosn for rhetorical criticism. Quarterly Journal of Speech, 65, 250-261.

Warnick, Barbara (1987). A Ricouerian approach to rhetorical criticism. Western Journal of Speech Communication, 51, 227-244.

Watzlawick, Paul; Beavin, Janet; Jackson, D. (1967). The pragmatics of human communication. New York: Norton.

Weingarten, Elmar; Sack, Fritz (1976). Ethnomethodologie: Die methodische Konstruktion der Realität. In Elmar Weingarten; Fritz Sack; Jim Schenkein

(Hrsg.), Ethnomethodologie: Beiträge zu einer Soziologie des Alltagshandelns (S. 7-26). Frankfurt a. M.: Suhrkamp.

Weingarten, Elmar; Sack, Fritz; Schenkein, Jim (Hrsg.) (1976). Ethnomethodologie: Beiträge zu einer Soziologie des Alltagshandelns. Frankfurt a. M.: Suhrkamp.

Winkler, Christian (1954). Deutsche Sprechkunde und Sprecherziehung (unter Mitarbeit von Dr. E. Essen). Düsseldorf. (2. Aufl. 1969)

Winkler, Christian (1979). Untersuchungen zur Kadenzbildung in deutscher Rede. München.

Zimmermann, Don H.; Pollner, M. (1976). Die Alltagswelt als Phänomen. In Elmar Weingarten; Fritz Sack; Jim Schenkein (Hrsg.), Ethnomethodologie. Beiträge zu einer Soziologie des Alltagshandelns (S. 64-102). Frankfurt a. M.: Suhrkamp.

NACHTRAG ZUM LITERATURVERZEICHNIS

Adler, Matthias (1993). Über das Unbewusste in Wissenschaft und Kultur. o.O.: Schattauer.

Apsel, Roland; Baumgart, Marion; Blum, Eva M.; Sippel-Süsse, Jutta (Hrsg.) (1991). Ethnopsychoanalyse (Bd 2: Herrschaft, Anpassung, Widerstand). Frankfurt a. M.: Brandes & Apsel.

Apsel, Roland; Baumgart, Marion; Blum, Eva M.; Sippel-Süsse, Jutta (Hrsg.) (1991). Ethnopsychoanalyse. Bd.1: Glaube, Magie, Religion (2. Aufl.). Frankfurt a. M.: Brandes & Apsel.

Baumgart, Marion (1991). Wie Frauen Frauen sehen: Westliche Forscherinnen bei arabischen Frauen (2.Aufl.). Frankfurt a. M.: Brandes & Apsel.

Bommes, Michael (1993). Migration und Sprachverhalten. Eine ethnografisch-sprachwissenschaftliche Fallstudie. Wiesbaden: Dt. Univ.-Verl.

Bosse, Hans (1993). A group's bad self in papua new guinea: a true home in the modern world. Group Analysis, 26, 325-336.

Bosse, Hans (1993). Group analysis and anthropology. Group Analysis, 26, 227-228.

Bronckart, Jean-Paul (1995). Theories of action, speech, natural language, and discourse. In James V. Wertsch; Pablo, Alvarez, Amelia del Rio (Hrsg.), Sociocultural studies of mind. Learning in doing: Social, cognitive, and computational aspects (S. 75-91). New York: Cambridge Univ. Press.

Carbaugh, Donal (1996). Situating Selves: The communication od social identities in American Scenes. o.O.: State Univ. of New York Press.

Cuff, E. C. (1993). Problems of versions in everyday situations. o.O.: University Press of America.

Eco, Umberto (1992). Die Grenzen der Interpretation. München: Carl Hanser. (it. 1990)

Eriksen, Thomas Hylland (1993). Ethnicity and nationalism. London: Pluto Press.

Fetsch, Florian (1992). Martin Heideggers Angang der interkulturellen Auseinandersetzung. Würzburg: Königshausen & Neumann.

Fitzgerald, Thomas K. (1993). Metaphors of identity: a culture-communication dialogue. Albany, NY: State Univ. of New York Press.

Flick, Uwe (1995). Qualitative Forschung: Theorie, Methoden, Anwendung in Psychologie und Sozialwissenschaft. Frankfurt a. M.: Rowohlt.

Flick, Uwe; Kardoff, Ernst v.; Keupp. Heiner; Rosenstiel, Lutz v. (Hrsg.) (1995). Handbuch qualitative Sozialforschung: Grundlagen, Konzepte, Methoden und Anwendungen (2. Aufl.). Weinheim: Beltz.

Florian, Vetsch (1992). Martin Heideggers Angang der interkulturellen Auseinandersetzung. Würzburg: Königshausen & Neumann.

Flynn, Pierce J. (1991). The ethnomethodological movement. Sociosemiotic interpretations. Mouton de Gruyter.

Forester, J. (1992). Critical ethnography: On fieldwork in a Habermasian way. In M. Alvesson; H. Willmott (Hrsg.), Critical Management Studies (S. 46-65). Newbury Park, CA: Sage.

Garfinkel, Harold; Wieder, Lawrence (1992). Two incommensurable, assymetrically alternative technologies of social analysis. In G. Watson; R.M. Seiler (Hrsg.), Text in context. Contributions to Ethnomethodology (S. 175-206). Newbury Park, CA: Sage.

Givon, Talmy (1997). Conversation: Cognitive, communicative and social perspectives. o.O.: John Benjamins North America.

Gumperz, John J.; Levinson, Stephen C. (Hrsg.) (1996). Rethinking linguistic relativity. o.O.: Cambridge Univ. Press.

Günthner, Susanne (1993). Diskursstrategien in der interkulturellen Kommunikation. Tübingen: Niemeyer.

Haase, Helga v. (Hrsg.) (1996). Ethnopsychoanalyse. Wanderungen zwischen den Welten. Stuttgart: Klett.

Heinemann, Evelyn v.; Krauss, Günter (Hrsg.) (1992). Beiträge zur Ethnopsychonanalyse. Der Spiegel des Fremden. o.O.: Institut f. soz. u. kultur. Arbeit.

Helmolt, Katharina von (1994). Kommunikation in internationalen Arbeitsgruppen: Eine Fallstudie über divergierende Modalitätskonstituierung. Katholische Universität Eichstätt, Sprach- und Literaturwissenschaftliche Fakultät, Eichstätt. (Dissertationsschrift)

Hester, Stephen; Eglin, Peter (1997). Culture in action: Studies in membership categorization analysis. o.O.: University Press of America.

Hilbert, Richard A. (1992). The classical roots of ethnomethodology: Durkheim, Weber & Garfinkel. o.O.: Univ. of Carolina Press.

Hinnenkamp, Volker (1994). Interkulturelle Kommunikation (Studienbibliografien Sprachwissenschaft; Bd. 11). Heidelberg: Groos.

Hymes, Dell (1995). Ethnography, linguistics, narrative inequality: Toward an understanding of voice. o.O.: Taylor & Francis Ltd.

Knauss, Werner (1993). Discussion in paper by Hans Bosse. Group Analysis, 26, 336-340.

Kögler, Hans-Herbert (1992). Die MAcht des Dialogs. Kritische Hermeneutik nach Gadamer, Foucault und Rorty. Stuttgart: Metzler.

Kotthoff, Helga (1994). Zur Rolle der Konversationsanalyse in der interkulturellen Kommunikationsforschung. Gesprächsbedingungen im Schnittfeld von Mikro und Makro. Zeitschrift für Literaturwissenschaft und Linguistik, 24, 75-96.

Lepschy, Annette (1995). Zum Verhältnis von Sprechwissenschaft und linguistischer Gesprächsforschung. Ein Kooperationsversuch. sprechen, I, 4-23.

Lynch, Michael (1997). Scientific practice and ordinary action: Ethnomethodology and social studies of science. o.O.: Cambridge Univ. Press.

Machoul, Alec (1994). Towards a critical ethnomethodology. Theory, culture & society, 11, 105-126.

Maingueneau, Dominique (1996). Das Ethos in der Diskursanalyse: die Einverleibung des Subjekts. Zeitschrift für Literaturwissenschaft und Linguistik, 26, 114-134.

Müller, Hans-Peter (1994). Nicht länger nur Kitt der Gesellschaft. Die Soziologie vor der Kultur - Kulturalisierung der Sozialwissenschaften? [Forum Humanwissenschaften]. Frankfurter Rundschau, 266, 22.

Octavi, Fullat (1994). Grenzen der Phänomenologie und der Hermeneutik in den Kulturwissenschaften. Pädagogische Rundschau, 48, 483-490.

Philipsen, Gerry; Albrecht, Terrance (Hrsg.) (1997). Developing communication theories. o.O.: State Univ. of New York Press.

Scholz, Gunter (1995). Kritizismus, Hermeneutik und die Wissenschaft der Kultur. Philosophia Naturalis, 32, 211-228.

Sippel-Süsse, Jutta; Wegeler, Cornelia; Baumgart, Marion; Apsel, Roland (Hrsg.) (1993). Ethnopsychoanalyse. Bd.3: Körper, Krankheit und Kultur. Frankfurt a. M.: Brandes & Apsel.

Steinbacher, Karl (1984). Die Struktur des Verstehens und die Logik interkultureller Interpretationen. München: tuduv-studien.

Watson, Graham; Seiler, Robert, M. (Hrsg.) (1992). Text in context: Contributions to ethnomethodology. Newbury Park, CAlifornia: Sage.

SPRECHEN UND VERSTEHEN

SCHRIFTEN ZUR SPRECHWISSENSCHAFT UND SPRECHERZIEHUNG

HERAUSGEGEBEN VON HELLMUT GEISSNER

Band 1
Martin Beck
"Rhetorische Kommunikation" oder "Agitation und Propaganda"
Zur Funktion der Rhetorik in der DDR.
Eine sprechwissenschaftliche Untersuchung
322 S., Br.
ISBN 3-924555-73-7 DM 36,-

Band 2
Hellmut Geißner
Vor Lautsprecher und Mattscheibe
Medienkritische Arbeiten 1965 - 1990
212 S., Br.
ISBN 3-924555-74-5 DM 30,-

Band 3
Henner Barthel
Einführung in die Pathopsycholinguistik
Psycholinguistische Grundlagen zu einer Theorie der sprachlichen Kommunikationstätigkeit physisch-psychisch Geschädigter (Behinderter)
178 S., Br.
ISBN 3-924555-86-9 DM 30,-

Band 4
Rolf Grießhammer
Konfliktfähigkeit
250 S., Br.,
ISBN 3-86110-003-7 DM 36,-

Band 5
Hellmut Geißner, Bernd Schwandt
Bibliographie der deutschsprachigen Veröffentlichungen aus Sprechwissenschaft und Sprecherziehung seit der Jahrhundertwende
208 S., Br.
ISBN 3-86110-019-3 DM 38,-

Band 6
Martin Beck
Unterrichtsgespräche zwischen Lehrerdominanz und Schülerbeteiligung
Eine sprechwissenschaftliche Untersuchung didaktischer Ansätze zur Unterrichtskommunikation
143 S., Br.
ISBN 3-86110-035-5 DM 28,-

Band 7
Albert F. Herbig (Hrsg.)
Konzepte rhetorischer Kommunikation
243 Seiten, Br.
ISBN 3-86110-062-2 DM 44,-

Band 8
Annette Lepschy
Das Bewerbungsgespräch
Eine sprechwissenschaftliche Studie zu gelingender Kommunikation aus der Perspektive von Bewerberinnen und Bewerbern
359 Seiten, Br.
ISBN 3-86110-063-0 DM 56,-

Band 9
Jaakko Lehtonen (Ed.)
Critical Perspectives on Communication Research an Pedagogy
246 Seiten, Br.
ISBN 3-86110-075-4 DM 46,-

Band 10
Martin Beck (Hrsg.)
Klären und Streiten
Gesprächserziehung in Schule und außerschulischer Bildung
265 Seiten, Br.
ISBN 3-86110-079-9 DM 44,-

Band 11
Edith Slembek
Mündliche Kommunikation - interkulturell -
241 Seiten, Br.
ISBN 3-86110-115-7 DM 44,-

Band 12
Roland Forster
Mündliche Kommunikation in Deutsch als Fremdsprache. *Gespräch* und *Rede*
426 Seiten, Br.
ISBN 3-86110-150-5 DM 62,-

Band 13
Semira Soraya
Ethnohermeneutik des Sprechens
Vorarbeiten und Persepktiven zur Erforschung kultureller Kommunikation
195 Seiten, Br.
ISBN 3-86110-163-7 DM 40,-

RÖHRIG UNIVERSITÄTSVERLAG
POSTFACH 1806 D-66368 ST. INGBERT Tel. 0 68 94/8 79 57 Fax 0 68 94/87 03 30

von Mikro und Makro. Zeitschrift für Literaturwissenschaft und Linguistik, 24, 75-96.

Lepschy, Annette (1995). Zum Verhältnis von Sprechwissenschaft und linguistischer Gesprächsforschung. Ein Kooperationsversuch. sprechen, I, 4-23.

Lynch, Michael (1997). Scientific practice and ordinary action: Ethnomethodology and social studies of science. o.O.: Cambridge Univ. Press.

Machoul, Alec (1994). Towards a critical ethnomethodology. Theory, culture & society, 11, 105-126.

Maingueneau, Dominique (1996). Das Ethos in der Diskursanalyse: die Einverleibung des Subjekts. Zeitschrift für Literaturwissenschaft und Linguistik, 26, 114-134.

Müller, Hans-Peter (1994). Nicht länger nur Kitt der Gesellschaft. Die Soziologie vor der Kultur - Kulturalisierung der Sozialwissenschaften? [Forum Humanwissenschaften]. Frankfurter Rundschau, 266, 22.

Octavi, Fullat (1994). Grenzen der Phänomenologie und der Hermeneutik in den Kulturwissenschaften. Pädagogische Rundschau, 48, 483-490.

Philipsen, Gerry; Albrecht, Terrance (Hrsg.) (1997). Developing communication theories. o.O.: State Univ. of New York Press.

Scholz, Gunter (1995). Kritizismus, Hermeneutik und die Wissenschaft der Kultur. Philosophia Naturalis, 32, 211-228.

Sippel-Süsse, Jutta; Wegeler, Cornelia; Baumgart, Marion; Apsel, Roland (Hrsg.) (1993). Ethnopsychoanalyse. Bd.3: Körper, Krankheit und Kultur. Frankfurt a. M.: Brandes & Apsel.

Steinbacher, Karl (1984). Die Struktur des Verstehens und die Logik interkultureller Interpretationen. München: tuduv-studien.

Watson, Graham; Seiler, Robert, M. (Hrsg.) (1992). Text in context: Contributions to ethnomethodology. Newbury Park, CAlifornia: Sage.